Sonja von Opel, Martin Grüning

# MARATHON KANN JEDE*R

## Der Einstieg in die Langstrecke

südwest

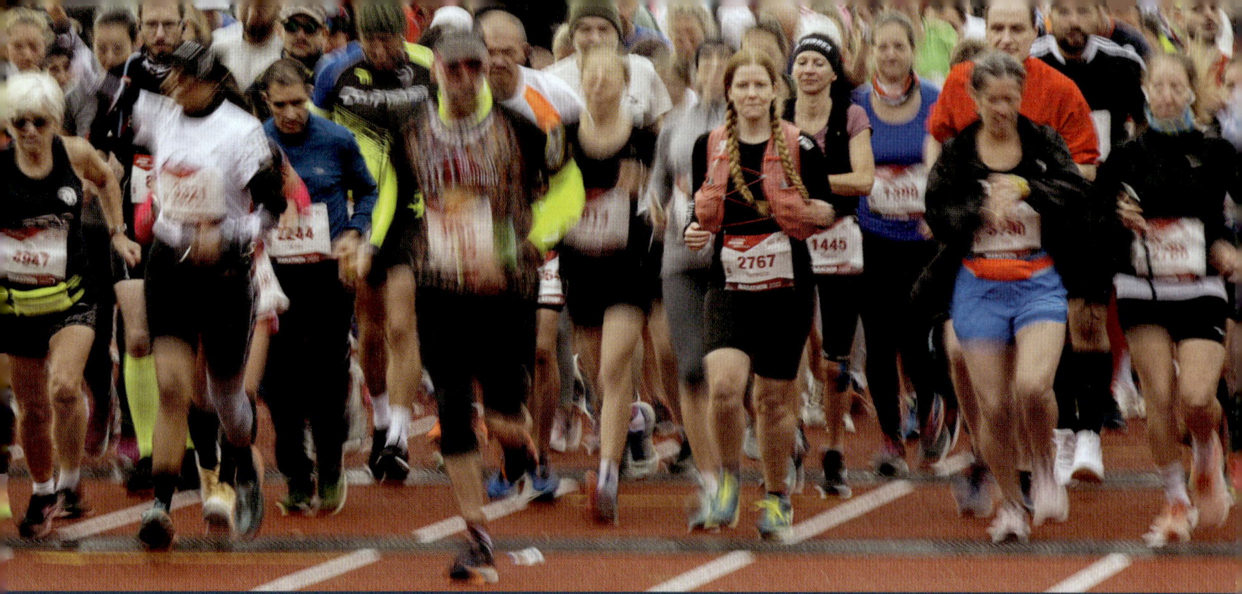

# Inhalt

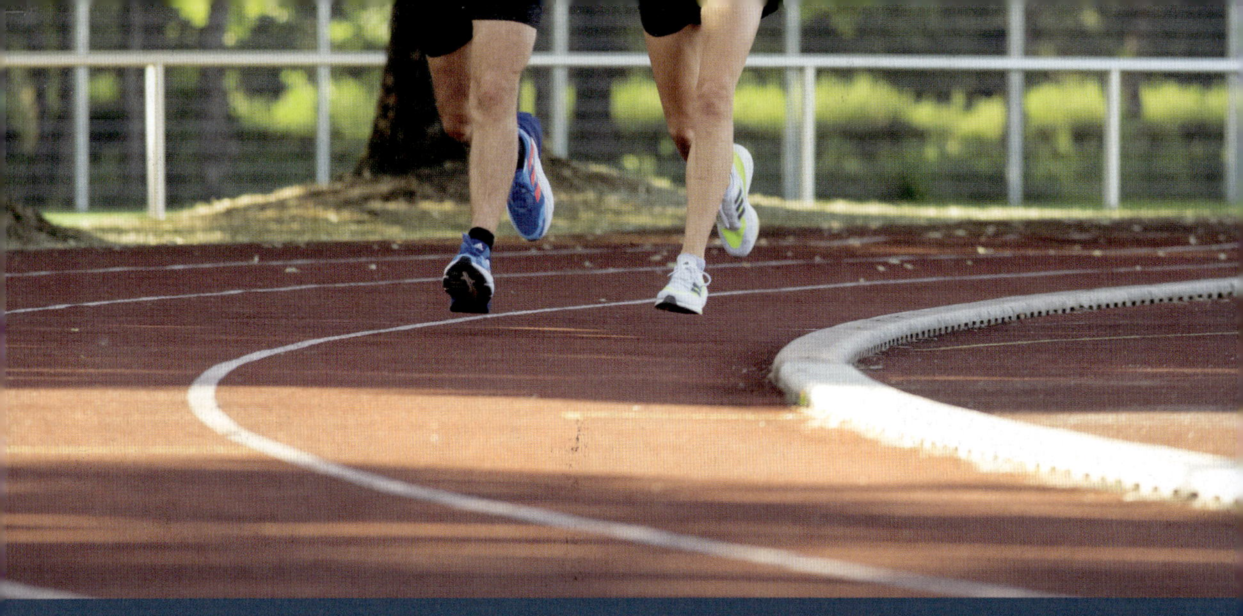

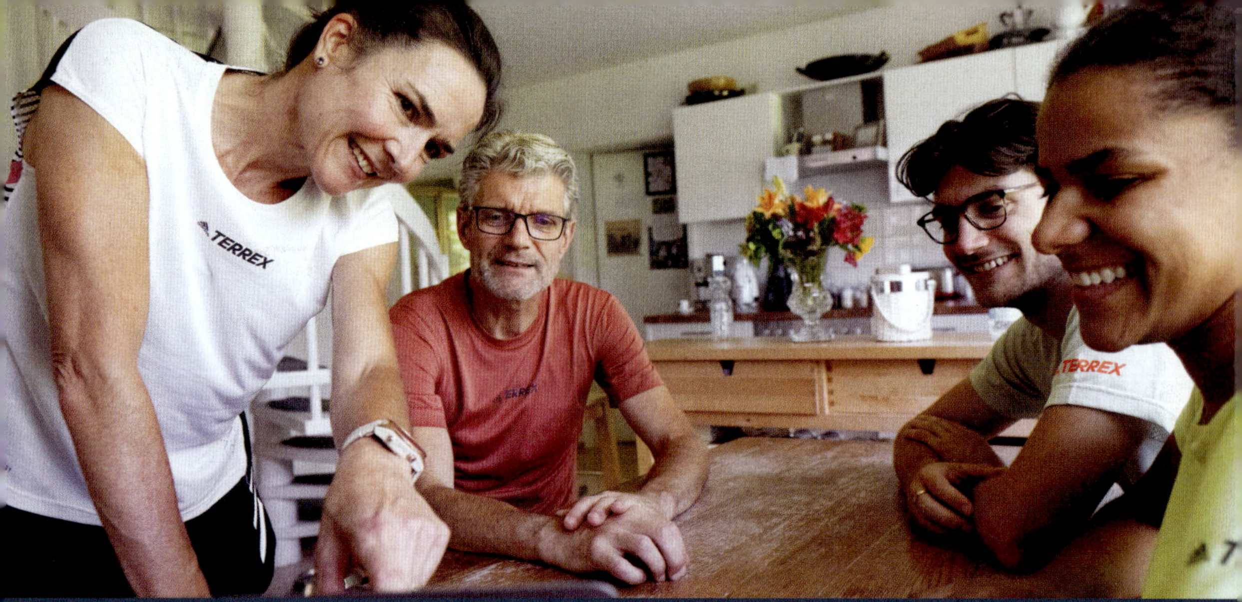

# Inhalt

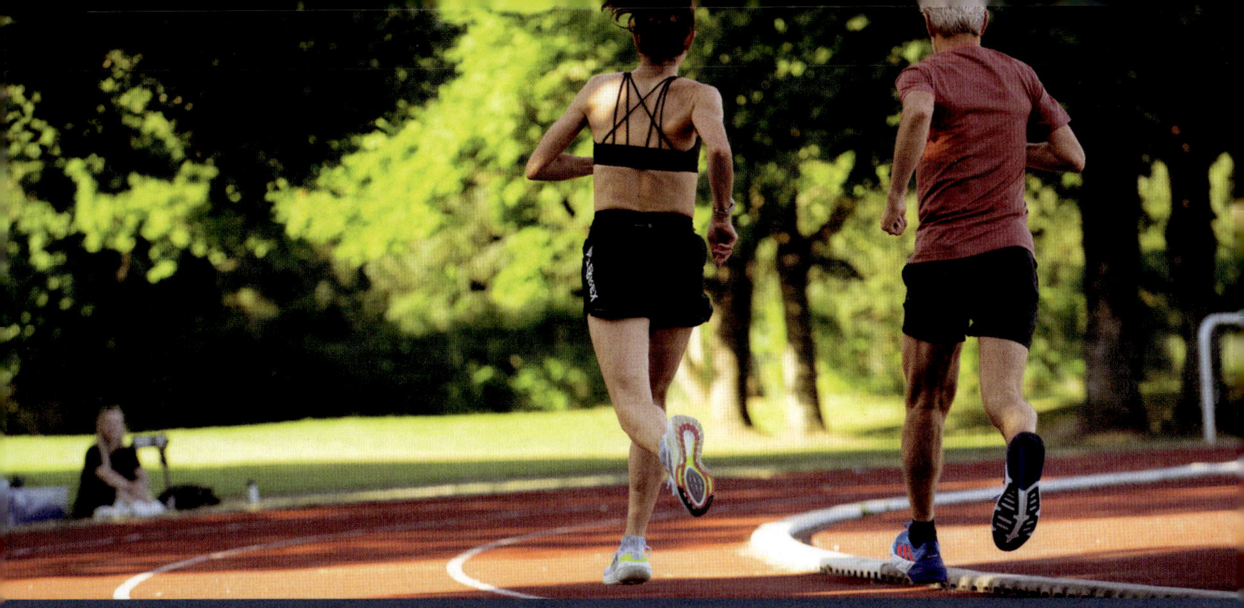

# MARATHON KANN JEDE*R

Der Marathon-Mythos ist überholt, denn jeder Mensch kann ein Marathonziel erreichen – wir Menschen sind schließlich zum Laufen geboren.

**Der Mensch ist zum Laufen geboren.** Er tut dies, seit es ihn gibt. Früher tat er es, um zu jagen. An Jagdtagen lief der Urmensch um die 30 bis 35 Kilometer pro Tag. Will heißen: Das lange Laufen liegt uns in den Genen. Jede*r kann es! Eigentlich … Viele von uns haben es nur wieder verlernt. Das ist aber kein Problem. Wir können es erneut lernen. Training nennt man das.

Und das Beste ist: Je mehr wir laufen, desto leistungsfähiger werden wir. Ja, es gibt ein gesundes Maß an Laufumfang, aber dieses sind sehr viel mehr Laufstunden als gemeinhin angenommen. Der Marathon, 42,195 Kilometer lang, ist auch deshalb zum Mythos geworden, weil es nicht leicht ist, ihn zu schaffen, aber er eben schaffbar ist. Das haben inzwischen zig Millionen Menschen bewiesen.

**Warum sollten Sie aber einen Marathon laufen wollen?** Weil ausdauerndes Laufen der gesündeste Sport der Welt ist – alles hinlänglich wissenschaftlich bewiesen: Laufen fördert die Herz-Kreislauf-Tätigkeit (Steigerung der allgemeinen Leistungsfähigkeit), steigert die Stoffwechselaktivität (Gewichtsoptimierung), verändert die Hormonsituation (Stressreduzierung) … Gibt es Wichtigeres? Nein.

**Also los. Trauen Sie sich an den Marathon.** Mithilfe dieses Buches zum Beispiel, mit unserer Hilfe also. Wir zeigen Ihnen, wie Sie es schaffen können. Und, ja, wir reden dann von »Training«. Das heißt, wir – nein, Sie – spielen mit den natürlichen Anpassungsprozessen des Körpers, und zwar so, dass auch die Menschen, die ihr körperliches Leistungspotenzial durch Zivilisationsprozesse, im schlimmsten Fall durch Zivilisationskrankheiten, lange nicht nutzen konnten respektive wollten, in die Lage versetzt werden, wie einst ihre Vorfahren ganz lange Strecken zu laufen.

**Marathon kann also jede*r.** Das will aber nicht heißen: Marathon läuft man einfach so. Niemals. Schritt für Schritt nähert man sich dem Laufvermögen des Urzeitmenschen wieder an. Nur, wer die richtigen Trainingsschritte wählt, nur, wer die richtige Einteilung des Fortschritts plant, kommt wieder in die Lage, sein genetisch angelegtes volles Ausdauerpotenzial zu nutzen und im Marathon mit einem Urschrei des Glücks das Ziel zu erreichen. Und genau dabei wollen wir Ihnen helfen.

**Doch auch das beste Training macht noch keine*n Marathonläufer*in aus uns.** Wer sein Ausdauer-Gen wieder wecken will, muss sich nicht nur den Bewegungsaufwand betreffend auf die Menschwerdung zurückbesinnen, sondern auch, was die Ernährung betrifft. Was die Körperpflege betrifft. Was die mentale Einstellung betrifft … und auch dazu finden Sie in diesem Buch alles, was Sie wissen müssen.
**Sie können Marathon! Legen Sie einfach los.**

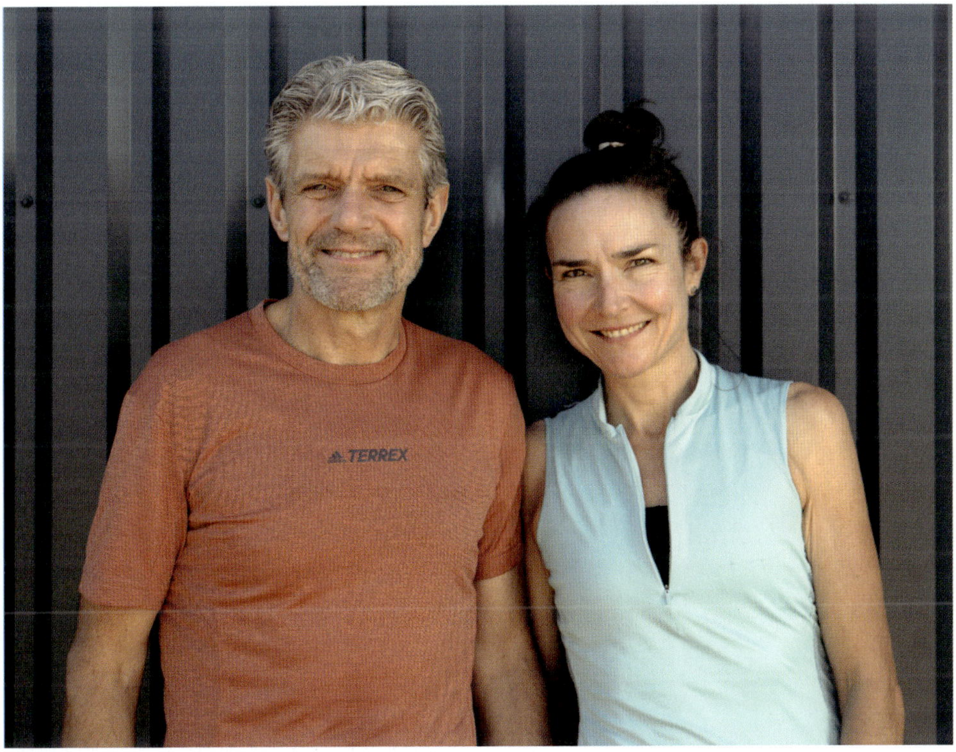


*Ihre Sonja von Opel und Martin Grüning*

# KAPITEL 1

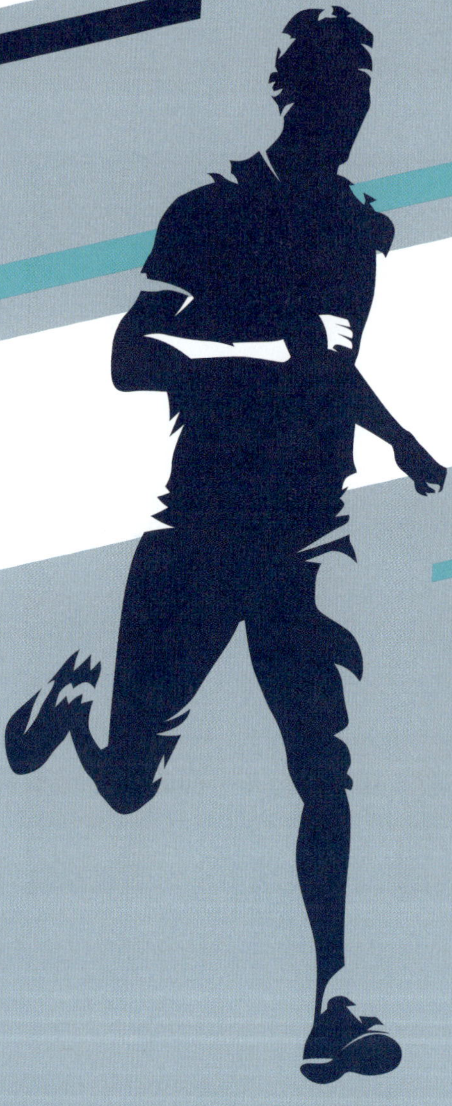

# So gesund ist Laufen

## Oder: Was Laufen in Ihrem Körper bewirkt

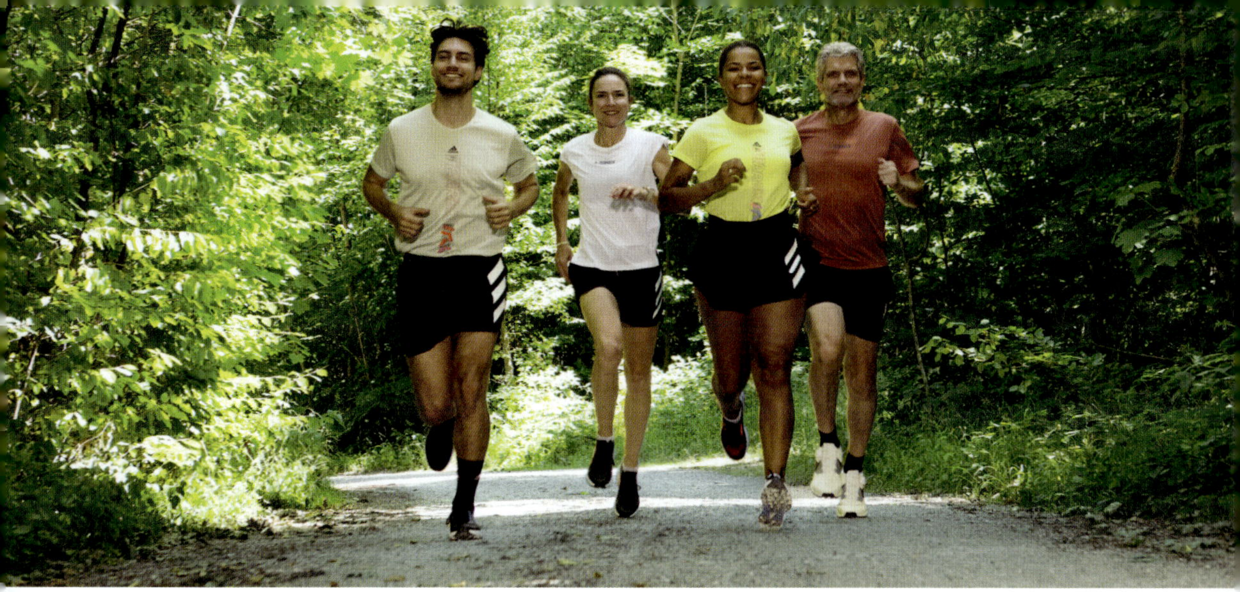

Die schönsten Läufe sind die, bei denen wir im Einklang mit unserem Körper Schritt für Schritt über uns hinauswachsen. Glaubt der Kopf, es geht nicht mehr, hält der Körper noch viele Optionen bereit, die man sich zunutze machen kann, wenn man lernt, mit dem Körper und nicht gegen ihn zu arbeiten. Das ist aber in unserer heutigen Zeit gar nicht immer so einfach. Denn das Dilemma der Menschen in unserer Wohlstandsgesellschaft ist dieses: Die Entwicklung von Körper und Geist verlaufen schon seit zu langer Zeit nicht mehr parallel. Körperlich sind wir noch immer mit den Fähigkeiten der einstigen Jäger und Sammler ausgestattet, die in der Lage waren, auch im nüchternen Zustand – also mit leerem Magen und leeren Energiespeichern – irgendwie dem Säbelzahntiger zu entkommen (= sich intensiv zu belasten). Aber geistig sind wir weitergerast und haben erkannt, dass das Leben ohne Bewegung zunächst doch viel leichter erscheint. Fazit: Unsere Körper sind also weiterhin wahre Überlebenskünstler und belastbarer, als die meisten glauben, doch wir überleben auch, ohne sie übermäßig zu belasten.

Gesteuert wird das menschliche Verhalten seit Jahrtausenden bis heute von einer inneren Programmierung: Nahrungsaufnahme und Energiesparen sind die offensichtlichsten Ansprüche, um unseren Fortbestand zu sichern. Und weil sich im Gegensatz zu unseren körperlichen Fähigkeiten die geistigen offensichtlich deutlich weiterentwickelt haben, stecken die Wohlstandsmenschen heute bis zum Hals in Luxusproblemen: Nahrungsaufnahme? Nichts leichter als das. Jegliches Essen ist in unserer Wohlstandsgesellschaft immer und zu jeder Tages- und Nachtzeit verfügbar. Man muss sich nicht mal mehr vor die Tür begeben, sondern bekommt es, wenn man will, quasi direkt auf die Couch geliefert.

Energie sparen? Dank unserer Intelligenz können wir inzwischen im permanenten Energiesparmodus leben und müssen nichts und niemandem mehr davonrennen (Tiger gibt's bei uns nur noch im Zoo!). Rolltreppen, E-Bikes, Autos, Züge, Flugzeuge ... der Mensch muss sich nicht mehr bewegen, um sich zu bewegen.

Unser Geist ist da also vorweggaloppiert, unser Körper hat das leider – oder zum Glück für disziplinierte Marathonläufer*innen – noch nicht kapiert. Er bunkert weiterhin jegliche ihm zugeführte Energie für »schlechte Zeiten« (wehe, wenn der Tiger aus dem Zoo ausbricht!). Er besitzt die Fähigkeit, sich täglich intensiv zu belasten, ohne sich zu überlasten.

Das Resultat dieses Dilemmas, dieser Schere zwischen Körper und Geist, können wir in den Jahresberichten der Krankenkassen nachlesen, in den Fußgängerzonen beobachten oder im Wartezimmer des Hausarztes recherchieren: Die klassischen Herz-Kreislauf-Erkrankungen wie bauchbetonte Fettleibigkeit, Bluthochdruck, veränderte Blutfettwerte und Insulinresistenz sind die Zivilisationskrankheiten unserer Wohlstandsgesellschaft.

Wir essen also zu viel und bewegen uns zu wenig? Das scheint paradox. Sind wir nicht ständig unter Strom und überall unterwegs? Jederzeit erreichbar und stets mobil? Ja, wir sind unterwegs auf Rolltreppen und erreichbar über das Smartphone, mobil im Auto und vernetzt am Rechner. Voller Adrenalin nach einem anstrengenden Tag in sitzender Haltung wechseln wir an den reich gedeckten Abendbrottisch, um schließlich mit einem fettigen Snack vor dem Fernseher die Überversorgung an Nahrung und die Reizüberflutung vor dem Schlafengehen komplett zu machen.

Überkam den Urmenschen psychischer Stress, weil das Nahrungsangebot knapp wurde oder ein Angriff durch wilde Tiere drohte, reagierte er mit Bewegung: Jagd oder Flucht! Überkommt uns heute psychischer Stress, weil wir vier wichtige E-Mails in zehn Minuten beantworten müssen oder eine Präsentation bis zum Feierabend fertig werden muss oder weil die Kreditrate für diesen Monat noch immer nicht getilgt wurde, reagieren wir – Achtung, Paradoxon! – statt mit Energieverbrennung mit Energieaufnahme: stressbedingtes Essen bei körperlichem Stillstand von süßen oder fettigen Speisen. Eine gesundheitsschädliche Mischung. Nichts ist einfacher, als dem entgegenzuwirken: Der Wohlstandsmensch muss wieder in Bewegung kommen. Oder: Laufen ist die beste Lösung!

## Die positiven Auswirkungen auf das Herz-Kreislauf-System

Welches ist der wichtigste Muskel im menschlichen Körper? Nein, es ist nicht der Quadrizeps, da besonders groß, auch nicht der Bizeps, da vielleicht besonders eindrucksvoll, es ist einer, den wir gar nicht sehen können: das Herz!

In jeder Sekunde pumpt das Herz sauerstoffreiches Blut zu den Zellen und transportiert das sauerstoffarme Blut wieder zurück. Rund 42 Millionen Mal schlägt das Herz pro Jahr – ohne Pause, ohne ausgetauscht zu werden. Kein Motor ist so leistungsstark.

Wenn Sie sich bewegen, benötigen Sie mehr Sauerstoff im Körper, und dieser Sauerstoff gelangt nur über das Blut zu den Zellen. Das Herz ist sozusagen der Motor, der diesen Blutfluss in Gang hält. Je mehr Muskeln an der Bewegung beteiligt sind, desto mehr Sauerstoff wird benötigt. Laufen ist eine der Sportarten, die fast alle Muskelgruppen im Körper anspricht. Der Sauerstoff- und Energiebedarf ist besonders hoch. Und der Technik sei Dank: Mit einer einfachen Pulsuhr, die Sie am Handgelenk beim Training tragen können, bekommen Sie als Läufer*in zu jeder Sekunde Auskunft über die aktuelle Herzfrequenz und können somit ganz einfach Ihr Training steuern, denn der Puls ist ein nützlicher Parameter für die Intensität Ihrer Anstrengung.

### Läufer*innenherzen leben länger

Das Herz ist ein Muskel wie jeder andere Muskel. Durch Beanspruchung reagiert das Herz demnach auch wie jeder andere Muskel, es wird stärker und leistungsfähiger. Ein starker Herzmuskel kann kraftvoller das Blut durch den gesamten Organismus pumpen, das Herzvolumen nimmt zu und die Arbeit des körpereigenen Motors wird effizienter und ökonomischer. Geht man davon aus, dass ein normales Herz 80-mal pro Minute schlägt, dann sind das 4800 Schläge pro Stunde, 115 200 Schläge alle 24 Stunden, also über 42 Millionen Mal im Jahr. Wir wissen, dass Sie durch nur 40-minütige Dauerläufe pro Woche langfristig den Tagespuls um 20 Schläge pro Minute senken können. Das heißt, Sie sparen sich im Jahr zehn Millionen Herzschläge allein durch ein leichtes Ausdauertraining von 120 Minuten pro Woche. Fazit: Läuferherzen leben länger!

### Ade, Zivilisationskrankheiten

Stärkt man das Herz, verbessern sich auch alle daran gekoppelten Systeme: Laufen senkt den Blutdruck, verbessert die Cholesterinwerte, schützt vor Herzinfarkt und Schlaganfall. Mit dem Laufen wird Übergewicht reduziert, die Blutfettwerte verbessern sich signifikant und Gefäße werden von gefährlichen Ablagerungen befreit. Es ist bewiesen: Die weitverbreiteten Zivilisationskrankheiten werden durch das Laufen limitiert.

## So profitiert der Bewegungsapparat

In der englischen Sprache gibt es den schönen Satz »Use it or lose it«. Übersetzt heißt das so viel wie: Nutzen Sie Ihre Fähigkeiten, sonst verlieren Sie sie. Gelenke wollen sich bewegen. Muskeln müssen arbeiten. Sehnen und Bänder sind von Natur aus belastbar.

Gelenke sind von sogenanntem Knorpel umgeben. Dieses Gewebe ist vergleichbar mit einem Schwamm. Haben Sie schon mal einen ausgetrockneten Schwamm unter einen Wasserstrahl gehalten? Er tut sich schwer, die Flüssigkeit aufzunehmen, nicht wahr? Wenn Sie den Schwamm allerdings unter dem Wasserstrahl sanft drücken, beschleunigen Sie den Prozess des Vollsaugens immens. Genau auf diese Pufferwirkung ist Ihr Gelenkknorpel beim Nährstoffaustausch ebenfalls angewiesen: Bewegung nährt den Knorpel und hält ihn durchblutet und versorgt. Immobilisation führt dazu, dass der Knorpel regelrecht austrocknet und seine Fähigkeiten, das Gelenk bei der Arbeit zu unterstützen, verliert.

### Den Bewegungsapparat an Belastungen gewöhnen

Ähnlich verhält es sich mit den sehr viel besser durchbluteten Geweben wie den Sehnen, Bändern und nicht zuletzt der Muskulatur. Bewegung hält diese Strukturen instand und gesund, macht sie sogar leistungsstärker und robuster. Wichtig ist nur, dass man neue Bewegungsansprüche (Marathontraining) im richtigen Maß forciert.

In der Regel spricht das Herz-Kreislauf-System sofort mit positiven Reaktionen auf die neuen Trainingsreize an, die durch das vermehrte Lauftraining gesetzt werden, der Bewegungsapparat tut sich damit nicht ganz so leicht. Hier gilt es, Knochen, Muskeln, Sehnen, Bänder und nicht zuletzt die Gelenke systematisch auf die außergewöhnliche Belastung vorzubereiten und achtsam vorzugehen. Belastungen müssen also langsam gesteigert und die eigene Wahrnehmung immer wieder geschult werden.

Läufer*innen sind nämlich darauf angewiesen, sich auf Schmerzrezeptoren und Körpergefühl verlassen zu können. Wird eine Belastung gesteigert, treten gar nicht selten kleine Beschwerden auf. Laufanfänger*innen klagen häufiger über Knieschmerzen als diejenigen, die schon seit vielen Jahren regelmäßig laufen. Aber es ist wichtig, einen anfänglichen Knieschmerz von einer chronischen Überlastung zu unterscheiden. Oftmals ist es die ungewohnte Belastung, die eine kurzfristige Reizung mit sich bringt, die dann aber ebenso schnell wieder verschwindet, wie sie gekommen ist. Liegt ein pathologischer Zustand vor, werden die Schmerzen allerdings nicht verschwinden, sondern sich verschlimmern. Dann ist der sofortige Abbruch des Trainings angezeigt und unbedingt ein Arzt oder eine Ärztin zu konsultieren. Die Kunst besteht darin herauszufinden, ob eine Verletzung vorliegt oder der Körper sich lediglich an die neue Belastung gewöhnen muss. Hilfreich ist es deshalb, das Training in sehr kleinen Dosen zu erhöhen, um im Fall einer ernsthaften Verletzung keinen größeren Schaden anzurichten. Im Fall von leichten Überlastungsbeschwerden muss man dem Körper lediglich etwas mehr Zeit für die Anpassung geben, um sich an den ungewohnten Bewegungsablauf zu gewöhnen und um gewollte Umbauprozesse in Gang zu setzen.

Häufig liegen bei orthopädischen Beschwerden und Schmerzen auch kleine Fehlhaltungen vor, die mit geringen Korrekturmaßnahmen sehr gut behoben werden können. Da die Schmerzen aber nicht immer exakt dort auftreten, wo auch die Fehlhaltung zu finden ist, gestaltet sich die Diagnose oft schwierig. Ob man als Läufer*in orthopädische Schuheinlagen hat, Bandagen für das Knie beziehungsweise für die Kniescheibe trägt oder sich ein Kinesio-Tape vom Fachmann anlegen lässt, um Schmerzen zu lindern, man sollte sich immer im Klaren darüber sein, dass der Bewegungsapparat Zeit und Zuwendung benötigt, um sich an neue Belastungen zu gewöhnen. Grundsätzlich ist der Körper zum Laufen geschaffen, aber Übergewicht, Bewegungsmangel und alte Verletzungen können dazu führen, dass das »Gestell« des Läufers Mängel und Schwachstellen aufweist. Wer aktiv etwas gegen diese Schwachstellen unternimmt, wird meist mit Genesung und langfristiger Schmerzfreiheit belohnt. Gezieltes Krafttraining, Mobilisation, Stretching und manuelle Therapie sollten dann einen festen Platz im Trainingsplan finden und Priorität haben, bis das schmerzfreie Laufen wieder möglich wird. Wer alternativ im Wasser oder auf dem Fahrrad trainiert, kann sein Herz-Kreislauf-System parallel auf einem hohen Trainingsniveau halten und steigt wieder voll in das Marathontraining ein, wenn der Bewegungsapparat den Rückstand aufgeholt hat. Besonders wichtig ist die Betreuung durch kompetente Orthopäd*innen, die den Wunsch des Athleten nach Marathonlaufen respektieren und unterstützen. Nur in den wenigsten Fällen ist es tatsächlich ratsam, eine die Gelenke weniger beanspruchende Sportart zu wählen. Wer mit Sportmediziner*innen zusammenarbeitet, wird im Rahmen der eigenen Möglichkeiten den Laufsport bis in das hohe Alter ausüben können.

## Der Kick für den Stoffwechsel

Lauftraining trainiert das Herz und macht den Bewegungsapparat robust, aber mindestens genauso positiv sind die Auswirkungen auf den Stoffwechsel. Sauerstoff wird vermehrt ein- und ausgeatmet, Nährstoffe werden in größeren Mengen ein- und ausgelagert, es ist ein umfangreiches »Kommen und Gehen« der verschiedensten Stoffe, welches die körpereigenen Zellen beim Lauftraining zu meistern haben. Und das ist gut so. Wird der Stoffwechsel stimuliert, werden Kalorien verbrannt. Je schneller und länger Sie laufen, desto mehr Kalorien werden beim Laufen verbrannt. Noch besser: Noch Stunden nach intensivem Lauftraining bleibt der Stoffwechsel angeregt. Das nennt man die Nachbrennphase. Wer zwei Stunden nach dem Laufen keine Kalorien zu sich nimmt, greift in dieser Zeit intensiver auf die körpereigenen Reserven zurück. Aber Vorsicht: Das heißt auch, dass für die nächste intensive Belastung die Speicher nicht wieder optimal gefüllt sind. Diäten und intensives Training müssen achtsam aufeinander abgestimmt werden. Oder anders ausgedrückt: Wer für einen Marathon trainiert, der sollte keine strenge Diät zur Gewichtsregulierung verfolgen (siehe Kapitel 5).

## Mehr Sauerstoff im Gehirn

Wer läuft, braucht Energie in seinen Muskelzellen. Hier arbeiten die sogenannten Mitochondrien, und deren Anzahl nimmt messbar zu, wenn regelmäßig viel beziehungsweise mehr Energie benötigt wird. Mitochondrien sind die kleinen Kraftwerke in den Zellen, in denen die Energie aufbereitet wird. Auch die Anzahl der Enzyme, die für die Sauerstoffverwertung zuständig sind, vergrößert sich. Das steigert nicht nur die Leistungsfähigkeit der Muskulatur, sondern auch des Gehirns. Wer läuft, steigert die Sauerstoffzufuhr des Gehirns um bis zu 25 Prozent. Beim Laufen sind Sie also wacher als beim Nicht-Laufen. Laufen verbessert noch im Alter Gedächtnis und Lernvermögen, was mit der gesteigerten Ausschüttung des Hormons Serotonin, einem sogenannten Stimmungshormon, zusammenhängt. Im Hippocampus des Gehirns wird ein Protein gebildet, das als BDNF (der sogenannte Wachstumsfaktor, englisch Brain-derived Neurotrophic Factor) bekannt ist. Seine Funktion ist die Anregung des Wachstums von Nervenzellen. Eine erhöhte Bewegungsaktivität fördert neben der Durchblutung auch die Ausschüttung von BDNF und forciert auch andere Wachstumsfaktoren der Nervenzellen.

Auch deshalb haben Menschen, die regelmäßig laufen, ein geringeres Risiko, an Alzheimer zu erkranken. Nach nur sechs Monaten moderatem Ausdauertraining hat sich die Gehirnstruktur Betroffener wesentlich verbessert – das zeigten Studien.

## Bessere Immunabwehr

Die Fähigkeit der Immunzellen, unerwünschte Eindringlinge zu bekämpfen, steigt durch das Lauftraining deutlich an. Denn intensive Belastungen setzen zunächst die Immunabwehr herab, was eine Gefahr für den Körper darstellt. Also reagiert der Organismus mit einer deutlichen Verbesserung seines Immunsystems, um nach künftigen Belastungen gegen gefährliche Viren oder Bakterien besser geschützt zu sein. Die langfristige Folge ist also, dass Sie als Läufer*in seltener an Erkältungskrankheiten leiden. Ebenfalls die Abwehr stärkend ist die entspannende Wirkung des Laufens. Laufen hilft beim Stressabbau und verbessert das Schlafvermögen, wenn Sie nicht gerade am Abend um 22 Uhr hochintensiv trainieren. Durch das Laufen lassen sich Spannungen lösen. Das hängt natürlich ursächlich mit den eben genannten Gründen wie der besseren Durchblutung und dem Plus an Sauerstoff zusammen. Schließlich steigert das Laufen auch das Lustempfinden und damit die sexuelle Libido: Läufer*innen besiegen regelmäßig die innere Trägheit, setzen sich intensiv mit ihrem eigenen Körper auseinander und feiern dadurch immer wieder einen kleinen Triumph, weil sie ein anvisiertes Ziel erreicht haben. Das macht glücklich und zufrieden. Durch das Laufen nimmt die Körperwahrnehmung zu und meistens auch die Liebe zum eigenen Körper. Und wer seinen eignen Körper liebt, hat mehr Freude an der körperlichen Liebe …

## Das Wissen um die Hormone

Hormone werden im sportlichen Alltag komplett unterschätzt. Welchen Einfluss und welche Wirkung sie auf die Leistungsfähigkeit von Läufer*innen haben, ahnen aber wahrscheinlich alle, die schon mal an einem Laufwettkampf teilgenommen und dabei etwas Aufregung verspürt haben. Das Hormon Adrenalin sorgt beispielsweise in einer solchen Situation dafür, dass die Leistungsbereitschaft erhöht und das Leistungsvermögen entsprechend gesteigert ist.

Auch das berühmt-berüchtigte Runner's High wird durch einen ganzen Cocktail an hormonellen Botenstoffe wie Dopamin, Serotonin, Noradrenalin und Endorphin hervorgerufen. Rund 100 Milliarden Nervenzellen kommunizieren im Gehirn mittels elektrischer Impulse beziehungsweise Neurotransmitter. So steuert Dopamin den Antrieb und den Tatendrang. Es verschafft den Läufer*innen Energie, um Ziele zu erreichen, was letztendlich glücklich macht. Serotonin dient dazu, die Psyche zu stabilisieren. Es sorgt für Gelassenheit, Harmonie und Zufriedenheit. Zu einem höheren Serotoninspiegel können sich Läufer*innen ganz einfach selbst verhelfen, indem sie auf mehr Bewegung setzen. Noradrenalin steuert die Wachheit und die Aufmerksamkeit, ist eng mit Adrenalin verwandt. Endorphine sind als körpereigenes Morphin, also Schmerzkiller, bekannt. Sie werden in der Hirnanhangsdrüse, der Hypophyse, produziert. Größere Mengen von Endorphinen werden vor allem in Extremsituationen wie dem Marathonlaufen ausgeschüttet. Endorphine können aber noch weit mehr als »nur« Schmerzen dämpfen: Sie wirken beruhigend, stärken die Abwehr, sorgen für besseren Schlaf, reduzieren Stress und machen ein heiteres Gemüt. Ein kleiner Warnhinweis an dieser Stelle: Der Körper gewöhnt sich bei regelmäßigem Training recht schnell an seine »Dopingmittel«. Um den Bedarf zu stillen, sodass wieder die gewünschte Wirkung eintritt, werden immer längere Trainingseinheiten notwendig. Muss man das Laufen aus welchen Gründen auch immer eines Tages aufgeben, wird der psychische Zustand darunter leiden, in Form von depressiver Verstimmung. Also, achten Sie stets auf ein gesundes Mittelmaß und das richtige Verhältnis aus Belastung und Erholung. Mental wie körperlich.

## Frauen und Männer reagieren nicht gleich

Einen klaren Vorteil beim Thema »Hormone« haben vermutlich Frauen, denn durch den Menstruationszyklus ist die Kenntnis unter vielen von ihnen über manchen Hormonstatus im Körper sehr viel weitreichender als bei Männern. Für alle, die im Biologieunterricht nicht aufgepasst haben: Der Menstruationszyklus ist definiert als die Zeit vom ersten Tag der weiblichen Periode bis zum Tag vor Beginn der nächsten und wird komplett durch Hormone gesteuert. Während der ersten Zyklushälfte steigt der Östrogenspiegel. In einem der beiden Eierstöcke reift ein Ei heran, das beim Eisprung in den Eileiter befördert wird. In der zweiten Hälfte bereitet das Hormon Progesteron die Gebärmutter auf die Einnistung eines Embryos vor. Wird das Ei nicht befruchtet, wird es vom Körper absorbiert. Östrogen und Progesteronspiegel sinken, die Gebärmutterschleimhaut löst sich ab und wird ausgeschieden. Dieser völlig normale physiologische Vorgang kann enorme Auswirkungen auf die Leistungsfähigkeit haben. Menstruierende Frauen wissen das. Was viele Läuferinnen allerdings nicht wissen: Das Absinken des Hormonspiegels in der prämenstruellen Phase kann eine Entzündungsreaktion hervorrufen, die Stimmung, Schlaf- sowie Energieniveau und auch die Regenerationsfähigkeit beeinträchtigen kann. Bei Einsetzen der Periode steigt der Hormonspiegel und die Kräfte kehren zurück. Neben den PMS-Symptomen führen hormonelle Schwankungen zu einem erhöhten Verletzungsrisiko. Man weiß zum Beispiel mittlerweile, dass das Risiko für einen Riss des vorderen Kreuzbands bei Frauen parallel zum Verlauf des Östrogenspiegels schwankt: In Woche 2 eines Zyklus, unmittelbar vor dem Eisprung sowie währenddessen, ist es am größten.

Ein weiteres Problem hat in letzter Zeit viel Aufmerksamkeit gefunden: Bei Ausdauersportlerinnen bleibt die Periode manchmal monatelang oder gar jahrelang aus, mit schlimmen Auswirkungen für die Gesundheit. Ein weiterer Eingriff in den Hormonhaushalt ist die tägliche Einnahme der Antibabypille. Der Einfluss auf die Laufleistung ist bisher wenig erforscht, doch einige Studien berichten von einem leichten Rückgang der maximalen Sauerstoffaufnahme unter Einnahme der Pille. Viele Frauen verzichten heute aufgrund verschiedener Bedenken auf die Pille, etwa wegen ihres Einflusses auf die Psyche, weil niederschwellige Entzündungsprozesse begünstigt sein können und aufgrund eines erhöhten oxidativen Stresses. Zudem gibt es Hinweise darauf, dass die Pille Trainingsanpassungen hemmt.

Was unumstritten ist: Speziell in der Phase vor dem Einsetzen der Periode ist die Ernährung sehr wichtig. Hier sollte man entzündungsfördernde Lebensmittel wie etwa Fleisch, Wurst und Milchprodukte meiden, da sie die Symptome nachweislich verschärfen. Gegensteuern kann man mit entzündungshemmenden Lebensmitteln, Antioxidantien und Ballaststoffen.

Die zentrale Botschaft an alle laufenden Frauen lautet: Trotz aller möglichen Probleme muss man das Training nicht aussetzen. Allein schon informiert zu sein hilft: Wer sich mit seinem Zyklus vertraut macht, hat keinen Grund, nicht an jedem beliebigen Tag eine Topleistung zu bringen.

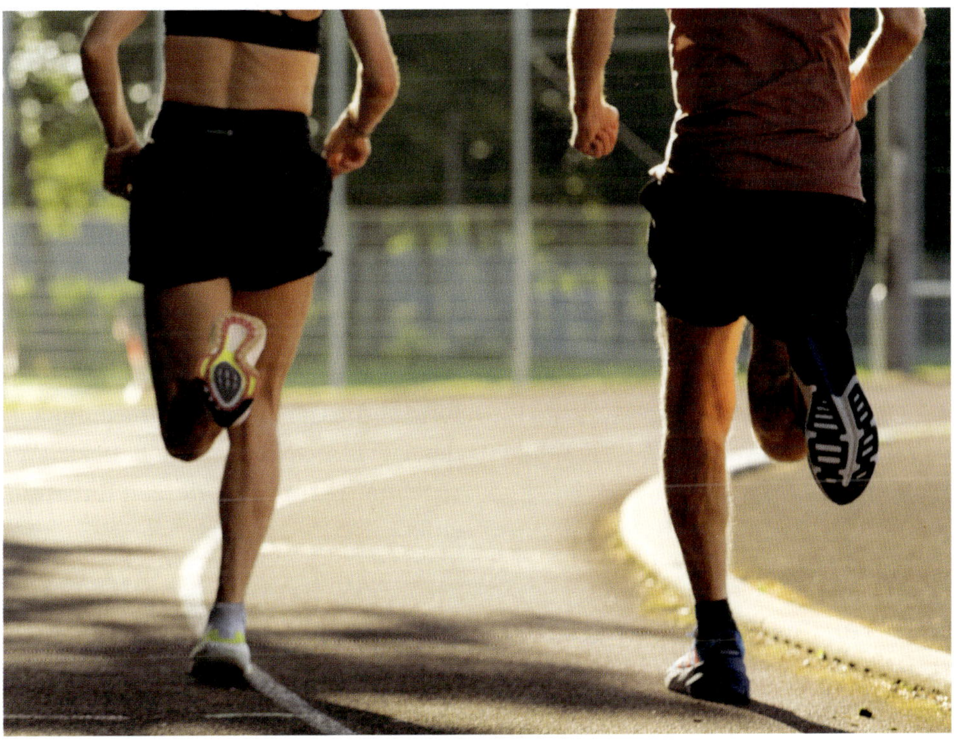

## 21 Gründe, warum jede*r laufen sollte

Laufen macht nicht nur schneller und ausdauernder, sondern hält Menschen gesund und jung, macht sie schöner und fröhlicher. Das klingt vielleicht nach einem falschen Versprechen, ist aber wissenschaftlich bewiesen.

**1. Alter:** Dreimal in der Woche 30 Minuten zu laufen, senkt das biologische Alter um neun Jahre. Das ergab eine Studie mit 2400 Zwillingen.

**2. Augen/Sehkraft:** Wer mehr als 50 Kilometer pro Woche läuft, hat ein um 54 Prozent reduziertes Risiko für altersbedingten Sehkraftverlust.

**3. Bluthochdruck:** Schon 15 Kilometer pro Woche senken das Risiko für Hypertonie um 39 Prozent. Durchschnittlich senkt Laufen den systolischen Wert um 2,6 mmHG (Millimeter Quecksilbersäule), den diastolischen Wert um 1,8 mmHG.

**4. Cellulite:** Durch die Kombination aus besserer Durchblutung und Beinmuskeltraining schlägt Laufen jedes Kosmetikmittel beim Kampf gegen Orangenhaut.

**5. Cholesterin:** Das »gute« HDL-Cholesterin nimmt durch regelmäßiges Laufen um 30 Prozent zu, das Risiko von Gefäßverkalkung entsprechend ab.

**6. Darm:** Durch regelmäßiges Lauftraining verbessert sich die Verdauung in Magen und Darm. Die Nahrung wird durch die Bewegung schneller verarbeitet und mit mehr Flüssigkeit versetzt. Dadurch wird der Stuhl weicher und ist leichter auszuscheiden.

**7. Gehirn:** Wissenschaftler*innen haben herausgefunden, dass Sportler*innen, die ihr Ausdauervermögen um 5 Prozent steigern, bei Denksportaufgaben um 15 Prozent bessere Resultate erzielen. Joggen zählt außerdem zu den effektivsten Vorbeugungsmaßnahmen gegen Alzheimer und Demenz.

**8. Haut:** Regelmäßiges Lauftraining verbessert die Durchblutung der Haut. Dadurch werden Hautunreinheiten schneller abgebaut, die Haut bleibt länger straff und bildet weniger Falten aus.

**9. Herz:** Regelmäßiges Ausdauertraining verbessert die Leistungsfähigkeit des Herzens. Netter Nebeneffekt: Wer regelmäßig trainiert, dessen Ruhepuls sinkt.

**10. Herz-Kreislauf-System:** Von allen Sportarten stärkt Laufen das Herz-Kreislauf-System am effektivsten.

Expert*innen schätzen, dass es circa 12 000 Herz-Kreislauf-Todesfälle weniger pro Jahr gäbe, wenn die inaktiven 40- bis 69-Jährigen regelmäßig joggen würden.

**11. Hormonhaushalt:** Sport gleicht die altersbedingten Schwankungen des Hormonhaushalts aus. Regelmäßiges Lauftraining kann das hormonelle Alter um bis zu 20 Jahre zurückdrehen.

**12. Immunsystem:** Sportliche Aktivität stärkt die körperlichen Abwehrkräfte (obere Belastungsgrenze: rund 2000 verbrannte Kilokalorien pro Woche).

**13. Libido:** Nach neun Monaten regelmäßigen Sports steigt das sexuelle Verlangen bei Männern um bis zu 30, die Orgasmusrate von Frauen um bis zu 26 Prozent.

**14. Lunge:** Trainierte Läufer*innen erreichen mit einem Drittel der Atemfrequenz die gleiche Sauerstoffversorgung wie Faulenzer*innen. Das liegt vor allem an der besseren Durchblutung der Lunge und der vermehrten Bildung von Lungenbläschen.

**15. Ohren/Hörvermögen:** Bei Läufer*innen ist die Innenohrmembran stärker durchblutet. Das schützt sie besser vor Hörschäden durch hohe Lärmpegel.

**16. Knochen:** Regelmäßiges Lauftraining stärkt die Knochen. Dreimal 15 Laufminuten pro Woche sorgen dafür, dass Ihr Osteoporoserisiko um bis zu 40 Prozent niedriger ist als bei Nichtsportlern.

**17. Rücken:** Laufen stärkt die Muskeln, Sehnen und Knochen des Rückens. Dadurch leiden Läufer*innen dort signifikant seltener unter Schmerzen als Bewegungsmuffel.

**18. Schlaf:** Menschen, die im Schnitt 38 Minuten zum Einschlafen benötigen, brauchen an Lauftagen nur 17 Minuten dazu. Außerdem schlafen sie nach Trainingstagen eine Stunde länger.

**19. Stimmung:** Die vermehrte Ausschüttung von Noradrenalin, Dopamin und Serotonin macht Läufer*innen weniger anfällig für Stimmungsschwankungen und insgesamt optimistischer und fröhlicher, zeigte eine aktuelle Studie aus Kanada.

**20. Stress:** Laufen verringert die Ausschüttung der Stresshormone Adrenalin und Cortisol und baut einen erhöhten Spiegel dieser Stoffe beschleunigt ab. Außerdem wird die körpereigene Produktion des Anti-Stress-Hormons DHEA unterstützt.

**21. Übergewicht:** Laufen ist als Kalorienkiller Radfahren und Schwimmen deutlich überlegen. Ein 70 Kilo schwerer Mann kann je nach Tempo in 60 Minuten nahezu 1000 Kilokalorien verbrennen.

KAPITEL 2

# Bevor es mit dem Marathontraining losgeht

## Oder: Was Sie grundsätzlich rund um ein effektives Lauftraining wissen sollten

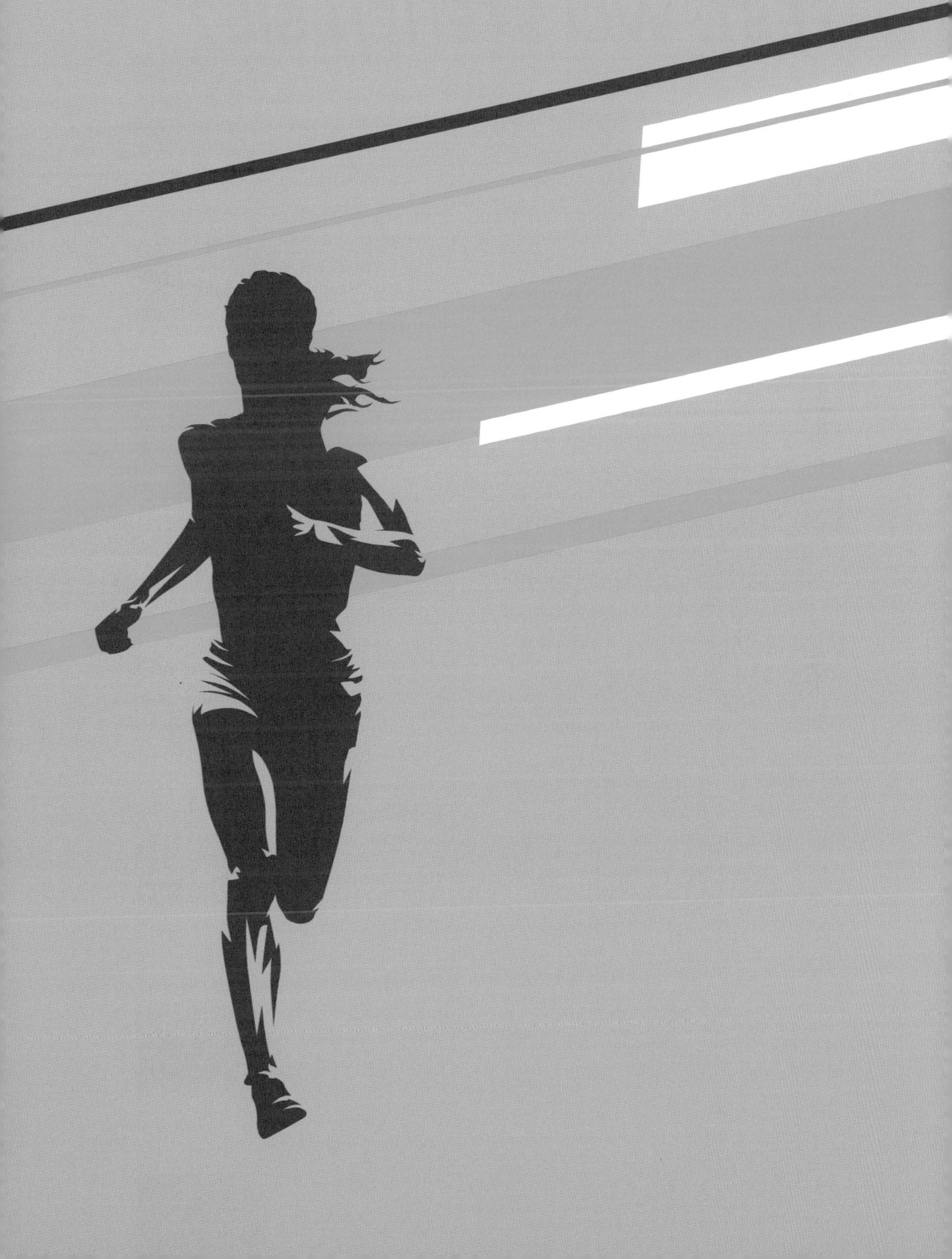

# TEST: WO STEHEN SIE?

Ohne Vorbereitung lässt sich kein Marathon bewältigen. Anders gesagt: Mit einer gewissenhaften Vorbereitung kann es jede*r schaffen. Das sagten wir ja schon. Es gibt da aber eine klitzekleine Grundbedingung: Sie bereiten sich auf den Marathon vor. Gewissenhaft. Über Wochen, eher Monate. Und: Ein Marathontraining sollte nicht nur zielorientiert, sondern auch an die persönlichen Voraussetzungen angepasst sein. Wer vorher noch nie länger als 10 Kilometer in einem Wettkampf gelaufen ist und nicht öfter als zwei- bis dreimal pro Woche trainiert, sollte sich nicht mehr vornehmen, als die 42-Kilometer-Distanz hinter sich zu bringen. Wer allerdings schon ein*e marathonerfahrene*r Läufer*in ist, auf kürzeren Strecken bis hin zum Halbmarathon schon Erfahrungen gesammelt hat oder entsprechend talentiert ist, den reizt irgendwann die 3-Stunden-Barriere.

Die Marathonstrecke ist exakt 42,195 Kilometer lang, das ist das größte Problem. Läufer*innen haben normalerweise nur Energiereserven für eine Strecke von etwa 30 Kilometern. Bei einem 10- oder 21,1-Kilometer-Wettbewerb verbraucht man in der Hauptsache Glykogen, das in der Muskulatur und Leber gespeichert ist. Glukose nennt sich das Stoffwechselprodukt, welches den bevorzugten »Kraftstoff« für die Muskelfasern darstellt. Wenn die Glukosereserven auszugehen drohen, stellt sich der Körper zunehmend auf Fettverbrennung um. Davon haben selbst die dünnsten Läufer*innen ausreichend Reserven.

Wer trotz leerer Glukosespeicher weiterhin aufs Tempo drückt, bekommt bald Probleme. Der »Mann mit dem Hammer« steht am Straßenrand, die Kräfte schwinden. Im extremsten Fall kann es zu Halluzinationen – die Gehirnzellen, ebenfalls der Glukose beraubt, beginnen ihre »Nahrung« zu vermissen – oder einem Kollaps kommen. In der Regel fühlen sich Läufer*innen in dieser Situation ganz einfach müde. Vor allem im angelsächsischen Sprachraum mystifiziert man diesen Zustand gerne als ein »Gegen-die-Mauer-Laufen« (to hit the wall). Die Folge solcher Mystifizierungen: Man läuft einen Marathon und wartet geradezu darauf, dass man nach 30 Kilometern einbricht. Doch dies ist keineswegs zwangsläufig so. Wer ausreichend trainiert hat und sich die Strecke richtig einteilt, hüpft problemlos über die Mauer hinweg. Denn auch der Fettstoffwechsel lässt

sich trainieren, zum Beispiel mit langen, langsamen Läufen. Dies ist allerdings nicht zu verwechseln mit dem Thema »Wie verbrenne ich am optimalsten Fett?«.
Beim Marathontraining geht es darum, den Körper daran zu gewöhnen, dass von einem bestimmten Zeitpunkt an vermehrt Fett zur Energiegewinnung bereitgestellt wird. »Langsam beginnen« lautet auch die Devise, an die Sie sich immer wieder halten sollten. Auf diese Weise verbrauchen sich Ihre Glykogenvorräte nicht schon vorzeitig und Sie haben eine Chance, dem »Mann mit dem Hammer« gar nicht erst zu begegnen. Aber jetzt sind wir ja schon ganz tief drin in der Fachsimpelei rund ums Thema Marathon ... obwohl wir noch gar nicht die entscheide Frage gestellt und geklärt haben: Sind Sie bereit für den Marathon (dass Sie ihn grundsätzlich »können«, haben wir ja schon geklärt)?

## Sind Sie bereit?

Egal, ob man seinen ersten Marathon laufen will oder seinen 51., es wird nicht einfach sein – aber das ist genau der Punkt. Vor allem kommt es darauf an, dass Sie Ihr Bestes geben. Mit unserem Master-Trainingsplan, der Sie über ein ganzes Jahr begleitet, sind Sie garantiert auf dem richtigen Weg. Zunächst jedoch einmal eine Standortbestimmung, wo Sie ganz aktuell stehen ...

Beantworten Sie die nachstehenden Fragen, zählen Sie die Punkte zusammen, und Sie wissen, was Sie sich derzeit im Marathon zumuten können. Kein Ergebnis sollte Sie enttäuschen, denn es ist nie zu spät, mit dem Training zu beginnen. Dieser Test dient einfach nur dazu, dass Ihnen klar wird, wie Sie Ihren aktuellen Fitnesszutand im Bezug zu der Herausforderung Marathon einordnen können.

**Um aktuell einen Marathon unter 3:30 Stunden im Marathon zu schaffen, benötigen Sie mindestens 100 Punkte im Test.**

**Wenn Sie jetzt schon beim Marathon ins Ziel kommen wollten, benötigen Sie mindestens 70 Punkte im Test.**

**Für unseren Plan, es in einem Jahr ins Marathonziel zu schaffen, reichen sogar minus 30 Punkte im Test.**

**Um es in den nächsten zwei Jahren in ein Marathonziel zu schaffen, reichen sogar minus 60 Punkte im Test.**

## Der Test

| MOTIVATION | PUNKTE |
|---|---|
| ○ Sie wollen unbedingt einen Marathon laufen? | 10 |
| ○ Sie wissen nicht so richtig, ob Sie wirklich Lust auf Marathon haben? | 0 |
| ○ Eine Wette, fixe Idee (oder Ähnliches) hat Sie auf die Marathon-Idee gebracht? | –5 |

| ALTER | |
|---|---|
| ○ 18–19 | 0 |
| ○ 20–35 | 5 |
| ○ 36–48 | 5 |
| ○ 49–55 | 0 |
| ○ 56–61 | –3 |
| ○ 62–69 | –4 |
| ○ 70+ | –5 |

| NIKOTINKONSUM | |
|---|---|
| ○ Nein | 5 |
| ○ Gelegentlich | –3 |
| ○ 5–20 Zigaretten/ Woche* | –5 |
| ○ 21–40 Zigaretten/Woche* | –10 |

Ziehen Sie 5 Punkte ab für jeweils zusätzliche 20 Zigaretten/Woche.

| ALKOHOLKONSUM | |
|---|---|
| ○ Abstinent | 0 |
| ○ Gelegentlich | 0 |
| ○ Regelmäßig | –5 |
| ○ Mehr als 2 Bier/Tag oder mehr als 0,7 Liter Wein/Tag | –10 |

**GESUNDHEITSZUSTAND****

- ○ Nie krank .......... 2
- ○ Gelegentlich krank .......... 0
- ○ Häufig krank .......... –7
- ○ Ernsthafte Krankheit oder Verletzung in den letzten drei Monaten .......... –20

**TRAININGSGEWOHNHEITEN****

- ○ Weniger als einmal/Woche .......... –30
- ○ Einmal/Woche .......... –25
- ○ Zweimal/Woche .......... 0

Addieren Sie 2 Punkte
für jeden zusätzlichen Trainingstag
bis zu maximal 15 Punkten.

Laufkilometer pro Woche pro Kilometer 1

* *Einzelne Zigaretten.*

** *Betrifft vor allem Immunerkrankungen wie Infektionen.*

*** *Trainingsgewohnheit bedeutet mindestens 30 Minuten mäßige Ausdauerbelastung, dazu zählen auch zum Beispiel Fußball, Schwimmen oder Radfahren. Nehmen Sie einen Durchschnittswert der letzten vier Wochen.*

# Einsteiger*innen fragen: Von Ausrüstung bis Laufterrain

Zu Beginn einer Marathonvorbereitung – vielleicht der ersten Vorbereitung? – stehen einem tausend Fragezeichen vor der Stirn. »Ich hätte da noch eine Frage« ist eine beliebte Eingangsfloskel, mit der Mails oder Messages an uns als Trainingsexpert*innen beginnen, abgesandt von Läufer*innen, die beginnen wollen, sich auf einen Marathon vorzubereiten.

## »Ich hätte da noch eine Frage ...«

**»... wie viele Paar Laufschuhe benötigt man und welches Material ist in der Marathonvorbereitung und für den Marathon nützlich und notwendig?«**

Ein Paar Laufschuhe ist zu wenig, 20 Paar sind zu viel. Nicht, dass wir hier das maßlose Geldausgeben propagieren, aber Ihrer Gesundheit zuliebe sollten Sie nicht zu knauserig sein. Zur Gesundheitsvorsorge von Marathonläufer*innen gehört, dass Sie mindestens (!) zwischen drei Paar Laufschuhen beim Training wählen können. Unsere Regel lautet eigentlich: So viele Lauftage, wie die Woche hat, so viele Laufschuhe sollte man besitzen. Durch das wechselnde Schuhwerk wird eine einseitige Belastung des Bewegungsapparats vermieden und damit Verletzungen vorgebeugt. Außerdem ist nicht jeder Schuh gleich gut für die verschiedenen Laufuntergründe und die unterschiedlichen Geschwindigkeiten geeignet. Zum Repertoire ambitionierter Marathonläufer*innen gehören – wir lassen die unterschiedlichen Ansprüche aufgrund von individuellen Fußfehlstellungen hier außen vor – in der Regel drei Paar Laufschuhe: ein stabiler Laufschuh für lockere Dauerläufe auf Park- und Waldwegen, ein gedämpfter Schuh für die Asphaltrunden und ein leichter Laufschuh für die schnellen Läufe. Fehlt schließlich noch der Schuh, mit dem man den Marathon läuft. Er kann durchaus derselbe sein wie der leichte Trainingsschuh für die schnellen Läufe, aber dieser sollte auch ein gewisses Maß an Stabilität und Dämpfung bieten. In der Regel ist es so: Je schneller und leichter der*die Läufer*in ist, desto leichter darf auch der Marathonschuh sein. Anders ausgedrückt: Natürlich ist ein*e 100-Kilogramm-Läufer*in mit 200-Gramm-Schlüppchen am Fuß nicht gut bedient; er*sie braucht auch beim Marathonlauf einen gut gedämpften und sehr stabilen Laufschuh. Einen ausdrücklichen »Wettkampfschuh« empfehlen wir also nur Leistungssportler*innen; als solche bezeichnen wir die Läufer, die den Marathon unter drei Stunden, und Läuferinnen, die den Marathon unter 3:15 Stunden laufen.

Marathonlaufen ist zum Glück keine Materialschlacht, und wer drei Paar gute Laufschuhe besitzt, ist eigentlich schon mit dem Nötigsten ausgestattet (bei drei bis vier Trainingsläufen pro Woche). Aber natürlich gibt es weitere Materialien, die Ihnen die Vorbereitung auf den Marathon (und nicht nur auf diesen) erleichtern können: zum Beispiel ein Herzfrequenz-Messgerät. Das sind »Uhren«, die Ihnen zeigen, in welchem Pulsbereich (Intensitätsbereich) Sie trainieren. Sinnvolle Trainingspläne geben die verschiedenen Laufintensitäten in Prozent des Maximalpulses an. Das heißt, Sie ermitteln in einem Leistungstest Ihren Maximalpuls und können anhand dessen ganz individuell Ihre persönlichen Trainingszonen (langsam, locker, zügig, schnell und so weiter) definieren. Die günstigsten Herzfrequenzmesser kosten weniger als 50 Euro und reichen weniger ambitionierten Läufer*innen für eine Marathonvorbereitung vollkommen aus, es gibt aber auch Geräte, die 1000 Euro kosten; sie ersetzen dann fast schon leibhaftige Trainer*innen.

Zur richtigen Laufbekleidung: Sie kann das Lauftraining gewaltig erleichtern. »Richtig« heißt in dem Fall »funktionell«. Das wiederum bedeutet: feuchtigkeitstransportierend, atmungsaktiv und feuchtigkeitsabweisend. Solche Bekleidung erhalten Sie vor allem im Lauffachgeschäft. Dazu gibt es noch eine ganze Vielfalt an Dingen, die man gut brauchen kann, aber nicht haben muss: vom Trinkgürtel für die langen Läufe über die Stirnlampe für das Laufen bei Dunkelheit, diverse Kopfbekleidungen für verschiedene Jahreszeiten bis zum Energieriegel als günstige Zwischenmahlzeit oder für den ersten Hunger »danach« und so weiter. Zur Orientierung empfehlen wir Ihnen da den Besuch eines Lauffachgeschäfts. Lassen Sie sich vom Warenangebot beeindrucken, Sie glauben gar nicht, was es alles rund ums Laufen zu kaufen gibt.

## »Ich hätte da noch eine Frage …«

**»… ich kann mich nicht entscheiden, wo ich meinen ersten Marathon laufen soll.«**

Die Wahl der richtigen Marathonveranstaltung hängt davon ab, was Sie letztendlich von der Teilnahme erwarten: Wollen Sie Ihren ersten Start mit einem Erlebniswochenende verbinden, sollten Sie sich zum Beispiel für Paris oder Hamburg oder natürlich für Berlin entscheiden. Suchen Sie einen anfängerfreundlichen Marathon, sind Sie eventuell im überschaubareren Münster mit seinem tollen Brems- und Zugläuferangebot für Dutzende Zielzeiten am besten aufgehoben, oder Sie laufen auf dem flachen und weitgehend windgeschützten Kurs von Kandel (Südpfalz). Allzu leicht lassen sich Entscheidungshilfen nicht definieren. Es gibt zwar die Unterscheidung zwischen Stadtmarathons und Landschaftsmarathons, aber unter beiden Gruppen gibt es solche mit schnellem und weniger schnellem Parcours und mit weniger und mehr »Atmosphäre«.

Grundsätzlich gilt:

1. Wer richtig schnell rennen will, ist auf eine flache Asphaltstrecke angewiesen, die keine Steigungen und keine engen Kurven hat und einen festen, sauberen Untergrund bietet.
2. Wer es braucht, von Zuschauer*innen angefeuert zu werden, muss sich bei einem klassischen Stadtmarathon anmelden; dabei steht »Stadt« für einen Kurs, der größtenteils durch die Innenstadt verläuft und wo viele Zuschauer am Straßenrand stehen.
3. Wer seine Ruhe haben will, sollte auf dem Land laufen.
4. Wer ein bestimmtes Zeitziel hat, ist am besten mit einem Marathon bedient, der sogenannte »Brems- und Zugläufer*innen« anbietet. Bei diesen handelt es sich um erfahrene Läufer*innen, die Läufergruppen zum Zeitziel begleiten und darauf achten, dass man nicht zu schnell beginnt, regelmäßig trinkt und so weiter. Solche Bremsläufer*innen (andere Bezeichnungen: Hasen, Pacer, Zugläufer*innen) gibt es mittlerweile auch bei jedem besser organisierten Stadtmarathon.
5. Wer ein Naturerlebnis sucht, muss raus in die Natur, zum Beispiel nach Helgoland (Helgoland-Marathon), in die Eifel (Monschau-Marathon) oder auf den Rennsteig (Rennsteiglauf).
6. Wem ein Marathon allein als Reisegrund nicht ausreicht oder wer nicht laufende Begleitpersonen dabeihat, die auch etwas erleben wollen, der sollte sich ein touristisch, kulturell attraktives Marathonziel suchen. Deren gibt es viele: Wien, Rom, London, Prag, Florenz und so weiter.

## »Ich hätte da noch eine Frage …«

**»… wie lassen sich Infekte in der Marathonvorbereitung vermeiden?«**

Ein Marathontraining bedeutet für viele einen erheblichen Zuwachs ihres Leistungsvermögens, vor allem, was die Ausdauer betrifft. Dies geht einher mit einem gesteigerten Trainingsaufwand. Mehr Laufkilometer haben oftmals aber auch Müdigkeit oder sogar gesundheitliche Probleme zur Folge. Marathonläufer*innen unterliegen zum Beispiel während einer intensiven Trainingsphase einem höheren Infektionsrisiko als beim normalen Trainingsalltag. Die weißen Blutkörperchen sind einige Stunden nach einem längeren Trainingslauf nachweislich vermindert fähig, feindliche Viren abzuwehren. Dies ist mit ein Grund dafür, warum Marathonläufer*innen um ein Vielfaches anfälliger für Erkältungskrankheiten sind als normal aktive Menschen. Ein wenig Zucker kann den weißen Blutkörperchen auf die Sprünge helfen. Ein paar Schlucke eines Sportgetränks mit 25 Prozent Glukoseanteil während einer Belastung helfen, die weißen Blutkörperchen zu aktivieren. Normale Sportgetränke haben einen wesentlich geringeren Anteil an Glukose, sind aber besser verträglich. Versuchen Sie deshalb, vor allem bei Ihren langen Trainingsläufen, eine Flasche mit Sportgetränken mitzunehmen, und trinken Sie alle zehn Minuten drei bis vier Schlucke.

Eine Erkältung kann Ihnen natürlich einen dicken Strich durch die Vorbereitung machen; eventuell müssen Sie Ihr Zeitziel korrigieren. Versuchen Sie, diesem Dilemma vorzubeugen. 500 Milligramm Vitamin C täglich vermindern das Erkältungsrisiko um die Hälfte. Meiden Sie verrauchte Räume; Rauch schadet Ihren Atemwegen. Versuchen Sie, erkälteten Freund*innen, Bekannten und Verwandten so weit wie möglich aus dem Weg zu gehen. Waschen Sie Ihre Hände während der »Schnupfenzeit« regelmäßig nach dem Kontakt mit anderen Menschen. Registrieren Sie erste Anzeichen einer Erkältung, reduzieren Sie das Training, versuchen Sie nicht mit aller Gewalt, Ihren Trainingsplan durchzuziehen. Legen Sie lieber einen ungeplanten Ruhetag ein und nehmen Sie viel Flüssigkeit zu sich.

## »Ich hätte da noch eine Frage …«

**»… woher weiß ich, dass ich den Marathon trotz sorgfältigem Training später nicht abbreche?«**

Viele ambitionierte Läufer*innen unterschätzen, dass die Voraussetzung für eine Leistungssteigerung nicht nur körperliche Fitness ist. Sie ist zwar die Grundvoraussetzung, nützt aber wenig, wenn nicht auch der Kopf fit ist. Die richtige Harmonie zwischen Körper und Psyche ist der entscheidende Faktor zwischen mäßigem und richtigem Erfolg. Wenn es, wie beispielsweise bei einem Marathon, darum geht, sich die Angst vor 42 langen Kilometern zu nehmen, sollten Körper und Geist eng zusammenarbeiten. Es sind zwar die Beine, welche Läufer*innen über die Strecke tragen, aber gesteuert werden sie vom Kopf: die richtige Einteilung der Kräfte und Reserven, cool bleiben in den verschiedensten Wettkampfsituationen. Das Gehirn empfängt und verarbeitet die Signale des Körpers und erdenkt sich Strategien, wie Sie in den folgenden Sekunden weiter vorzugehen beziehungsweise voranzulaufen haben.

Wenn Sie also beim Laufen müde werden, entscheiden nicht die Beine, sondern das Gehirn, ob Sie langsamer werden, stehen bleiben oder im unveränderten Tempo weiterlaufen. Das große Problem: Trainingspläne für den Körper gibt es viele, doch wer zeigt Ihnen, wie Sie Ihren Kopf trainieren? Ich! Denn das Zauberwort heißt: »visualisieren«.

Theorie: Ein wichtiges Training oder ein wichtiger Wettkampf stehen bevor. Sie haben Bedenken, ob Sie den Ansprüchen, zum Beispiel der Streckenlänge, gewachsen sind. Machen Sie sich deutlich, wovor Sie »Angst« haben. Stellen Sie sich jede einzelne Herausforderung genau vor, visualisieren Sie die Situation. Gehen Sie im Kopf die Strecke Schritt für Schritt, Kilometer für Kilometer ab. Überlegen Sie, wie Sie im konkreten Fall mit einer misslichen Situation umgehen wollen. Versuchen Sie, die Fragen, die die Visualisierung aufwirft, zu beantworten: Warum sollte ich die Strecke nicht bewältigen? Schließlich habe ich lange und gut trainiert. Was mache ich, wenn ich doch nicht durchhalte? Legen Sie sich eine Notstrategie zurecht. So programmieren Sie Ihr Gehirn, in bestimmten Situationen nach vorgefertigten Mustern zu reagieren.

Praxis: Legen Sie sich in den Wochen vor dem Marathon zweimal pro Woche – oder sogar täglich – entspannt hin. Schließen Sie die Augen und gehen Sie die bevorstehende Herausforderung durch: Stellen Sie sich vor, wie Sie am Start stehen, wie Sie loslaufen. Spüren Sie Ihre Beine? Spüren Sie die Kraft, die in Ihnen steckt? Machen Sie sich auch klar, dass Sie noch nie so gut und so viel trainiert haben wie zuletzt und dass den Marathon vor Ihnen schon Hunderttausende ebenfalls problemlos bewältigt haben, die viel schlechter trainiert und weniger fit waren als Sie.

Eine Visualisierung kann fünf Minuten dauern oder auch eine halbe Stunde. Je länger sie dauert, desto facettenreicher ist sie. Doch aufgepasst: Die Konzentration zur Visualisierung lässt nach 30 Minuten rapide nach (und Sie sind schnell sanft eingeschlummert).

### »Ich hätte da noch eine Frage ...«

**»... wenn ich dann mal so weit bin, wie viele Marathons darf ich dann im Jahr laufen?«**

Die Meinungen der Expert*innen gehen da nur scheinbar auseinander. Die Extreme: »Sehr gut trainierte Volksläufer*innen ›dürfen‹ im Extremfall auch jedes Wochenende Marathon laufen, wenn die Gesundheit mitspielt«, meint zum Beispiel der erfahrene Ultraläufer Christian Hottas, der inzwischen über 3000 Marathons in den Beinen hat und weltweit der größte Marathonsammler ist. Persönlich ist der Arzt und Marathonextremist jedoch dafür, »Maß zu halten«. Was dies für ihn bedeutet? »Ein Marathon im Monat ist sicher nicht nachteilig.« Die übliche Meinung von Expert*innen, der wir uns auch anschließen, lautet allerdings, dass nur ein bis zwei Marathons pro Jahr sinnvoll sind. Warum? Auf 12 bis 24 Wochen Vorbereitung, die erfahrene Marathonläufer*innen jedem Marathonziel widmen, folgen vernünftigerweise sechs bis acht Wochen Regeneration nach dem Marathon. Das sind zusammen etwa fünf bis acht Monate des Jahres, die sich um einen einzigen Marathon drehen, nimmt man diesen ernst und will ihn leistungsorientiert laufen. Aber es kommt auf die Intensität an, mit der ein Marathon gelaufen wird. Und auch Hottas schränkt ein: »Wer als Eliteläufer eine peinlich genaue Trainingssteuerung betreiben muss, kann nur zwei bis drei Marathons im Leistungshoch bestreiten.« Vor allem der Regenerationsbedarf eines Marathonrennens wird oftmals unterschätzt. Fazit: Ein leistungsorientierter Marathon im Frühjahr und einer im Herbst, und der Körper wird es Ihnen danken, und Sie kommen mit Erfolg und Freude ins Ziel. Und wer doch öfter pro Jahr an den Marathonstart geht, bei dem sollten alle weiteren Marathons nicht über die Intensität eines normalen Trainingslaufs hinausgehen.

## So verdoppeln Sie Ihre Ausdauer

Die meisten, die dies lesen, werden sich vermutlich noch gar nicht reif für einen Marathon fühlen und müssen vielleicht erst einmal an ihrer Ausdauer arbeiten. Aber schicken wir eine Frage vorweg. Was wäre wahrscheinlicher: dass Sie irgendwann einmal die 100 Meter so schnell laufen können wie einst Usain Bolt, oder dass Sie irgendwann den Marathon so schnell laufen können wie Weltrekordler Eliud Kipchoge? Beides ist – zugegebenermaßen – mehr als unwahrscheinlich. Aber müssten wir dennoch eine Antwort geben, so fiele sie eindeutig aus: Sie würden eher ein Marathon- als ein 100-Meter-Weltrekordler. Denn: Ob man ein Sprintertyp ist oder nicht, ist reine Veranlagungssache. Da kann man so oft das Sprinten üben, wie man will, schneller wird man nicht. Die Zusammensetzung der Muskelfasern bestimmt, ob wir kräftig und schnell sind wie Sprinter*innen, und leider ist diese Zusammensetzung größtenteils genetisch festgelegt.

Anders ist das mit der Ausdauer – und damit sind wir bei unserem Thema. Gleichgültig, wie groß, schwer, alt oder fit Sie sind, Ihre Ausdauer können Sie verbessern oder, besser gesagt, trainieren. Und das Beste ist: In kürzester Zeit sehen Sie den Erfolg. Noch besser: Mit unseren Trainingsvorschlägen verdoppeln Sie Ihre Ausdauer in nur acht Wochen.

Jetzt fragt manch einer zu Recht: »Und warum sollte ich meine Ausdauer verdoppeln?« Vielleicht, weil Sie noch nicht so weit sind, in ein Marathontraining sofort einzusteigen?

## Darauf kommt es an

Es gibt nur eine Möglichkeit, Ihre Ausdauer zu verbessern, und die erscheint ziemlich simpel: Sie müssen

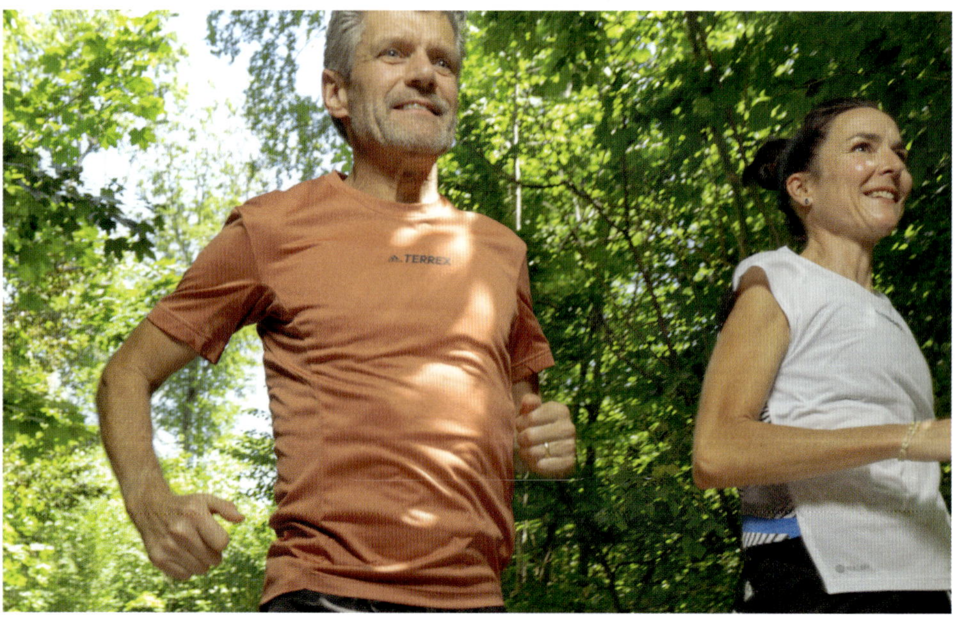

einfach Schritt für Schritt, sprich Woche für Woche, länger laufen. Übrigens: Radfahren, Wandern/Walken oder Schwimmen können bei der Verbesserung des Ausdauervermögens hilfreich sein, aber richtig effektiv für die Laufform ist eben nur das Laufen.

### Langsam laufen

Viele Läufer*innen, die ihre Laufdistanzen verlängern, versuchen, auch bei den ungewohnt langen Läufen das angestammte Lauftempo beizubehalten. Das ist falsch. Problemlos länger laufen können Sie nur, wenn Sie langsamer als gewohnt laufen. Das richtige Lauftempo bei den längeren Läufen ist eines, bei dem Sie sich permanent unterhalten können beziehungsweise könnten, ohne dabei in Atemnot zu kommen.
Für Läuferinnen und Läufer, die mit einem Pulsmesser laufen: Das Tempo sollte etwa 70 Prozent Ihrer maximalen Herzfrequenz betragen.
Für Läuferinnen und Läufer, die ohne einen Pulsmesser laufen: Das Tempo sollte etwa 30 Sekunden pro Kilometer langsamer sein als bei Ihren bisherigen lockeren Dauerläufen.

### Zeit haben

Wer seine Läufe zeitlich ausbauen möchte, braucht Zeit, auf jeden Fall mehr Zeit als bisher. Ein längerer Lauf unter Zeitdruck mündet in eine Überlastung. Wer statt 5 Kilometer 10 Kilometer schaffen will, sich für die neue Streckenlänge aber nur ebenso viel Zeit wie für die alte nehmen kann, der läuft in der Regel viel zu schnell. Planen Sie für eine doppelt so lange Laufdistanz mehr als doppelt so viel Zeit ein. Denn Sie laufen ja nicht nur länger, sondern auch pro Kilometer langsamer. Brauchten Sie bisher für 5 Kilometer 30 Minuten, so brauchen Sie für 10 Kilometer nicht 60 Minuten, sondern 65 Minuten, denn Sie sollen ja pro Kilometer 30 Sekunden langsamer laufen als bisher.

### Ruhe suchen

Die besten Laufstrecken für die längeren Laufeinheiten liegen in der Natur, wo Sie kein Autoverkehr stört und vor allem der Boden weich und federnd ist. Ihre Füße werden es Ihnen danken. Drehen Sie keinesfalls auf einer Laufbahn unzählige Runden, das könnte zu einer einseitigen Überlastung führen, oder, wenn es denn doch sein muss, dann wechseln Sie ab und an die Laufrichtung. Sicherlich ist auch das Laufband im Fitnessstudio nicht unbedingt für lange Läufe empfehlenswert, denn erstens darf man in vielen Studios nicht über eine bestimmte Zeit hinaus ein Band besetzen, und zweitens wird es auch schnell zu langweilig.

# Ausdauer verdoppeln

**Zwei Pläne, wie Sie vor dem Einstieg ins Marathontraining Ihre Ausdauer verbessern**

| ZIEL: VON 10 AUF 20 KM | | | |
|---|---|---|---|
| **WOCHE 1** | | **WOCHE 2** | |
| Mo | 30–40 min lockerer Dauerlauf | Mo | 30–40 min lockerer Dauerlauf |
| Mi | 30 min zügiger Dauerlauf | Mi | 30 min zügiger Dauerlauf |
| Fr | 30–40 min lockerer Dauerlauf | Fr | 30–40 min lockerer Dauerlauf |
| So | 10 km langsamer Dauerlauf | So | 12 km langsamer Dauerlauf |
| **WOCHE 3** | | **WOCHE 4** | |
| Mo | 40 min lockerer Dauerlauf | Mo | 40 min lockerer Dauerlauf |
| Mi | 30 min zügiger Dauerlauf | Mi | 40 min zügiger Dauerlauf |
| Fr | 30 min lockerer Dauerlauf | Fr | 40 min lockerer Dauerlauf |
| So | 14 km langsamer Dauerlauf | So | 12 km langsamer Dauerlauf |
| **WOCHE 5** | | **WOCHE 6** | |
| Mo | 30–40 min lockerer Dauerlauf | Mo | 30 min lockerer Dauerlauf |
| Mi | 30 min zügiger Dauerlauf | Mi | 30 min zügiger Dauerlauf |
| Fr | 30 min lockerer Dauerlauf | Fr | 30 min lockerer Dauerlauf |
| So | 16 km langsamer Dauerlauf | So | 18 km langsamer Dauerlauf |
| **WOCHE 7** | | **WOCHE 8** | |
| Mo | 30–40 min lockerer Dauerlauf | Mo | 30 min lockerer Dauerlauf |
| Mi | 30 min zügiger Dauerlauf | Mi | 30 min lockerer Dauerlauf |
| Fr | 30–40 min lockerer Dauerlauf | Fr | 20 min lockerer Dauerlauf |
| So | 15 km langsamer Dauerlauf | So | 20 km langsamer Dauerlauf |

## ZIEL: VON 15 AUF 30 KM

| WOCHE 1 | | WOCHE 2 | |
|---|---|---|---|
| **Di** | 10 km lockerer Dauerlauf | **Di** | 10 km lockerer Dauerlauf |
| Mi | 8 km Fahrtspiel, wechselndes Tempo im Gelände | Mi | 8 km Fahrtspiel, wechselndes Tempo im Gelände |
| Fr | 10 km lockerer Dauerlauf | Fr | 10 km lockerer Dauerlauf |
| So | 15 km langsamer Dauerlauf | So | 18 km langsamer Dauerlauf |
| **WOCHE 3** | | **WOCHE 4** | |
| **Di** | 10 km lockerer Dauerlauf | **Di** | 6–8 km lockerer Dauerlauf |
| Mi | 8 km Fahrtspiel, wechselndes Tempo im Gelände | Mi | 8 km lockerer Dauerlauf, anschließend 3 × 100 m Sprint |
| Fr | 10 km lockerer Dauerlauf | Fr | 10 km lockerer Dauerlauf |
| So | 20 km langsamer Dauerlauf | So | 22 km langsamer Dauerlauf |
| **WOCHE 5** | | **WOCHE 6** | |
| **Di** | 8 km lockerer Dauerlauf | **Di** | 8 km lockerer Dauerlauf |
| Mi | 8 km Fahrtspiel, wechselndes Tempo im Gelände | Mi | 8 km lockerer Dauerlauf, anschließend 3 × 100 m Sprint |
| Fr | 10 km lockerer Dauerlauf | Fr | 6 km lockerer Dauerlauf |
| So | 15 km langsamer Dauerlauf | So | 25 km langsamer Dauerlauf |
| **WOCHE 7** | | **WOCHE 8** | |
| **Di** | 8 km lockerer Dauerlauf | **Di** | 8 km lockerer Dauerlauf |
| Mi | 8 km lockerer Dauerlauf, anschließend 3 × 100 m Sprint | Do | 8 km lockerer Dauerlauf, anschließend 3 × 100 m Sprint |
| Fr | 6 km lockerer Dauerlauf | So | 30 km langsamer Dauerlauf |
| So | 25 km langsamer Dauerlauf | | |

## Welches Training ist mehr wert?

Viele Läufer*innen haben Probleme, den relativen Nutzen und die Bewertung unterschiedlicher Belastungsformen einzuschätzen. Was ist effektiver: eine Stunde in einem bestimmten Tempo zu laufen oder nur 40 Minuten, dafür jedoch schneller? Aber nur, wer weiß, welches die jeweils effektivste und verträglichste Belastungsform ist, kann unseren Marathontrainingsplan verstehen.

Der für innovative Trainingskonzepte bekannte Leistungsphysiologe Dr. Eric Banister von der University of British Columbia hat sich des Problems angenommen und als Ergebnis von Untersuchungsreihen auf dem Laufband eine Erfolg versprechende Lösung konzipiert. Für die praktische Anwendung dieses »Banister-Systems« ist es zunächst erforderlich, die Auslenkungsbreite der eigenen Herzschlagfrequenz festzustellen, das heißt die Differenz zwischen Maximalpuls und Ruhepuls. Ausgehend von der im Verlauf von verschiedenen Trainingsformen gemessenen Herzschlagfrequenz, wird daraufhin ein Auslenkungsfaktor berechnet, aus dem sich – multipliziert mit der tatsächlichen Belastungsdauer – der relative Belastungswert des jeweiligen Trainingslaufs ergibt.

Das Anwendungsprinzip von Banisters Methode lässt sich am besten an einem Beispiel erläutern: Nehmen wir an, Ihr Ruhepuls liegt bei 50 und Ihr maximal erreichter Belastungspuls bei 200 Schlägen in der Minute. Die Auslenkungsbreite beträgt demzufolge 200 minus 50 gleich 150 Schläge. Sollte Ihre Pulsfrequenz nun bei einem bestimmten Trainingstempo im Durchschnitt 125 Schläge pro Minute erreichen (das heißt 75 Schläge über dem Ruhepuls), so käme man speziell für diese Trainingseinheit auf einen Auslenkungsfaktor von 0,5 (nämlich 75 geteilt durch 150). Hätten Sie insgesamt eine Stunde auf diesem Niveau trainiert, würde der Banister-Formel zufolge daraus ein Belastungswert von 30 resultieren (60 Minuten multipliziert mit dem Faktor 0,5).

### Hilfe für die Trainingsplanung

Ausgestattet mit dieser Berechnungsgrundlage, wird es Ihnen jetzt möglich, die eingangs gestellte Frage zu beantworten und einen Vergleich zwischen einem einstündigen Training und einem schnelleren Lauf kürzerer Dauer anzustellen. Eine 40-minütige Belastung zum Beispiel mit einem Durchschnittspuls von 170 ergibt dann einen Belastungswert von 32 (40 × 0,8) und stellt demzufolge ein härteres Training dar.

»Ein wenig Kopfrechnen mag zwar ganz amüsant sein, doch welchem Zweck soll dieses Bewertungssystem dienen?«, werden Sie sich fragen. Ein Vorteil des Banister-Systems besteht darin, dass sich Trainingseinheiten besser steuern lassen, wenn aus verschiedensten Gründen an bestimmten Tagen mehr oder weniger Zeit für das Laufen zur Verfügung steht. Ist die Zeit für Ihr Training begrenzt, lässt sich durch Anpassung des Tempos (bis zum Erreichen einer genau kalkulierbaren höheren Pulsfrequenz) dennoch die gleiche Trainingsbelastung wie bei einem längeren Lauf erzielen.

Andererseits lässt sich mithilfe der Banister-Formel auch der Belastungsgrad bei einem wöchentlich abgestuften oder zyklischen Trainingsaufbau besser steuern. Da sowohl Intensität als auch Dauer der Belastung in die Berechnung eingehen, ist eine weitaus präzisere Aussage zur Trainingsgestaltung möglich, als durch den Kilometerumfang allein gegeben. Aus der Summe der Belastungswerte für bestimmte Wochen- oder Monatsabschnitte kann man dann relativ sicher ableiten, wann das Training aufgestockt werden sollte oder wann ruhigere Phasen angeraten sind.

Wenn Sie das Banister-System in Ihre eigene Trainingsgestaltung einbeziehen möchten, sollten Sie folgende Grundregeln beachten:

1. Ganz wichtig ist es, die exakten Werte für Ruhe- und Maximalpuls zugrunde zu legen und nicht etwa Schätzwerte. Zur Bestimmung des durchschnittlichen Ruhepulses empfiehlt sich die Pulsmessung direkt frühmorgens, unmittelbar nach dem Aufwachen, an fünf aufeinanderfolgenden Tagen. Um den Maximalpuls zuverlässig zu ermitteln, hat sich folgende Methode als günstig erwiesen: Laufen Sie nach gründlichem Aufwärmen 800 Meter so schnell wie möglich, am besten im Stadion. Nach einminütiger Trabpause wiederholen Sie die 800 Meter im Maximaltempo, wobei besonders die letzten 100 Meter mit vollem Einsatz zu laufen sind. Messen Sie unmittelbar im Ziel die Herzfrequenz.
2. Die Berechnung des Belastungswerts für Intervalltraining kann schwierig sein. Ermitteln Sie die Werte für Aufwärmtraining, Tempoläufe, Trabpausen und Auslaufen getrennt und addieren Sie sie.
3. Da der konkrete Trainingscharakter von der Banister-Methode nicht erfasst wird, sollten Sie die Spezifik des Trainings nach wie vor auf Ihren Zielwettkampf abstimmen: Drei Stunden Laufen bei einem Auslenkfaktor von 0,5 bringen zwar einen hohen Belastungswert, sind aber nicht die geeignete Vorbereitung auf ein schnelles 5-Kilometer-Rennen.

Grundsätzlich das Banister-System ist eine hilfreiche Methode zur Trainingssteuerung. Es ermöglicht Ihnen, vor allem nach erfolgreichen Wettkämpfen oder einer Bestzeit, Ihre Trainingsaufzeichnungen nach einem objektiven Kriterium auszuwerten, um anschließend die gewonnenen Erkenntnisse zur optimalen Vorbereitung auf künftige Ziele einzusetzen.

## Neue Wege, mehr Spaß

An der Trainingswissenschaft hat sich in den letzten Jahrzehnten tatsächlich gar nicht so viel geändert. Dennoch haben sich auch beim Laufen im Zuge der Zeit so ein paar Grundsätze eingefahren, die heute noch immer wieder postuliert werden, aber vom Zeitgeist hinweggespült wurden. Was alte, erfahrene Läufer*innen sagen – und deren gibt es ja viele, weil Laufen eine Lifetime-Sportart ist –, ist oft klug und weise, aber es ist nicht alles für bare Münze zu nehmen. Bevor Sie also in das Marathontraining einsteigen, wollen wir noch mal ein bisschen aufzeigen, was im Training inzwischen »out« und was stattdessen »in« ist.

### Out: Hart gegen sich selbst sein
### In: Auf Körpersignale achten

Kennen Sie diese Tage, an denen Sie keine Lust zum Laufen verspüren? Sie fühlen sich müde und total abgespannt, und trotzdem werfen Sie sich in Ihre Laufklamotten, beginnen, lustlos zu traben, sind aber auch nach 15 Minuten noch nicht locker. Machen Sie Gehpausen oder brechen Sie das Training ab. Häufig steckt hinter solcher Lustlosigkeit mehr als »null Bock«. Oftmals sind Krankheit (versteckter Infekt?), Mangelerscheinungen (Eisenmangel?), Arbeits- beziehungsweise privater Stress oder Übertraining die Ursache. Achten Sie auf Körpersignale, konsultieren Sie eventuell einen Arzt beziehungsweise eine Ärztin oder fragen Sie erfahrene Laufkamerad*innen, um Ihrem Motivationsloch auf die Schliche zu kommen. Dies sollte nicht verwechselt werden mit dem »inneren Schweinehund«, den man überwindet, wenn man eigentlich keine Lust hat, sich zu noch größerer Anstrengung zu überwinden, vor allem in Wettkämpfen; auch nicht zu verwechseln mit jener Trägheit, den ersten Schritt zu tun, die man morgens früh oder abends nach einem anstrengenden Arbeitstag verspürt.

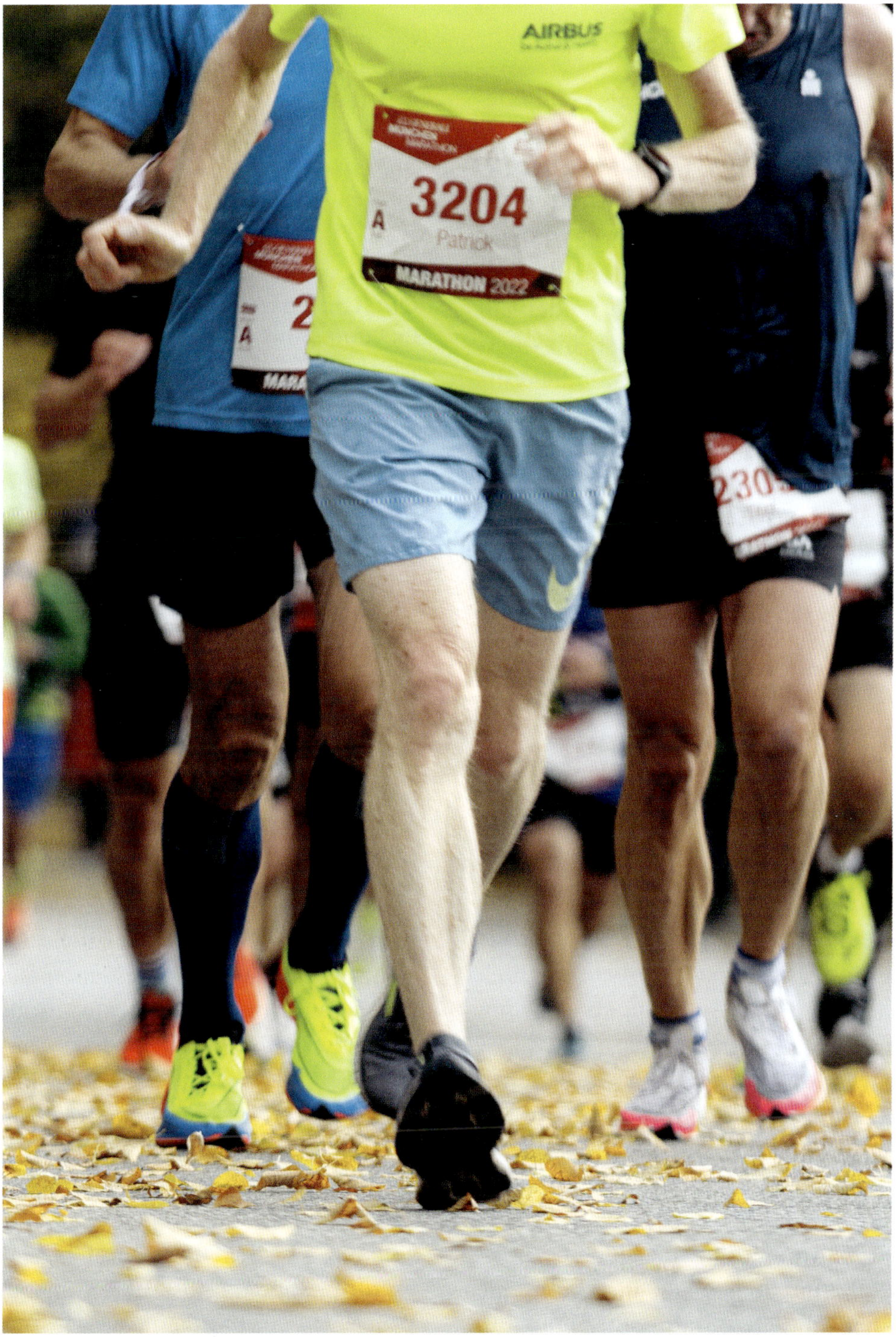
AIRBUS
3204
Patrick
MARATHON 2022

### Out: Leistung als Ziel
### In: Gesundheit als Ziel

Vorbei sind die Zeiten, als beim Laufen martialische Sitten herrschten. Gruppentrainingseinheiten wurden zu wilden Ausscheidungen, bei denen am Schluss nur die Härtesten übrig blieben. Der Rest blieb im Wortsinn auf der Strecke. Leider galt dies für die meisten auch im übertragenen Sinne: Sie verloren bald die Lust am Laufen. Das traf nicht selten auf die guten alten »Lauftreffs« zu, die allzu oft eigentlich »Renn-Treffs« waren. Das Prinzip dieser »Laufkeulerei«: Jedes Training wurde zum Beweis maximaler Belastbarkeit. Überlastung und Übermüdung waren an der Tagesordnung.

Auf diese Weise sind Leistungsfortschritte nicht zu erzielen, dazu macht die Lauferei unter diesen Bedingungen auch keinen Spaß. »Wo geraspelt wird, fliegen halt Späne«, lässt sich ein Langstreckenbundestrainer aus den 1990er-Jahren zitieren. Ein solches Prinzip mag für Eliteläufer*innen zutreffen, für Freizeit-Marathonläufer*innen ist es ungeeignet.

Heute sind die leistungsbesessenen Eigenbrötler*innen in der Minderzahl: Immer mehr Menschen laufen zwar mit Wettkampfambitionen und bei großen Straßenläufen, aber es geht nicht nur um die neue Bestzeit, sondern auch um das Dabeisein. Dem werden immer mehr Veranstalter gerecht, indem sie das Umfeld als Happening gestalten. Das Davor und das Danach wird immer wichtiger, Siegerehrungen in ihrer kaum zu überbietenden Langeweile rücken in den Hintergrund.

### Out: Laufen ohne Pausen
### In: Laufen mit Gehpausen

Wer beim Laufen Gehpausen machte, galt gemeinhin als Schwächling oder er hatte sich seine Kräfte nicht richtig eingeteilt. Es stimmt zwar, dass beim vernünftigen Einteilen der Kräfte Gehpausen nicht nötig sind, doch gilt dies vor allem für gut Trainierte. Mittlerweile laufen so viele, dass gerade bei langen Distanzen wie dem Marathon Gehpausen mehr als vernünftig sind.

Dasselbe gilt für kürzere Strecken, wenn der Kurs Steigungspassagen aufweist, bei denen Gehpausen effektiver sind, als auf Gedeih und Verderb weiterzulaufen.

Ein Beispiel: Beim Marathon nehmen sich die meisten Läufer*innen an den Verpflegungsstellen kaum Zeit. Sie laufen mit einem Becher Wasser in der Hand weiter, verschütten die Hälfte, verschlucken sich und trinken nicht mehr als maximal zwei Schluck. Das ist viel zu wenig. Auf den letzten Kilometern sind sie dann vollkommen dehydriert und büßen für die hastige Getränkeaufnahme.

Wer sich am Verpflegungstisch Zeit

nimmt, das Tempo drosselt und beim langsamen Gehen in Ruhe trinkt, verliert zwar zunächst Sekunden, gewinnt aber im Schlussteil Minuten. Machen Sie also lieber rechtzeitig eine Gehpause zu viel, als bis zur totalen Erschöpfung zu laufen, gleichgültig ob im Wettkampf oder beim Training.

### Out: Wettkampf, Siegerehrung, Urkunde
### In: Veranstaltung mit Flair

In aller Frühe aufstehen und mit zwei Freund*innen eine Stunde im Auto zum Volkslauf nach Bickenbach. »Hallo, Thomas, Servus, Petra! Nein, ich habe nicht optimal trainieren können, du weißt doch, meine Achillessehne zwickt. Schon ein halbes Jahr mache ich damit rum. Das Rennen hier mache ich voll aus dem Training heraus, mal seh'n, wie's läuft.«
Im Umkleideraum der Grundschule hängt schwer der Duft von Sixtus und Co. »Hirschtalg, Vaseline oder Melkfett gefällig? Habe immer eine Familienpackung dabei!« Dann Warmlaufen wie die Profis, die neuen Nikes vorführen (»Ich habe sie mir aus Amerika schicken lassen, hat hier noch keiner!«). Da fällt man in jedem Fall auf. Am Start dudelt Jodelmusik, die Feuerwehr sperrt alles ab, Zuschauer*innen gibt es zu dieser Unzeit natürlich sowieso keine. Sägemehl verschafft Klarheit über die Streckenführung im Wald. Die 300 Teilnehmer*innen wurden nach wenigen Kilometern zu 300 Einzelkämpfer*innen. Der Vorteil: Im Ziel wird man immerhin mit Namen begrüßt. Austausch von persönlichen Rennerlebnissen, Radler mit Bratwurst, Warten auf die Siegerehrung. Nachmittags wieder zu Hause.
Nichts gegen kleine Volksläufe. Sie bieten hervorragende Gelegenheiten für leistungsambitionierte Läufer*innen. Und genau deshalb stagnieren die Zahlen der Teilnehmenden bei vielen dieser Hauseckenrennen. Angesagt sind große Lauffeste, bei denen auch langsamere Läufer*innen auf ihre Kosten kommen und nicht das Gefühl von Spießrutenlaufen zwischen Besenwagen und Abräumkommandos haben. Laufveranstaltungen, die zusätzlich zu einer guten Organisation und Highlights an der Strecke für ein attraktives Umfeld vor und nach dem Lauf sorgen, werden nachweislich mit Zuwächsen von Teilnehmer*innen belohnt.

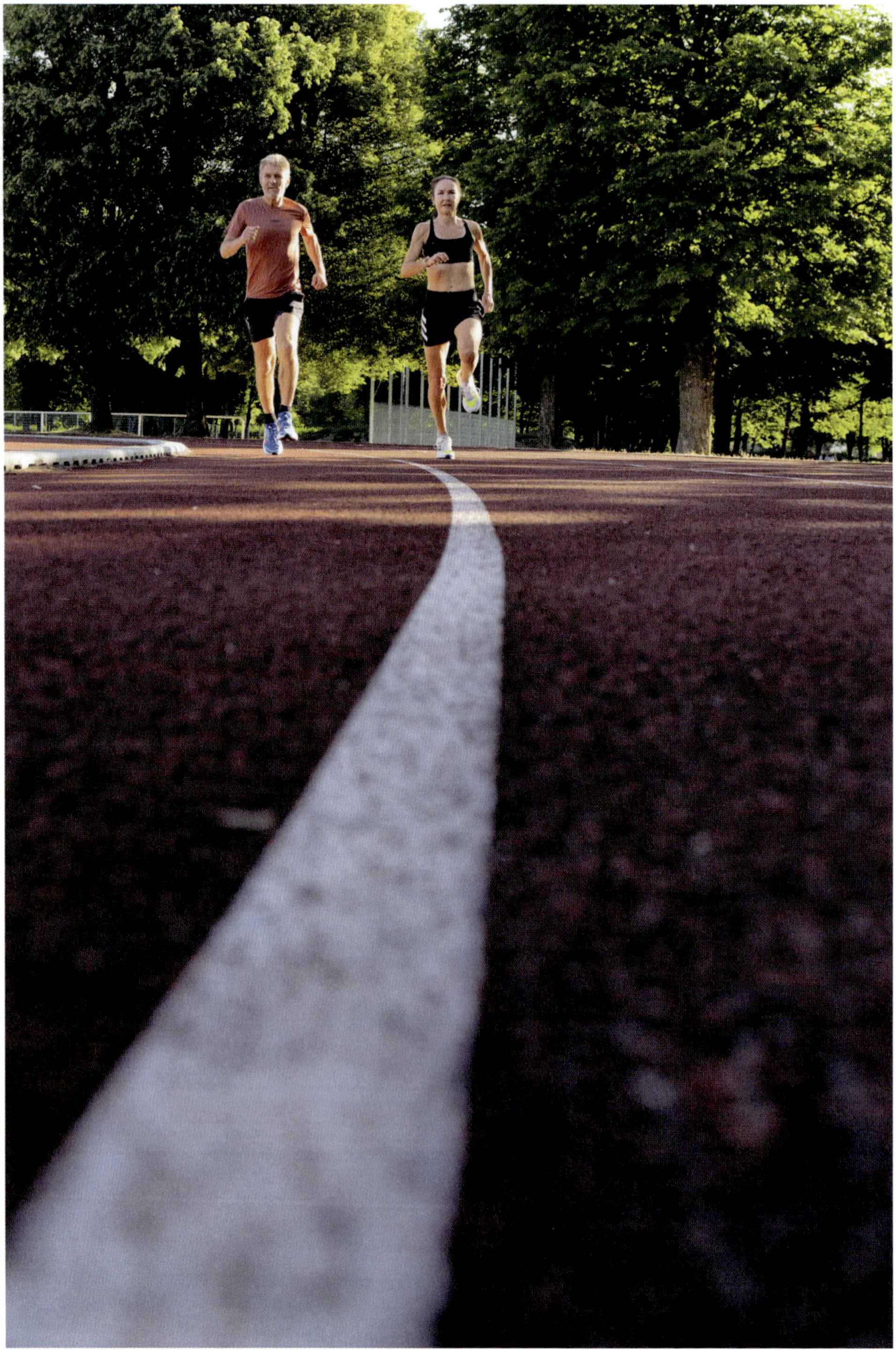

## Übertraining vermeiden

Vielleicht kennen Sie das sogar auch aus Ihrer eigenen Laufgeschichte: Sie wähnten sich in der Form Ihres Lebens. Sie liefen täglich, machten regelmäßig lange Läufe und Intervalltrainings. Doch dann ging erst der geplante Halbmarathon im Frühjahr in die Hose, bei den nächsten Wettkämpfen mussten Sie zum Teil sogar aussteigen und schließlich schafften Sie gar nicht mehr Ihr angestrebtes Trainingspensum?

Vermutlich verflachte Ihre Leistungskurve nicht nur, sondern zeigte irgendwann steil nach unten. Was haben Sie getan? Wir tippen, Sie haben eine Pause eingelegt und gewartet, bis Sie wieder Lust aufs Laufen und Spaß am Training hatten. Dann haben Sie nämlich intuitiv alles richtig gemacht. Denn das, was Ihnen die Form vermiest hat, war ziemlich sicher ein Übertraining.

Als Übertraining werden Erschöpfungszustände bezeichnet, die im Allgemeinen durch zu hartes Training verursacht wurden, also entweder durch zu hohe Kilometerumfänge oder zu intensive Trainingseinheiten. Die Erschöpfung kann nach einer Überlastungssituation lange andauern und den Betroffenen daher viel Geduld abverlangen. Im Extremfall kann sich ein Übertrainingszustand über einen Zeitraum von bis zu sechs Monaten erstrecken.

In Ausnahmefällen können derartige Erschöpfungszustände aber auch bei geringen Trainingsumfängen auftreten. Dies gilt insbesondere dann, wenn die Belastungsintensität – mit anderen Worten: das Lauftempo – zu hoch ist oder wenn anderweitige belastende Lebensumstände zur körperlichen Belastung hinzukommen.

»Sollte eine solche chronische Überlastungsreaktion eingetreten sein, kann eins der typischen Symptome auch eine Gewichtsabnahme sein. Ebenso häufig finden sich bei Übertraining Schlafstörungen, Muskelschmerzen oder eine erhöhte Ruheherzfrequenz«, sagt der Sportmediziner Kai Röcker, dem das Thema keineswegs fremd ist. »Grundsätzlich ist das Beschwerdebild nicht sehr einheitlich und auch schwer definierbar. Hauptmerkmale des Übertrainings sind jedoch in jedem Fall ein deutlicher Leistungsrückgang und eine verringerte Belastbarkeit«, sagt Röcker. Die gängige »Therapie« bei Übertraining besteht naheliegenderweise in einer konsequenten körperlichen Entlastung.

## Besser ein Ruhetag mehr pro Woche

Um eine Überbeanspruchung zu vermeiden, sollte man das Training nicht nur maßvoll steigern, sondern vor allem in sich hineinhören. Folgende fünf Punkte sollten Sie bei einer Trainingssteigerung beachten:

1. Wenn Ihr Trainingsprogramm dazu führt, dass Sie sich müde fühlen und leicht reizbar sind, bauen Sie einen (zusätzlichen) Ruhetag in Ihr Wochenprogramm ein.
2. Gönnen Sie sich mindestens eine Erholungswoche pro Monat und trainieren Sie dann mit maximal 65 Prozent des normalen Trainingsaufwands.
3. Achten Sie darauf, dass Sie Ihr Trainingsprogramm nicht gerade dann intensivieren, wenn Sie auch im Beruf, in der Familie oder in der Beziehung unter Stress stehen.
4. Eine Leistungsverbesserung erreichen Sie vor allem durch eine Erhöhung der Intensität, zum Beispiel in Form von Tempotraining, und nicht durch immer höhere Trainingsumfänge, also mehr Kilometer.
5. Wenn Sie morgens aufwachen, die Muskeln schmerzen und der Ruhepuls höher ist als normal, lassen Sie das Training ausfallen und trainieren Sie an den folgenden Tagen nur leicht.

### Erkenne die Grenzen

Anhand des folgenden Tests können Sie herausfinden, ob Sie zu viel von sich selbst verlangen.
Der US-Psychologe Jack Raglin hat einen Fragebogen entwickelt, der helfen soll, Übertraining rechtzeitig zu verhindern. Dazu müssen Sie folgende sieben Fragen einmal pro Woche ehrlich beantworten. Wenn Sie dabei auf **über 40 Punkte** kommen, sollten Sie unbedingt weniger laufen und öfter pausieren. Sie liegen **zwischen 15 und 40 Punkten**? Vorsicht, steigern Sie den Trainingsaufwand nicht noch weiter! Sie haben **15 Punkte oder weniger**? Toll: Sie haben eine Balance zwischen Belastung und Erholung gefunden.

**1. Wie ist Ihre Laune heute?**

hervorragend ............................ (-2)
sehr gut ............................ (-1)
gut ............................ (0)
mittelmäßig ............................ (1)
schlecht ............................ (3)
sehr schlecht ............................ (5)
miserabel ............................ (7)

**2. Wie viele Stunden haben Sie in der letzten Nacht geschlafen?**

mehr als neun ............................ (-1)
acht bis neun ............................ (0)
sieben ............................ (1)
fünf bis sechs ............................ (3)
weniger als fünf ............................ (5)

**3. Wie lange haben Sie geschlafen im Verhältnis zu sonst?**

so wie immer ............................ (0)
eine Stunde länger als sonst ............................ (1)
zwei oder mehr Stunden länger ............................ (3)
eine Stunde kürzer als sonst ............................ (1)
zwei Stunden kürzer als sonst ............................ (3)
drei oder mehr Stunden kürzer als sonst ............................ (5)

**4. Waren Sie letzte Woche krank?**

ja ( ............................ 5)
nein ............................ (0)

**5. Wie war Ihre letzte Laufeinheit?**

extrem leicht ............................ (-3)
sehr leicht ............................ (-1)
leicht ............................ (0)
mittelmäßig ............................ (1)
hart ............................ (3)
sehr hart ............................ (5)
extrem hart ............................ (7)

**6. Wie fühlt sich Ihre Muskulatur an?**

hervorragend ............................ (-3)
sehr gut ............................ (-1)
gut ............................ (0)
verspannt, aber nicht schmerzhaft ............................ (1)
schmerzhaft ............................ (3)
sehr schmerzhaft ............................ (5)
äußerst schmerzhaft ............................ (7)

**7. Fühlen sich Ihre Beine schwer an?**

nein ............................ (0)
ein wenig ............................ (1)
ja ............................ (3)
ja, sehr ............................ (7)

## Guter Schlaf, bessere Leistung

Zwischen Schlaf und Leistungsfähigkeit besteht ein enger Zusammenhang. Das werden Sie schon merken, wenn Sie in die Marathonvorbereitung eingestiegen sind. Das Schlafbedürfnis steigt, was bedeutet, dass Sie auch die Qualität Ihres Schlafs verbessern müssen. Dies ist uns ein großes Anliegen, deshalb haben wir diesem Thema auch relativ viel Platz eingeräumt.

Die Nacht vor dem großen Rennen. Unruhig wälzen Sie sich im Hotelbett hin und her. Der Krach aus dem Nachbarzimmer ist längst verstummt, doch jetzt stört das Geräusch des eigenen Pulsschlags. Der kleine Zeiger des Weckers kriecht auf die Drei zu. Sie wissen genau, wie wichtig der Schlaf gerade jetzt für Körper und Seele ist. Doch selbst nachdem Ihre Schäfchenherde auf eine vierstellige Zahl angewachsen ist, sind Sie dem Einnicken keinen Deut näher. Es quält die Antwort auf die Frage »Muss ich nach einer schlaflosen Nacht alle Hoffnung auf ein gutes Abschneiden im Wettkampf begraben?«. Oder bleibt eine unruhige letzte Nacht für den gut vorbereiteten Läufer am Ende ohne Folgen?

Zweifellos hat die Qualität des Schlafs entscheidenden Anteil auf unsere Leistungsfähigkeit – nicht nur im Sport, sondern bei allen Tätigkeiten. Dem widerspricht jedoch scheinbar die Aussage von Sportmedizinern, dass sich eine »durchquälte« Nacht direkt vor dem Wettkampf wahrscheinlich weit weniger negativ bemerkbar macht als jede einzelne Schlafstörung in den Monaten davor. Ferner heißt es, dass letztendlich das Training die Qualität des Schlafs genauso beeinflusst wie der Schlaf die Qualität des Trainings.

Wie Dr. Roger Smith, ärztlicher Berater an der Klinik für Schlafstörungen der Universität Stanford (Spezialgebiet: Schlaf und Leistungssport) berichtet, »besteht eindeutig ein direkter Zusammenhang zwischen Schlaf und menschlichem Leistungsvermögen. Jede Unterbrechung des Schlafs wirkt sich in irgendeiner Weise auf die Leistung aus« (unter anderem »Sleep: Long Term Efficacy of Sport«, *Journal Sleep,* V 12, 2004). Bei Läufern, die nicht genügend Schlaf bekommen, leiden demzufolge auch das Training und die Wettkampfergebnisse.

Ist die Schlaflosigkeit hingegen allein auf die letzte Nacht vor einem Wettkampf begrenzt, muss das nicht unbedingt messbare Folgen haben. Das meinen zumindest einige Fachleute, unter ihnen der südafrikanische Arzt und Laufexperte Tim Noakes (*Lore of Running*, Human Kinetics 2002).

»Viel wichtiger ist es, für ausreichenden und guten Schlaf in der letzten Woche zu sorgen, besonders in der vorletzten Nacht vor einem Wettkampf«, lautet sein Rat.
Nach Ansicht von Dr. Noakes führt eher der umgekehrte Fall, nämlich dass der Athlet vor dem Rennen zu viel schläft, zu einer gewissen Schlaffheit, auch in mentaler Hinsicht, was einer Topleistung zumeist abträglich ist.
Mit Dr. Smith ist er sich darin einig, dass kurzzeitige Schlafstörungen weniger auf die eigentliche körperliche Leistungsfähigkeit wirken, sondern vielmehr für die Psyche problematisch sind. Deutliche Hinweise darauf lieferten auch jüngst veröffentlichte einschlägige Untersuchungsergebnisse. Diesen zufolge behindern nämlich schon geringste Schlafstörungen den Glukosestoffwechsel in bestimmten Teilen des Gehirns, insbesondere in den für Aufmerksamkeit und visuelle Reizverarbeitung zuständigen Bereichen. Wer schlecht schläft, hat daher am Folgetag oft Mühe, sich auf eine wichtige Aufgabe hundertprozentig zu konzentrieren.
Ein wirklich kritisches Problem ist dagegen ein chronisches Schlafdefizit über einen längeren Zeitraum, etwa in der Trainingsphase für einen Wettkampf.

## Wechselbeziehung Schlaf und Training?

»Zwar gibt es bisher noch zu wenig Untersuchungen zur Wechselbeziehung zwischen Schlaf und körperlichem Training, doch deuten alle vorläufigen Ergebnisse darauf hin, dass bestimmte Erholungsprozesse – und hier insbesondere ausreichender Schlaf – genauso unerlässlich für Leistungsverbesserungen sind wie das Training selbst«, resümiert Dr. Smith.
Es stellt sich nun das Problem, genau zu definieren, wie viel Schlaf eigentlich als ausreichend gelten soll. Kann man dies überhaupt durch eine Zahl verallgemeinern, wo doch offensichtlich einige Menschen mit weit weniger Schlaf auskommen als andere? Unsere ehemalige Kanzlerin Angela Merkel behauptete, sie brauche nur vier bis fünf Stunden Nachtschlaf, viele führende Manager*innen und andere Politiker*innen sprechen gar von drei Stunden. Sollte man vielleicht »trainieren«, es ihnen gleichzutun, um dann ähnlich erfolgreich Karriere zu machen?
Die Antwort muss wohl Nein lauten. Bei den täglichen Anforderungen an unser knappes Zeitbudget wünscht sich zwar so mancher, es gäbe ein Mittel, das die Schlafzeit ohne negative Folgen für die Gesundheit noch weiter verkürzt. Letzten Endes sieht es jedoch so aus, als verkürze man

mit dem Schlaf allenfalls das Leben. Das US-Gesundheitsmagazin *American Journal of Public Health* veröffentlichte die Resultate einer sehr interessanten Studie, in die über eine Million Männer und Frauen einbezogen waren. Offenbar ist demzufolge moderater Schlaf der sicherste Weg zu Langlebigkeit: Bei Proband*innen über 45 Jahren, die entweder weniger als fünf oder mehr als zehn Stunden pro Nacht schliefen, wurde ein erhöhtes Sterberisiko festgestellt. Die niedrigste Sterblichkeitsrate betraf hingegen diejenigen, die eigenen Angaben zufolge auf etwa sieben Stunden Schlaf kamen.

Das Problem ist nun: Wie bringt man es auf die Zahl von sieben bis neun Stunden Schlaf? Selbst bei entsprechend langer Bettzeit gibt es starke individuelle Abweichungen in der tatsächlichen Schlafdauer. Die ermittelte durchschnittliche Zeit von 20 Minuten bis zum Einschlafen sagt hier nicht viel aus, bedeutet dies doch in Realität, dass einige Glückliche unter uns sofort »weg« sind, kaum dass sie die Beine hochlegen, andere sich hingegen noch stundenlang hin und her wälzen, bevor sie endlich einnicken.

Existiert für unser Dilemma überhaupt eine Lösung? Jawohl, und es gibt diese nicht nur, sondern wir Läufer haben sie zum Glück bereits gefunden: körperliches Training. Die Mehrzahl der Untersuchungen ergab nämlich, dass moderate Trainingsbelastung, sei es durch Laufen, Schwimmen, Radfahren und so weiter, sowohl das Einschlafen als auch den Tiefschlaf begünstigt. Seit geraumer Zeit schon ist übrigens körperliches Training eine anerkannte Therapieform bei Schlaflosigkeit.

## Laufen, ein Schlafmittel

Allerdings muss die Wirksamkeit des Laufens als »Schlafmittel« differenziert betrachtet werden, da Faktoren wie das Alter des Betreffenden und die Tageszeit der Belastung einzukalkulieren sind. Während ein Läufchen am Morgen kaum schlaffördernden Effekt hat, kann zu spätes Training am Abend bei einigen Läufer*innen sogar zu erheblichen Einschlafproblemen führen. Die günstigste Trainingszeit liegt offenbar zum späten Nachmittag hin.

Bei älteren Menschen, die in der Regel ohnehin größere Schlafprobleme haben, wirkt sich angemessenes Training hingegen deutlich vorteilhaft aus. Besonders bei einem von vornherein niedrigen Fitnesslevel waren erstaunliche Verbesserungen die Folge.

Physiologisch konnte bisher noch nicht eindeutig geklärt werden, wieso gerade 5 bis 8 Kilometer Joggen am Tag die relativ beste Schlafwirkung zeigen. Möglicherweise ist es

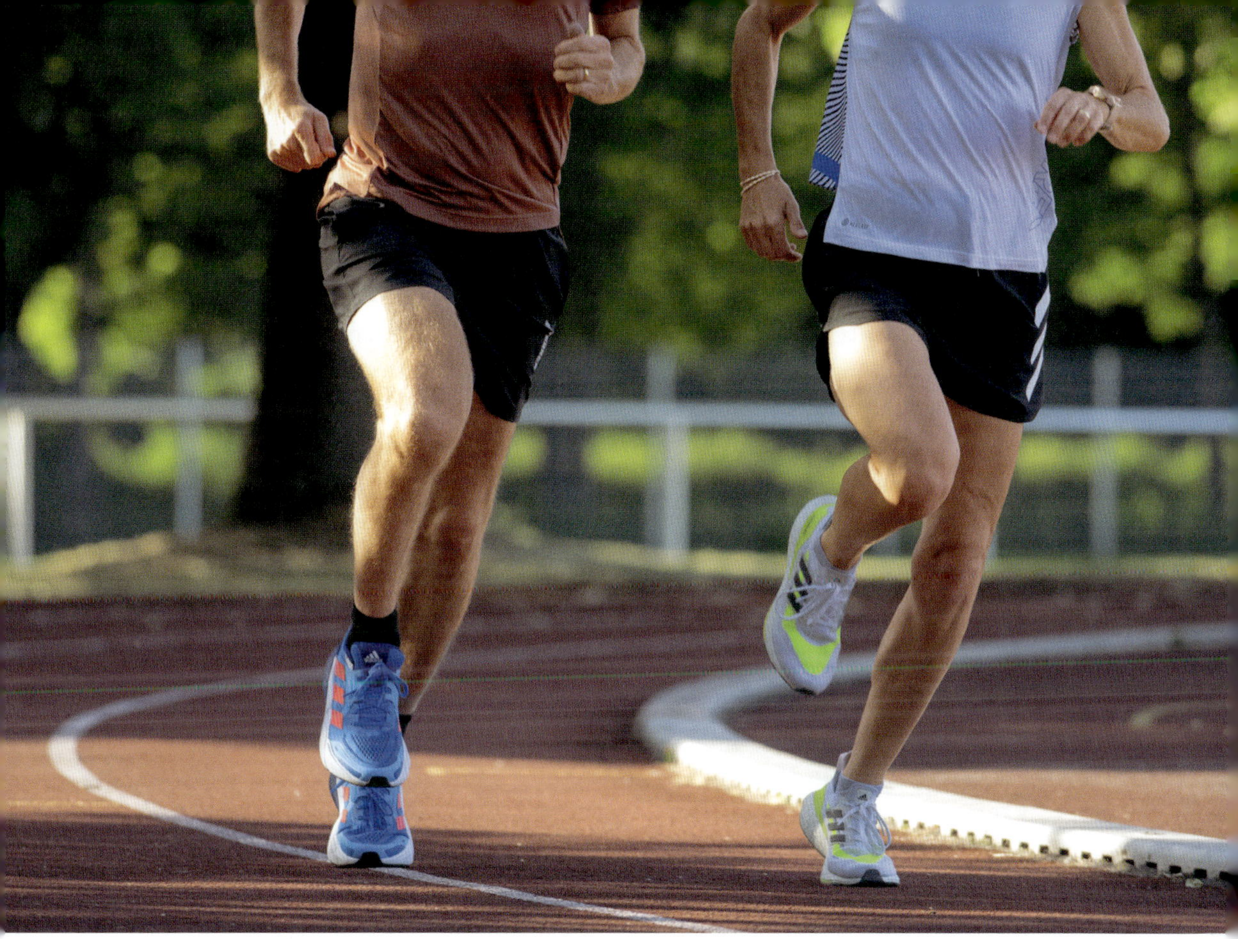

ganz einfach eine gewisse Erschöpfung, die den Körper veranlasst, sich im Schlaf zu regenerieren. Eine andere Theorie geht davon aus, dass die erhöhte Körperkerntemperatur den Schlaf fördert. Vielleicht sind es auch chemische Folgeprozesse im Gehirn, die zu tieferem Schlaf führen. Es wäre durchaus plausibel, dass die stressabbauende Wirkung von Ausdauerbelastungen, gekoppelt mit einer gemütsfördernden Endorphinausschüttung, der Hauptfaktor ist, zumal 48 Prozent der von der amerikanischen National Sleep Foundation befragten Personen in erster Linie Stress und Alltagssorgen als Ursache für ihre Schlafprobleme benannten. Unbestritten ist jedenfalls, dass Laufen der richtige Weg ist. Menschen, die regelmäßig laufen, haben kürzere Einschlafphasen und eine längere Tiefschlafdauer, wodurch das Einsetzen der für die frühen Morgenstunden typischen Phase leichteren Schlafs zeitlich hinausgeschoben wird – die sogenannte REM-Phase – Rapid Eye Movement –, in die auch die höchste Traumaktivität fällt. Einiges deutet auch darauf hin, dass Menschen, die regelmäßig laufen, insgesamt länger schlafen.

## Übertraining führt zu Schlafmangel

Einen Haken hat die Sache allerdings: Zu viel oder zu intensives Training kann das Gegenteil bewirken und erst recht zu Einschlafproblemen führen. Nicht selten hört man von Läufer*innen, die sich auf einen Marathon vorbereiten, dass sie nach einem 30-Kilometer-Trainingslauf die ganze Nacht wach gelegen haben. Andere berichten, dass sie generell umso weniger schlafen, je längere Strecken sie laufen. Schlafforscher*innen sind sich nicht sicher, ob hier neben der körperlichen Erschöpfung noch andere Faktoren ins Spiel kommen oder ob es eine Schwelle für die Belastung gibt, jenseits der bestimmte Wirkungen ins Gegenteil umschlagen. Ungeachtet individueller Unterschiede scheint eine Strecke um die 30 Kilometer – am Stück gelaufen – eine solche Schwelle zu sein. Erwarten Sie daher nicht, in der Nacht nach einem Marathonlauf besonders gut zu schlafen, auch wenn Sie sich noch so kaputt fühlen.

Ebenso sollte man wissen, dass hohe Kilometerumfänge über einen längeren Zeitraum den Schlaf beeinträchtigen können. Fachleute haben seit Langem schon Schlaflosigkeit als ein mögliches Symptom für Übertraining erkannt. Durch Studien wird dies auch ganz konkret belegt: So stellte man im Rahmen einer Untersuchung am Queen Elizabeth II Medical Centre in Nedlands, Australien, bei fünf männlichen Versuchspersonen, die sich bewusst einem Über-

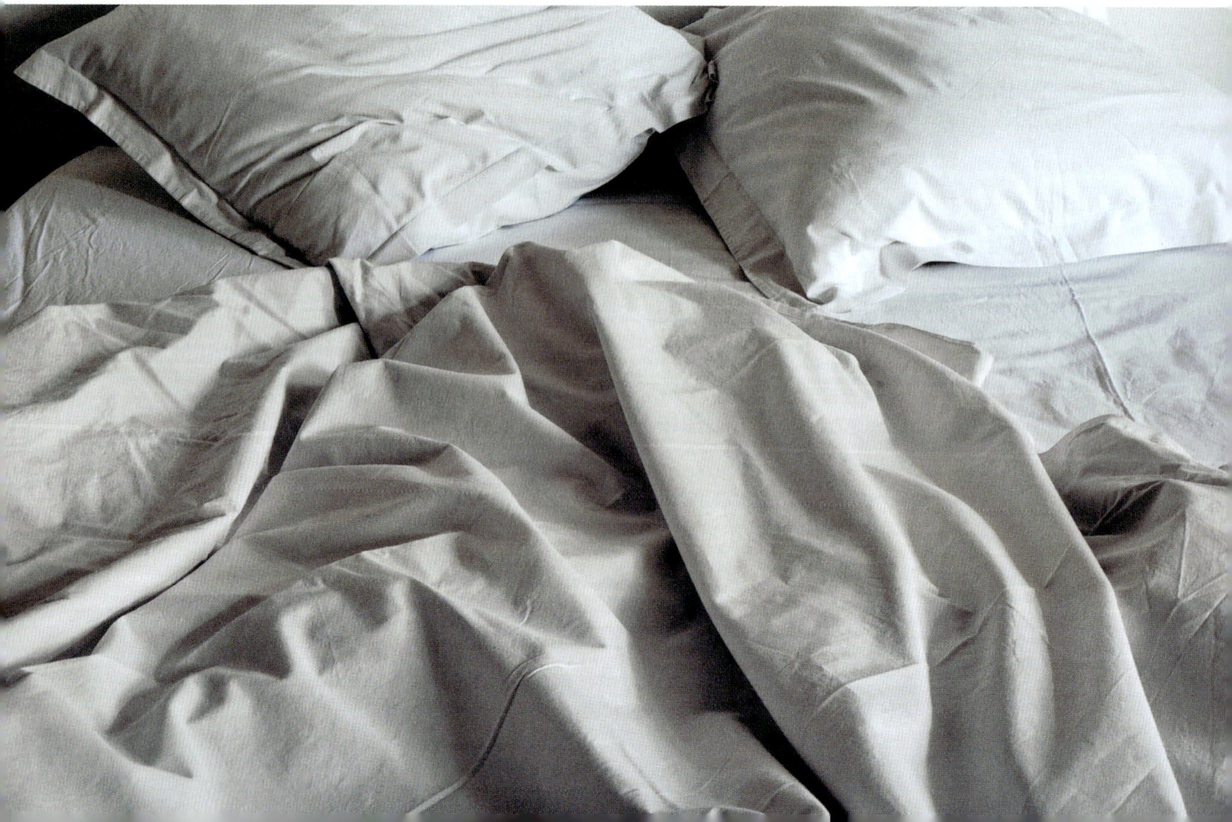

training durch zehntägige intensive Belastungen unterzogen, neben Leistungsrückgang und Appetitlosigkeit auch Schlafstörungen fest.

Die Wirkungskette verläuft offenbar von Übertraining zu schlechtem Schlaf, daher ungenügender Wiederherstellung und in der Folge Energiedefizit und Leistungsschwäche. Übertraining kann dabei ebenso die Folge von zu intensivem wie von zu ausgedehntem Training sein. Wo hier die Gefahr beginnt, lässt sich nicht verallgemeinern. Während ein Anfänger schon Probleme bekommen kann, wenn er seine 3 bis 5 Kilometer täglich statt nur jeden zweiten Tag läuft, stecken manche Spitzenathlet*innen 200-Kilometer-Wochen problemlos weg.

Für die Mehrzahl der Freizeitläufer*innen dürfte allerdings ein Tagespensum ab 20 Kilometer der Knackpunkt sein, sofern nicht häufiger Ruhetage eingelegt werden. Nur wer sich ganz allmählich über diese Grenze hinwegtastet, um so die Verträglichkeitsschwelle hinaufzusetzen, dürfte dies ohne negative Auswirkungen auf den Schlaf schaffen. Vielleicht ist diese Schlafabhängigkeit auch die Ursache dafür, dass sich die »Kilometerfresser« unter den Läufer*innen nach Marathonläufen in der Regel rascher erholen: Sie können schneller zu für sie normalen Schlafmustern zurückkehren, während andere noch wochenlang zu kämpfen haben.

Trotz der offensichtlichen Wechselwirkung zwischen Schlafqualität und Übertraining ist es den Wissenschaftler*innen noch nicht gelungen, den Zusammenhang genauer zu ergründen. »Wir wissen lediglich, dass die Symptome von Schlafdefizit und Übertraining bemerkenswert identisch sind«, bemerkt dazu Dr. Smith. »Theoretisch müsste die Gefahr von Übertraining dann sinken, wenn man nur für ausreichend Schlaf sorgt. Entsprechende Untersuchungen liegen jedoch noch nicht vor.« Wettkampforientierten Läufer*innen empfiehlt Dr. Smith dessen ungeachtet, dem Schlaf in jedem Fall größere Bedeutung beizumessen: »Topläufer*innen mag etwas Schlafdefizit oder Jetlag nicht gleich das große Rennen verderben, doch wer ernsthaft auf Leistungsverbesserungen hintrainiert, sollte das Potenzial, das allein guter Schlaf bietet, nicht ungenutzt lassen und seinen Tagesrhythmus daher entsprechend planen.«

Aber auch alle, die Bestzeiten nicht interessieren, können durch regelmäßiges Training die Qualität ihres Nachtschlafs verbessern, was sich durch erhöhte körperliche Leistungsbereitschaft ebenfalls positiv auf die Freude am Laufen auswirken dürfte. An der erbaulichen Wirkung ausgewogenen, gesunden Schlafes besteht nicht der geringste Zweifel.

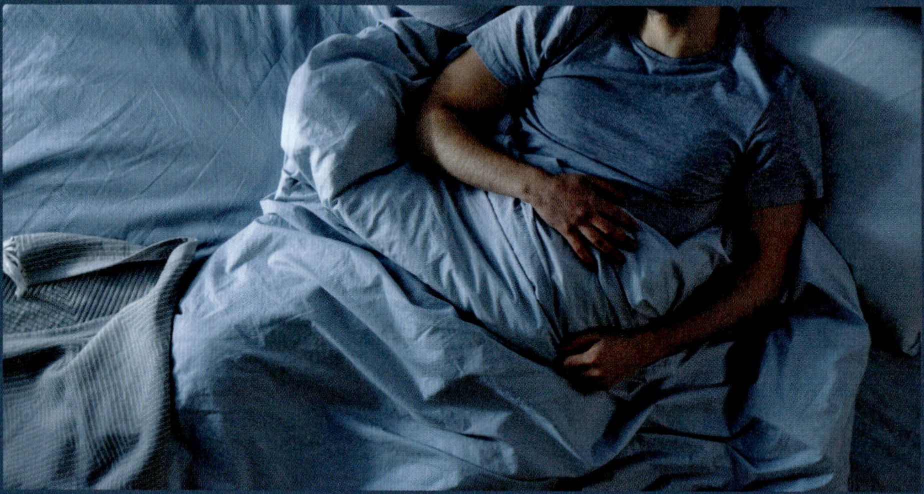

## Besser schlafen – so geht's

In der Regel bekommen wir alle zu wenig Schlaf. Selbst wenn man eine durchschnittliche Schlafdauer von sieben Stunden als erstrebenswert ansetzt, würde sich der Körper, hätte er die Gelegenheit, damit nicht zufriedengeben. Versuchspersonen, die keinerlei Zeitzwängen unterworfen waren, schliefen durchgängig ein bis zwei Stunden länger. Hier sind einige Tipps, wie Sie die Ihnen zur Verfügung stehende Ruhezeit zumindest optimal nutzen.

1. Ermitteln Sie Ihr Schlafbedürfnis. Schlafforscher*innen empfehlen, zunächst die zum Wohlfühlen erforderliche Menge Schlaf herauszufinden. Das lässt sich am einfachsten mithilfe eines Kalenders erreichen, in dem täglich die Schlafdauer und das Befinden am Folgetag eingetragen werden. Oftmals lässt sich schon nach Ablauf einer Woche die für einen frischen Start in den Tag ideale Schlafmenge auf eine Viertelstunde genau abgrenzen.

2. Sparen Sie nicht an Schlafkomfort. Ihr Schlafraum sollte gut abgedunkelt und schallisoliert sein und eine behagliche (nicht zu warme) Temperatur aufweisen. Sparen Sie nicht am wichtigsten Utensil für komfortablen Schlaf: an einer guten Matratze.

3. Nehmen Sie ab und zu ein heißes Bad oder gönnen Sie sich einen Saunabesuch. Einer Studie der Universität Loughborough in England zufolge hat sich ein heißes Bad einige Stunden vor dem Zubettgehen als nützliche Einschlafhilfe für sämtliche Versuchsteilnehmer erwiesen.

4. Entwickeln Sie eine Art Routine sowohl für die Zeit vor dem Schlafengehen als auch nach dem Aufwachen. Ganz wichtig für qualitativ guten Schlaf: Jeden Morgen konsequent zur gleichen Zeit aufzustehen hilft, die biologische Uhr auf das Schlafbedürfnis abzustimmen.

5. Lassen Sie Ihre Nachtruhe nicht stören, möglichst auch nicht durch andere Familienmitglieder. Durchschlafen ist das Optimum.

6. Alkohol, Nikotin und Koffein wirken sich negativ auf die Schlafqualität aus und führen häufig zu Schlafunterbrechungen. Schon geringe Koffeinmengen wirken bis zu sechs Stunden lang nach. Gerade in den späten Abendstunden sollten daher dem Schlaf abträgliche Stoffe und Medikamente möglichst gemieden werden.

7. Ausgiebiges Essen kann das Verdauungssystem derart »hochtouren«, dass an Schlaf nicht zu denken ist. Bohnen, Obst, rohes Gemüse oder Salat, zu jeder anderen Tageszeit empfehlenswert, sind am späten Abend zu meiden.

8. Schlaf nachholen. Wer unter der Woche zu wenig zum Schlafen kommt, sollte am Wochenende für den Ausgleich der Bilanz sorgen. Schlafen Sie nicht morgens besonders lange, sondern gehen Sie früher zu Bett und stehen Sie zur gewohnten Zeit auf. Auch ein Nickerchen zwischendurch ist in Ordnung, sofern es nicht zu Einschlafproblemen am Abend führt.

9. Laufen, um zur Ruhe zu kommen. Wer regelmäßig körperlich trainiert, schläft in der Regel besser. Wer stressbedingt schlecht schläft, sollte sein Training auf den späten Nachmittag verlegen, wo es eine Art Übergangsfunktion vom Berufsstress zu einem geruhsamen Tagesausklang erfüllt.

## Motivation – kein Problem

Sie wollen den Marathon laufen. Sie haben sich von dem Titel dieses Buches dazu motivieren lassen. Dann los: Wo ein Wille ist, ist auch ein Weg! Oh, okay, nur leider fehlt es in der Praxis dann doch in dem langen Zeitraum, über den sich die Vorbereitung erstreckt, ab und zu am Willen, das Vorgenommene, zum Beispiel unseren Marathontrainingsplan, durchzuziehen. Kennt jede*r. Ist nichts Besonderes, erst recht nichts Besorgniserregendes. Wir bieten Ihnen sieben Tipps und jeweils einen Trick 17, wie Sie Ihren Kopf überlisten.

100 Prozent der Läufer*innen machen sich viele Gedanken über ihre körperliche Verfassung, ob sie, wie sie und wie viel sie laufen können, wollen oder müssen. Aber nur 1 Prozent macht sich Gedanken über die eigene mentale und emotionale Verfassung. Der am wenigsten trainierte Muskel des durchschnittlichen Läufers ist und bleibt sein Gehirn beziehungsweise der Bereich des Gehirns, der sich mit dem Laufen beschäftigt. Dabei ist es so einfach, sein Gehirn auch für das Lauftraining positiv zu nutzen, sodass es hilft, schneller, leichter und mit noch mehr Spaß zu laufen.
Jetzt sagen Sie bitte nicht: »Lassen Sie mich mit dem ganzen Psycho-Quatsch in Ruhe.« Keine Bange, wir wollen Sie nicht auf die Couch zwingen und Ihr Innerstes nach außen kehren. Wir kennen die Probleme, die Läufer*innen tagtäglich beschäftigen – vor allem, wenn sie sich auf einen Marathon vorbereiten oder mitten in einem solchen sind. Oder glauben Sie wirklich, dass Sie in einer zwölfmonatigen, unseretwegen »nur« sechsmonatigen Marathonvorbereitung immer Lust auf Ihr Lauftraining haben? Meinen Sie, es gibt da keine Tage, an denen Sie viel lieber im Bett liegen blieben, als zu einem frühmorgendlichen Jog, womöglich bei Regen- und Graupelschauer, aufzubrechen? Kennen Sie nicht die Läufe, bei denen Sie am liebsten schon nach den ersten fünf Schritten wieder umkehren würden, weil Sie sich gar nicht gut fühlen, zumal zu Hause noch ein Stück Sahnetorte wartet? Macht es Ihnen wirklich nichts aus, nach der Arbeit einen atemraubenden Dauerlauf zu absolvieren, während Ihre Arbeitskolleg*innen sich noch auf ein Bierchen zusammensetzen?
Aha, Sie kennen diese Themen, haben so etwas selbst schon erlebt. Dann empfehlen wir Ihnen folgende sieben Tricks, mit denen Sie solche Probleme locker in den Griff bekommen und sich damit auf den Marathon mental und emotional optimal vorbereiten.

## 1. Das Szenario: Der Wecker klingelt Sie aus dem Tiefschlaf.

Ach ja, heute wollten Sie ja schon morgens laufen, da Sie heute Abend Besuch erwarten. Aber … der Regen klatscht gegen das Fenster, und das Bett ist so weich, so warm …
Ihr erster Gedanke:
»Weiterschlafen, weiterschlafen, weiterschl…«
Sollten Sie darauf achten?
Das kommt nun ganz auf Ihr Körpergefühl an. Spüren Sie jeden Muskel vom Training der Vortage? Spüren Sie gar Schmerzen am Knie, der Achillessehne oder an sonstigen laufsensiblen Körperstellen? Fühlen Sie sich krank und abgeschlagen? Haben Sie gar Magen- oder Kopfschmerzen, eine belegte Stimme, verstopfte Nase? Wenn ja, dann drehen Sie sich um und schlafen Sie weiter. Bei Verletzungen, Krankheiten oder schmerzenden Muskeln macht das Training wirklich keinen Sinn. Ihre innere Stimme hat recht.
Trifft jedoch nichts von all dem oben Erwähnten zu, sind Sie eigentlich topfit, ohne Wehwehchen, Zipperlein oder sonstige ernsthafte körperliche Gebrechen, vielleicht einfach nur noch »ein bisschen müde«? Dann sollten Sie ehrlich zu sich selbst sein: Sie sind heute einfach zu faul. Hauen Sie kurz entschlossen auf den Wecker, springen Sie direkt aus den Federn hinein in die Laufsachen und lassen Sie keinen weiteren negativen Gedanken mehr zu. Bedenken Sie: Die erste Aufstehsekunde ist die schwerste, danach wird alles einfacher. Sind Sie erst einmal unterwegs, können Sie gar nicht verstehen, wie Sie überhaupt zögern konnten, vor allem beim Duschen nach dem Training.

**Trick 17:**
Machen Sie morgendliche Läufe niemals zu einer »Wenn ich Lust habe«-Option, sondern entscheiden Sie definitiv schon am Vorabend, ob der Lauf am nächsten Morgen Sinn macht oder nicht oder – wenn Sie so wollen – ob er sein muss oder nicht. Auf der sicheren Seite sind Sie, wenn Sie sich zum Morgenlauf fest verabreden, am besten gekoppelt mit einem zusätzlichen Anruf, falls der Wecker mal versagt, denn Ihren besten Lauffreund im Regen stehen lassen wollen Sie ja auch nicht.

## 2. Das Szenario: Sie sind gerade mitten in Ihrem wöchentlichen langen Lauf.

Sie wissen, dass er der Schlüssel zum Marathonerfolg ist. Aber das kann heute Ihre Lust auch nicht steigern. Denn Sie haben nicht nur wenig Lust, Sie haben heute einfach überhaupt

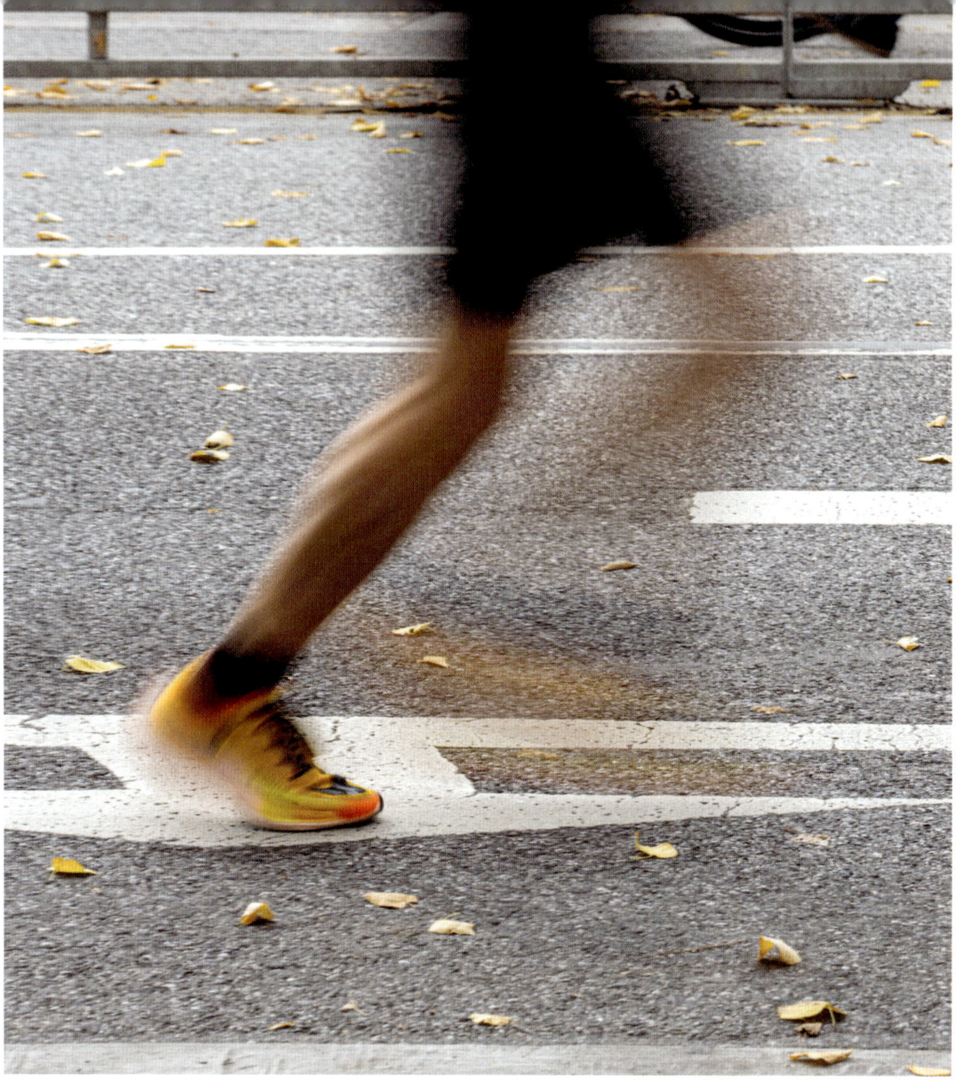

keine Lust. Gleich kommen Sie an die Weggabelung, wo es links nur noch wenige Minuten bis zu Ihrer Haustür sind (oder bis zu Ihrem Auto) und es rechts auf die letzte große 10-Kilometer-Schleife geht.
Ihr erster Gedanke:
»Dieser lange Lauf ist mir heute wirklich zu lang, aber nächste Woche versuche ich es bestimmt wieder.«
Sollten Sie darauf achten?
Denken Sie über die zurückliegenden Trainingswochen nach: Der wievielte lange Lauf ist das? War die Streckenlänge realistisch gewählt? Haben Sie schon einige lange Läufe problemlos bewältigt? Waren die letzten Trainingstage besonders anstrengend? Bemühen Sie sich, eindeutig zwischen einer körperlichen Überanstrengung und »einfacher« Unlust zu unterscheiden. Sollte es Ihnen körperlich wirklich schwerfallen, die letzten 10 Kilometer durchzuhalten,

biegen Sie links ab »Richtung Heimat«. Aber überdenken Sie unbedingt, warum Sie das gesetzte Trainingsziel nicht erreichen konnten. Haben Sie sich überschätzt? Sind Sie in einem zu hohen Tempo gelaufen? Oder haben Sie in den letzten Tagen wirklich zu viel trainiert?
Stellen Sie tatsächlich »nur« eine gewisse Unlust fest, versuchen Sie, sich vom langen Lauf als solchem abzulenken. Denken Sie an Ihren Partner, Ihre Freund*innen, Kinder, Kolleg*innen, an irgendetwas, was Sie wenigstens bis hinter jene brisante Weggabelung bringt. Denn sind Sie erst einmal rechts abgebogen, ist die Wahrscheinlichkeit groß, dass Sie auch nicht mehr umkehren.

**Trick 17:**
Planen Sie Ihr Training im Allgemeinen und die langen Läufe im Speziellen sehr weitsichtig und vorsichtig. Gerade die langen Läufe, die nur in der Marathonvorbereitung wirklich wichtig sind, müssen vorsichtig aufeinander aufbauen. Sind Sie schließlich sicher, dass Ihre Trainingsgestaltung sinnvoll und bewährt ist (trainieren Sie nach unseren Trainingsvorgaben, können Sie sicher sein, dass dies der Fall ist, denn nach unseren Plänen haben vor Ihnen schon viele Hunderte andere Läufer*innen trainiert), kann es eigentlich an einem Zuviel nicht liegen, wenn beim langen Lauf die große Unlust einsetzt. In diesen Fällen müssen Sie sich bei Ihrer eigenen Ehre und Vernunft (wahrlich große Worte) packen und immer daran denken, dass jeder lange Lauf, den Sie nicht beenden, einer zu viel ist und Sie Ihren Marathonlauf auf immer wackligere Füße stellen.

## 3. Das Szenario: Sie rennen, was das Zeug hält.

Ihnen hängt die Zunge aus dem Hals, Sie stoßen bei jedem Schritt lauthals ein furchtbares Stöhnen aus, denn dies ist Ihre wöchentliche Schnelligkeitseinheit. Aber schon seit dem zweiten schnellen Intervall haben Sie nur eines im Kopf: stoppen, setzen, legen.
Ihr ständiger Gedanke:
»Lass es sein. Deine Couch zu Hause ist noch viel gemütlicher, als du denkst. Und gleich beginnt schon der spannende Krimi im ersten Programm, vor dem alle – außer dir – jetzt sitzen.«
Sollten Sie darauf hören?
Nein, nein und nochmals nein. Sind Sie verletzt? Nein? Dann gilt auch keine Ausrede. Das ist doch ganz normal, dass sich gerade in den Trainingseinheiten, bei denen Sie auch einmal über Ihren Schatten springen müssen, diese Stimme meldet, die immer wieder sagt: »Mach langsam, mach langsam, warum so schnell?«

Ein Schnelligkeitstraining kostet eben immer ein Stück Überwindung, aber das macht ja auch gerade den Reiz dieser Trainingsform aus. Altbacken, aber wahr: ohne Fleiß kein Preis. Ein bisschen Quälerei muss sein, sonst könnte ja jeder den Marathon so schnell laufen wie Sie. Sollen wir noch ein paar Sprüche klopfen: Langsames Traben macht kein Rennpferd. Oder: Wer schnell werden will, muss auch schnell laufen. Und so weiter, und so weiter.

**Trick 17:**
Ablenkung tut not: Kennen Sie den Olympiasieger Eliud Kipchoge? Wir meinen natürlich nicht persönlich, sondern nur dem Namen nach. Ja? Sie sind heute eben unser Eliud. Stellen Sie sich vor, wie Sie gerade die Zielgerade in Tokio, knapp gefolgt von zwei weiteren Kenianer*innen, hinunterfegen. Die Menge tobt. Werden Sie tatsächlich Ihrem Olympiasieg von 2021 einen weiteren hinzufügen? Sie geben alles, Sie fliegen und werfen im Ziel jubelnd die Arme empor.
Und? Sind solche Gedanken nicht eine tolle Ablenkung von dem harten Training, welches Sie gerade absolvieren? Nehmen wir einmal zehn schnelle Wiederholungsläufe: Wer könnten Sie alles sein, um die Intervalle vergessen zu machen und wie ein Blitz um die Laufbahn zu rasen? Uns fallen viele Namen ein, und Ihnen?

## 4. Das Szenario: Ihr Knie schmerzt schon die ganze Woche.

Und der Schmerz wird von Tag zu Tag schlimmer. Aber Sie stecken ja nun einmal mitten in der Marathonvorbereitung und können auf keinen Trainingslauf verzichten. Und außerdem ist da immer noch die Hoffnung, dass der Schmerz ebenso schnell geht, wie er gekommen ist.
Ihr ständiger Gedanke:
»Du Memme, du Weichei, beiß die Zähne aufeinander und reiß dich zusammen, über das bisschen Schmerz wirst du schon hinweglaufen. Aua!«
Sollten Sie darauf achten?
Auf Ihr Knie? Ja! Auf diesen Weichei-Bockmist? Nein! Echte Schmerzen sind nicht auf die leichte Schulter zu nehmen. Schon erste Anzeichen von Schmerzen, zum Beispiel am Knie oder an der Achillessehne, machen eine Reduktion des Trainings notwendig. Lieber einen Tag pausieren als schließlich eine chronische Verletzung riskieren. Sind die Beschwerden auch nach einer trainingsfreien Woche noch nicht verschwunden, suchen Sie in einer entscheidenden Trainingsphase (zum Beispiel Marathonvorbereitung) eine Fachärzt*in auf. Achten Sie aber darauf, dass dies möglichst ein*e Sportmediziner*in ist, sonst wird sie oder er eventuell Probleme haben, sich in Ihr Beschwerdebild hineinzuversetzen.

Versuchen Sie in Verletzungsphasen niemals, die Heldin oder den Helden zu spielen. Das zahlt sich nicht aus. Wer humpelnd und mit schmerzverzerrtem Gesicht sein Lauftraining absolviert, dem zeigt der Körper irgendwann endgültig die Rote Karte. Dann geht schließlich gar nichts mehr, und das nicht für ein paar Tage, sondern in der Regel für die nächsten Wochen und Monate.

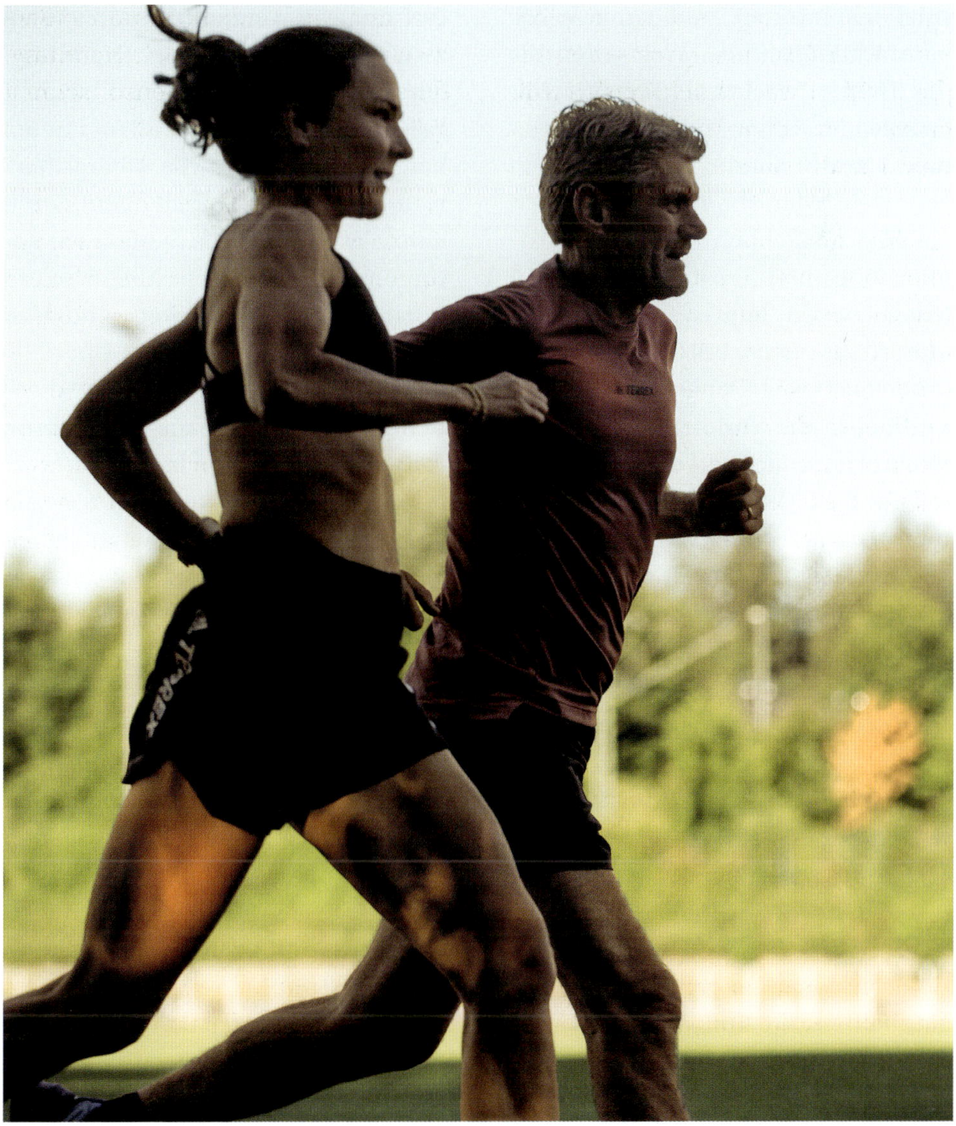

**Trick 17:**
Sie sind verletzt? Sie können seit Tagen nicht mehr trainieren? Sie sehen Ihren Herbstmarathon in immer weitere Ferne rücken? Verabschieden Sie sich von allen Träumen: Niemand kann eine schwere Verletzung wegzaubern. Aber: Gehen Sie zum Beispiel ins Internet und googeln Sie »Marathontermine«. Was sehen Sie da? Termine, nichts als Termine. Nationale Marathonläufe, internationale Marathonläufe, jahraus, jahrein Hunderte Marathontermine. Fallen Sie also tatsächlich für den Herbstmarathon aus? Trösten Sie sich, in jedem neuen Jahr werden diverse Marathons veranstaltet, die rennen Ihnen nicht weg. Denken Sie langfristig: Lieber die Verletzung auskurieren und anschließend ein Leben lang mit Spaß an Marathonläufen teilnehmen als, vom Schmerz gepeinigt, den Herbstmarathon bewältigen und anschließend nie mehr Lust auf einen Marathon haben. Also noch einmal: Nichts ist schlimmer, als einen Marathon schon mit Schmerzen zu beginnen.

## 5. Das Szenario: Es wird schon sehr dunkel draußen.

Aber Sie haben es heute nicht eher geschafft und sind erst spät am Abend zum Laufen bereit. Einerseits liegen Sie hinter Ihrem wöchentlichen Trainingsplan zurück – andererseits haben Sie Angst, allein im Dunkeln zu laufen.
Ihr erster Gedanke:
»Ich hab Angst, Angst, Angst.« Ihr zweiter Gedanke: »Aber ich muss, muss, muss laufen.«
Sollten Sie darauf hören?
Auf ersteren Gedanken: ja; auf den zweiten Gedanken: nein. Denn Laufen in der Dunkelheit kann tatsächlich gefährlich sein. Vor allem Frauen kennen die Angst vor Übergriffen, wenn sie bei Dunkelheit allein durch einen Wald, Park etc. laufen, wo naturgemäß am späten Abend kaum noch Menschen unterwegs sind. Und es hat ja tatsächlich schon Überfälle auf Joggerinnen gegeben, die diese Befürchtung durchaus bestätigen. Außerdem ist die Gefahr groß, dass man im Dunkeln auf Naturwegen stolpert, stürzt, sich verletzt, seinen Weg nicht findet. Und ein Ausweichen auf die Straße ist auch nicht immer empfehlenswert. Dort sind Läufer abends für andere Verkehrsteilnehmer (vor allem Autofahrer) schlecht zu erkennen, auch wenn sie mit Reflektoren an Schuhen oder Kleidung ausgerüstet sind.

**Trick 17:**
Eigentlich gibt es in dieser Situation drei Tricks:
- Sie finden eine*n Laufpartner*in, die oder der Sie so spät abends noch beim Training begleitet, denn

zu zweit ist alles halb so gefährlich. Das setzt allerdings wiederum erstens eine gehörige Portion Spontanität des Laufpartners voraus und zweitens, dass er am Tag noch nicht gelaufen ist.

- Sie können Ihre*n Partner*in oder eine*n Freund*in animieren, Sie auf dem Fahrrad zu begleiten. Ist echte Liebe im Spiel, sollte es mit Animation kein Problem sein, ist es nur »irgendein*e« Freund*in, müssen Sie wohl ein Tauschgeschäft anbieten: eine Fahrradbegleitung gegen eine Stunde Schwimmunterricht oder Ähnliches.
- Sie besuchen abends ein Fitnessstudio und weichen auf das dortige Laufband aus. Das setzt allerdings voraus, dass Sie entweder schon Mitglied in einem Studio sind oder dies werden, und außerdem, dass das Studio noch später am Abend geöffnet hat (in größeren Städten gibt es immer auch Studios, die bis 24 Uhr geöffnet haben).

## 6. Das Szenario: Sie trainieren seit Wochen so viel wie nie zuvor.

Sie verzichten auf alle Freuden des Lebens nur mit dem einen Ziel: dem Marathon. Aber Ihre Leistungskurve zeigt nicht nach oben, sondern … nach unten, und das stetig.

Ihr ständiger Gedanke: »Das ist ehrliche, harte Arbeit, was ich hier seit Wochen abliefere, und dafür will ich einen Erfolg sehen, aber wo bleibt der? Laufen macht mir keinen Spaß mehr, nächste Woche höre ich wirklich auf damit.«

Sollten Sie darauf hören?

Nein! Denn eine Leistungskurve steigt in der Regel immer nur sehr langsam an und lässt sich während trainingsintensiver Phasen kaum erfassen. Die Formkurve rast erst nach oben, wenn Sie eine regenerative Phase (= wenig Training, viel Erholung) einlegen, das sollten Sie nach einigen »harten« Trainingswochen aber auch unbedingt tun. Ansonsten gefällt uns der Terminus »Leistungskurve« nicht, den Sie in Verbindung mit dem Laufen benutzen: Laufen ist keine Arbeit, sondern ein Hobby, und auch in einer – zugegeben zeitaufwendigeren – Marathonvorbereitung braucht niemand auf die »Freuden des Lebens« zu verzichten.

**Trick 17:**

Wer das Lauftraining mit Arbeit vergleicht, muss weniger am Training als an seiner Einstellung zu demselben etwas ändern: Relax! Zwingt Sie etwa jemand, am Marathon teilzunehmen? Kämpfen Sie dort um einen Batzen Geld oder eine olympische Medaille? Beide Fragen werden 99,99 Prozent der Leser doch wohl mit einem klaren Nein beantworten können. Die Teilnahme am Herbstmarathon war Ihre eigene Entscheidung, und sollte es dort nicht so laufen, wie Sie es sich vorstellen, bestellt Sie niemand zum Rapport. Nur wer mit Spaß bei der Sache ist, bringt auch die richtige Einstellung zur Leistung mit und ist im Endeffekt sogar leistungsfähiger: Denn wo der Spaß am Laufen aufhört, ist meist auch die Belastung zu hoch und somit ein weiterer Leistungszuwachs unwahrscheinlicher als ein Leistungsverlust.

## 7. Das Szenario: Sie haben sich in der Vorbereitung auf den Marathon einer Laufgruppe/einem Lauftreff angeschlossen.

Schnell stellen Sie fest, dass dort sehr viel schneller gelaufen wird, als Sie es gewohnt sind. Trainingsläufe im Wohlfühltempo sind zur Seltenheit geworden.
Ihr ständiger Gedanke: »Eigentlich habe ich heute gar keine Lust, mich wieder mit den anderen zum Laufen zu treffen. Ich sehne mich nach den Tagen zurück, an denen ich allein unterwegs war.«
Sollten Sie darauf hören?
Die Antwort fällt gar nicht so leicht. Einerseits bietet eine Laufgruppe viele Vorteile: Man lernt nicht nur nette Leute kennen, die alle ein gemeinsames Hobby haben, sondern man erfährt auch viel Neues über Lauftraining, -technik und -taktik. Viele Läufer*innen trotten jahraus, jahrein in immer demselben Tempo vor sich hin und wundern sich, dass sie überhaupt keine Leistungsverbesserung bemerken. Wie auch, wenn der Körper niemals durch neue Trainingsreize (zum Beispiel ein schnelleres Tempo) gefordert wird. Da kann die Trainingsgruppe, die heute mal schnell, morgen mal langsam läuft, durchaus sehr hilfreich und befruchtend sein. Da macht es auch nichts, wenn ein- bis zweimal pro Woche ein Training etwas zu schnell scheint. Von nichts kommt nichts, das haben wir ja schon im dritten Szenario erklärt. Nur sollte dies nicht permanent der Fall sein. Denn wenn ein jeder Trainingslauf im (zu) hohen Tempo absolviert wird, geht Ihnen natürlich irgendwann die Puste aus und Sie verlieren die Lust am Laufen. Das Stadium ist sicherlich erreicht, wenn Sie wirklich überhaupt keine Lust mehr auf die Gruppe beziehungsweise das Gruppentraining haben. Dieses zu bemerken, fällt sicherlich nicht schwer.
**Trick 17:**
Müssen Sie denn wirklich jeden Trainingstag mit der neuen Laufgruppe unterwegs sein? Erscheinen Sie doch einfach nur an den Tagen am Treffpunkt, an denen Sie sich gerne fordern möchten und Ihnen ein schnelles Lauftempo in den Plan passt. Die

anderen Tage laufen Sie halt wieder allein. Oder noch besser: Sprechen Sie Ihr Problem in der Gruppe an, vielleicht geht es anderen Mitgliedern des Lauftreffs ja ähnlich wie Ihnen, und es macht durchaus Sinn, eine zweite, langsamere Gruppe zu bilden. Schauen Sie sich eventuell nach einer weiteren Laufgruppe (oder einem Laufpartner) um, die eben nicht so leistungsstark ist, und achten Sie in dieser Gruppe dann wirklich darauf, dass eben nicht jedes Training zu einem Wettlauf ausartet.

## Was Läufer und Läuferinnen (im Training) unterscheidet

Im Grunde genommen gibt es trainingstechnisch kaum einen Unterschied zwischen Männern und Frauen. Beide Geschlechter haben ein Herz-Kreislauf-System, das auf Trainingsreize anspricht. Eine Frau, die den Marathon schaffen möchte, muss genauso trainieren wie ein Mann, der ihn schaffen möchte. Nicht mehr und nicht weniger. Und doch gibt es biologische Unterschiede zwischen Athletinnen und Athleten. Frauen haben von Natur aus einen höheren Körperfettgehalt und eine andere Struktur des Bindegewebes. Deshalb sind Frauen in der Regel beweglicher und haben nicht selten auf den ganz langen Strecken jenseits der 100 Meilen (gut, wer läuft schon so weit? Aber, ja, auch Wettkämpfe über diese Distanzen gibt es ...) die Nase vorne, weil ihnen ihr Körperfett hier zugutekommt. Männer hingegen bauen schneller Muskulatur auf und haben stärkere Bänder und Sehnen. Das bewahrt Männer aber nicht vor Verletzungen, weshalb gerade das Thema Beweglichkeitstraining nicht vernachlässigt werden sollte. Frauen dürfen ruhig ein bisschen mehr Schwerpunkt auf das Thema Krafttraining legen, um hier sowohl an geschlechtsspezifischen Defiziten zu arbeiten wie auch Verletzungen vorzubeugen. Männer dürfen gezielt mehr ihre laufspezifischen Strukturen wie die Sehnen und Bänder der unteren Extremitäten flexibel halten.

### Der Zyklus macht es offensichtlich

Ein signifikanter Unterschied zwischen Männern und Frauen ist der Hormonhaushalt, der gerade bei menstruierenden Frauen im Laufe eines Zyklus extrem schwankt. Was zunächst wie ein Nachteil klingt, kann aber zum Vorteil des weiblichen Geschlechts ausgebaut werden. Frauen, die ihren Zyklus aufzeichnen, wissen nämlich sehr viel besser über ihren Körper und die aktuellen Befindlichkeiten im Training Bescheid. In der ersten Zyklushälfte, die vom Einsetzen der Periode bis zum Eisprung dauert, sind Frauen von der Hormonsituation her zunächst den Männern am ähnlichsten, weil der Östrogenspiegel eher niedrig und das Testosteron sehr hoch ist. Es wird weniger Energie benötigt, weil die Körperkerntemperatur niedrig ist und der Sehnen-Band-Apparat fester ist als sonst, was bedeutet, dass der weibliche Körper ein Mehr an Krafttraining sehr gut verträgt. Rund um den Eisprung ändert sich diese Situation, die Körperkerntemperatur steigt um fast ein Grad und durch das Ausschütten verschiedener Hormone, die den Körper auf eine mögliche Schwangerschaft vorbereiten sollen, werden auch alle Gewebestrukturen weicher, was das Verletzungsrisiko erhöht. In der zweiten Zyklushälfte benötigen Frauen in der Ernährung rund 200 Kilokalorien mehr pro Tag, die sie im Idealfall durch komplexe Kohlenhydrate zu sich nehmen. Außerdem sollte weniger intensives Krafttraining, dafür mehr sanftes Beweglichkeitstraining durchgeführt werden. Auch beim Lauftraining darf in der zweiten Zyklushälfte der Schwerpunkt eher auf längeren Ausdauereinheiten als auf intensivem Sprinttraining liegen.

Nicht nur für Frauen macht es Sinn, ein Trainingstagebuch zu führen, in das sie Befindlichkeiten und Körpersymptome eintragen, um so ein wiederkehrendes Muster im Rahmen ihres Zyklus zu erkennen. Auch Männer sollten in einem Trainingstagebuch notieren, wie die aktuelle Tagesform und das subjektive Empfinden vor und nach bestimmten Kerneinheiten sind, um daraus irgendwann vielleicht Rückschlüsse ziehen zu können, wenn Infektanfälligkeit oder Verletzungen sich häufen. Jeder Körper ist individuell und je besser Läufer*innen den eigenen Körper kennen, desto besser können sie im Training auf die ganz persönlichen Schwächen eingehen, um sie vielleicht sogar irgendwann zu ihren Stärken zu machen.

## Die Unterschiede zwischen Frau und Mann

Rein theoretisch müssten Frauen eigentlich flotter unterwegs sein, da sie in der Regel weniger Körpergewicht aufweisen. Ihr Körper ist meist deutlich kleiner, das Gewicht geringer, die Knochen sind graziler. Wenn da nicht die leistungsmindernden Faktoren wären:

- Der Körperfettanteil liegt bei Frauen im Vergleich mit Männern um rund 10 Prozent höher. Dem Durchschnittsmann bleibt dieser Ballast erspart. Dafür greift der weibliche Stoffwechsel bei der Energiegewinnung ökonomischer auf die Fettverbrennung zurück.

- 40 bis 50 Prozent eines Männerkörpers bestehen aus Muskulatur, Frauen bringen es im Schnitt lediglich auf 25 bis 30 Prozent. Schuld daran ist das männliche Sexualhormon Testosteron, das für den Muskelaufbau verantwortlich ist – und Frauen haben davon nun mal deutlich weniger. Die Folge: Frauen haben weniger Kraft.

- Selbst wenn man das geringere Körpergewicht berücksichtigt: Das relative Herzvolumen von Frauen ist um 10 bis 15 Prozent kleiner. Pro Schlag wird weniger Blut in den Kreislauf gepumpt, das Herz muss entsprechend häufiger schlagen. Und: Der weibliche Blutdruck ist meist niedriger.

- Da das Lungenvolumen von Frauen kleiner ist, ist die maximale Sauerstoffaufnahme um rund 15 Prozent niedriger als bei Männern. Allerdings benötigen sie auch weniger Sauerstoff, da sie weniger Muskulatur damit versorgen müssen.

- Der Hämoglobingehalt des weiblichen Bluts ist geringer, und die roten Blutkörperchen können dadurch weniger Sauerstoff transportieren – ein weiterer Faktor, der die maximale Sauerstoffaufnahme von Läuferinnen maßgeblich reduziert.

# KAPITEL 3

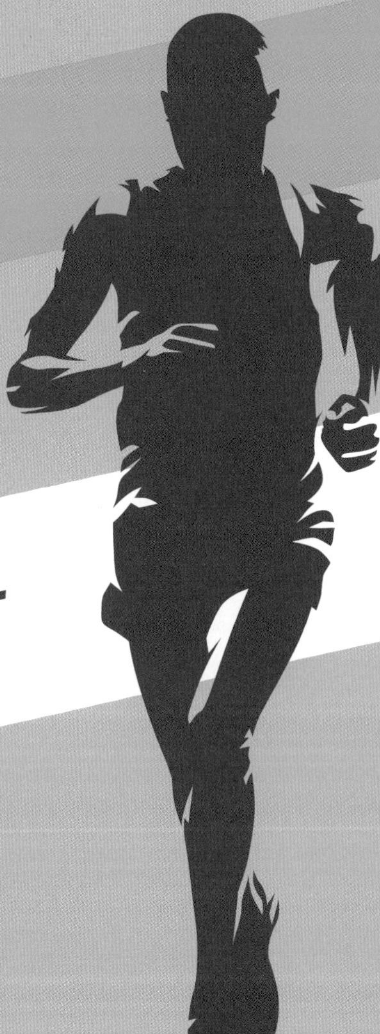

# Worauf es beim Marathontraining ankommt

## Trainingswissenschaft auf den Punkt gebracht

Das Gute am Ausdauersport ist: Jeder Mensch kann seine Ausdauer trainieren. Denn jeder menschliche Organismus unterliegt den gleichen Gesetzmäßigkeiten in Sachen Leistungsentwicklung. Und lässt man soziale Verantwortlichkeiten in Partnerschaft und Familie, berufliche Verpflichtungen und mentale Beschaffenheiten beiseite, so kann man jeden Menschen mit dem »richtigen« Training zu einem* einer Marathonläufer*in machen. Da ist es egal, ob ein Läufer im Rentenalter zum ersten Mal für die Strecke von 42,195 Kilometern trainiert oder eine junge Läuferin bereits zum fünften Mal in Folge eine neue Marathonbestzeit weit unter drei Stunden anstrebt – die Systematik des Marathontrainings ist für alle und immer gleich und ihr liegen sehr einfache Prinzipien zugrunde. Um genau zu sein, sind es tatsächlich nur deren fünf.

Wer diese fünf Grundprinzipien des Trainings also versteht und berücksichtigt, kann eine langfristige Steigerung von Leistung und Gesundheit erwarten. Denn wir sind da ganz ehrlich: Es geht beim Marathontraining fast immer um einen Transformationsprozess. Könnte jeder Mensch aus dem Stand 42,195 Kilometer laufen, hätte der Marathon schon lange seinen Reiz verloren. Und selbst diejenigen, die dazu in der Lage sind, die Marathondistanz ohne viel Vorbereitung zu bewältigen, verfolgen in der Regel das Ziel der Selbstoptimierung, wenn sie mit dem Training beginnen. Sprich: Sie möchten schneller werden oder sie möchten ohne jeglichen Leistungseinbruch die Distanz bewältigen. Und um diese Transformation in Gang zu bringen, müssen Sie folgende fünf Regeln einhalten.

### 1. Der Trainingsreiz muss angepasst sein

Trainingsreize müssen eine bestimmte Reizschwelle des Körpers überschreiten, dürfen aber nicht zu hoch sein, damit sie den Körper zu leistungsfördernden Prozessen herausfordern. Dabei müssen Individualität und Alter berücksichtigt werden. Wer mit 65 Jahren zum ersten Mal in seinem Leben in ein systematisches Lauftraining einsteigt, der kann in den darauffolgenden Jahren eine Verbesserung seiner Herz-Kreislauf-Werte erreichen. Der reifere Sportler wird dann mit 72 Jahren zwar nicht im Körper eines 28-Jährigen stecken, aber er wird ein größeres Herzvolumen und eine verbesserte Sauerstoffaufnahme haben als ein anderer 72-Jähriger, der keinen Sport getrieben hat. Das soll heißen: In keinem Alter ist es zu spät, mit dem

Training zu beginnen. Der Körper wird immer auf die Trainingsreize reagieren, aber die Reize müssen an Alter, Geschlecht und den aktuellen Leistungs- und Gesundheitszustand angepasst sein.

### Drei verschiedene Gradmesser: Alter, Geschlecht und Trainingszustand

Das Alter allein ist also nicht der Gradmesser für die richtige Wahl an Trainingsreizen, auch nicht das Geschlecht allein ist von Bedeutung, viel entscheidender als jung oder alt, männlich, weiblich oder divers ist der aktuelle Trainingszustand. Ein ehemaliger Fußball-Bundesligaspieler, der an seinem 50. Geburtstag mit dem Lauftraining als neue Freizeitbeschäftigung beginnen möchte, kann intensivere Trainingsreize verkraften als die junge Schülerin, die bisher gar keinen Sport gemacht hat. Das Herz-Kreislauf-System des Ex-Profis und vor allem sein Bewegungsapparat und die Muskulatur sind Belastungen gewohnt, die die Schülerin nach kurzer Zeit überfordern würden. Allerdings zwingen den ehemaligen Fußballer eventuell alte Verletzungen zur Vorsicht im Training, und vielleicht profitiert wiederum die junge Schülerin davon, dass ihr Bewegungsapparat noch keinerlei intensiven Reizen ausgesetzt war. Fakt ist: Der Blick in den Spiegel muss offen und ehrlich sein. Wo komme ich her und wo will ich hin? Was verkraftet mein Körper und was überlastet ihn? Hier macht es Sinn, Rücksprache mit Fachleuten zu halten: mit Ärzt*innen, Physiotherapeut*innen, Trainer*innen, erfahrenen Läufer*innen.

## 2. Einmal laufen ist keinmal laufen

Wer nur einmal pro Woche läuft, setzt nicht genügend Trainingsreize, um langfristigen Erfolg zu erzielen. Wird der Körper durch Training gefordert, reagiert er mit Anpassungsvorgängen. Bleibt der nächste Reiz allerdings innerhalb einer bestimmten Zeitspanne aus, baut der Körper das verbesserte Niveau auch wieder ab. Laufanfänger sind nach 72 Stunden regeneriert und müssen dann den nächsten Reiz setzen, um ihre Leistungsfähigkeit weiterzuentwickeln. Sonst war die bisherige Anstrengung umsonst. Dann glaubt der Körper, die Anstrengung sei nur eine einmalige gewesen und die Verbesserungen der Körpersysteme, die er nach dem ersten Training bereits in Gang gesetzt hat und die eine Laufleistung fördern, werden wieder rückgängig gemacht. Mehr Muskelmasse, ein größeres Herz, eine verbesserte Sauerstoffaufnahmekapazität, starke Sehnen und Bänder, die

Erhaltung dieser hochwertigen Körpersysteme kostet den Körper nämlich ein Mehr an Energie (ebenso wie die Pflege eines teuren Sportwagens mehr Unterhaltskosten verursacht). Oder anders gesagt: Ein großer Muskel verbraucht in Bewegung mehr Sauerstoff und in Ruhe mehr Energie. (Wer braucht schon einen teuren Flitzer, wenn er ihn nicht fährt?)

Wer also das nächste Leistungsplateau erreicht hat, muss auf diesem dann auch weitertrainieren, sonst baut der Körper die neu errungene Leistungsfähigkeit wieder ab. Je trainierter Läufer*innen sind, desto kürzer werden die Zeitabschnitte, in denen der nächste Laufreiz gesetzt werden muss. Freizeitläufer*innen, die es gewohnt sind, dreimal pro Woche zu trainieren, sollten demnach regelmäßig alle 48 Stunden einen nächsten Laufreiz (= Lauftraining) setzen. Topathlet*innen trainieren sogar mindestens einmal, meist sogar zweimal am Tag und platzieren damit also alle zwölf Stunden den nächsten Reiz zum Systemerhalt beziehungsweise zur Systemverbesserung.

## 3. Das Prinzip Superkompensation

Auf eine Belastung muss eine Erholung folgen, aber auch wieder eine Belastung, damit der Körper seine Leistungsfähigkeit entwickeln kann. Denn er nutzt die Erholung für einen wunderbaren Prozess, den nur ein lebender Organismus beherrscht: Er baut seine Energiesysteme selbstständig aus. Der Vorteil Mensch gegen Maschine lässt sich (wieder) wunderbar an einem Auto zeigen: Unser Auto hat einen 50-Liter-Tank. Wird das Auto bewegt, wird Treibstoff verbrannt und irgendwann ist der Tank leer. Dann muss es zur Tankstelle und dort füllt man den Tank wieder auf und ... es passen wieder nur die 50 Liter Treibstoff hinein. So weit, so gut. Der menschliche Körper reagiert aber anders auf das Leeren der Energiespeicher: Bewegt sich ein*e Läufer*in, verbrennt sie Energie wie das Auto Kraftstoff. Je nachdem, wie belastend diese Bewegung ist – bei Anfänger*innen reicht ein 20-minütiger Dauerlauf, bei Fortgeschrittenen sollte es schon ein zügiger Dauerlauf oder gar ein Tempotraining sein –, ist ihr biochemisches Gleichgewicht nach Beendigung des Trainings gestört. Der Tank ist leer, das Betriebssystem im Chaos. Für den Körper stellt diese Situation sogar eine Gefahr dar. Das Immunsystem ist geschwächt, Viren und Bakterien können eindringen, die Energiespeicher sind leer, für Notfälle und Stresssituationen sind keine Reserven vorhanden. Der Körper möchte sich natürlich vor diesem »gefährlichen« Zustand schützen und füllt seine Energiereserven schnellstmöglich auf. Dies tut er aber nicht nur bis zum bekannten Maß, sondern – oh Wunder – darüber hinaus, um bei der nächsten Belastung besser vorbereitet zu sein. Aus dem körpereigenen »50-Liter-Tank« wird quasi ein 55-Liter-Tank! Das Herz vergrößert sich, die Lunge verbessert ihre Vitalkapazität, die Mitochondrien, die Kraftwerke der Zellen, vermehren sich und optimieren ihre Energiebereitstellung. All das geschieht, damit beim nächsten Training nicht wieder das biochemische Gleichgewicht aus den Fugen und der Körper »in Gefahr« gerät. Diesen Vorgang, das übermäßige Auffüllen der Energiespeicher, und die positive Reaktion der Körpersysteme nennt man Superkompensation – ein Begriff, den Sie sich merken sollten!

Das Problem bei der genialen Geschichte mit der Superkompensation: Der Körper verkleinert den Tank, also seine Energiereserven, wieder, wenn im entscheidenden Moment, also dann, wenn die Regenerationsprozesse abgeschlossen sind, kein neuer Laufreiz erfolgt. Denn ein star-

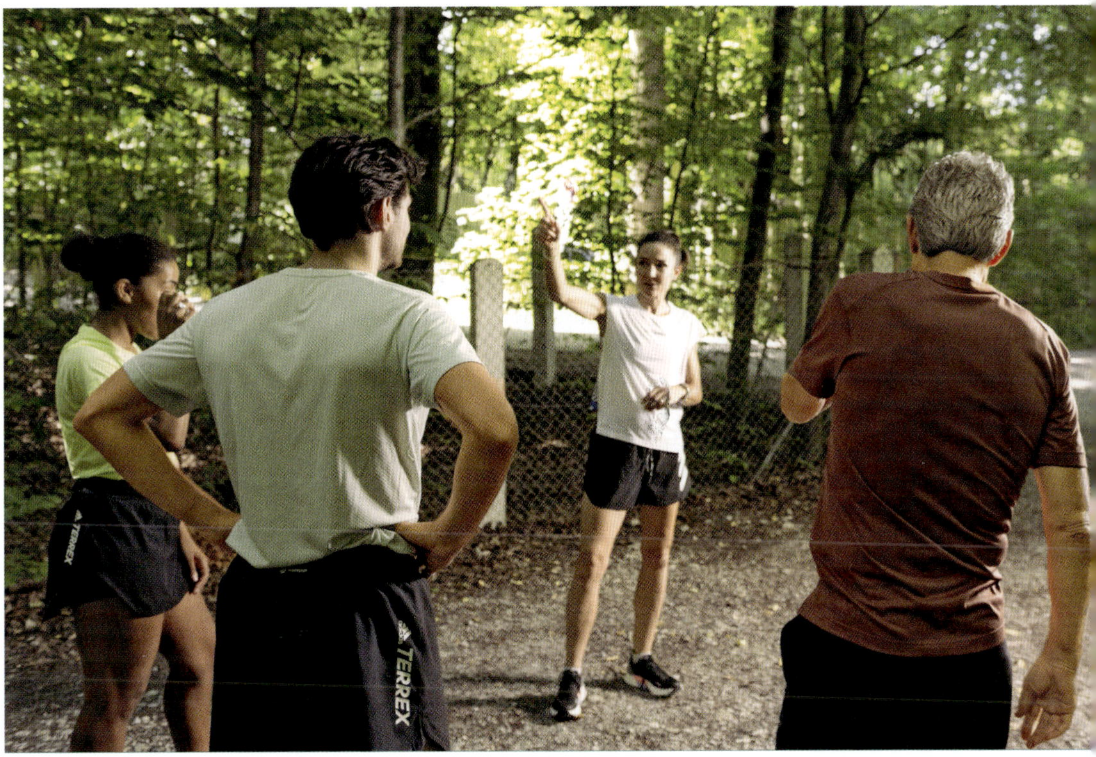

ker Herzmuskel, eine verbesserte Lungenkapazität, viele Mitochondrien in den Zellen machen dem Körper auch Arbeit, zu viel Arbeit, als dass er sie bei sinkendem Energieumsatz aufrechterhalten möchte. Die Kunst liegt also darin, die richtige Balance und den notwendigen Zeitabstand zwischen Laufeinheiten und Ruhetagen zu finden.

## 4. Training muss gesteigert werden

Trainingsreize müssen Schritt für Schritt gesteigert werden, um die gewünschten Anpassungsvorgänge immer wieder neu in Gang zu setzen. Es ist also notwendig, die Intensitäten und Umfänge des Trainings langsam, aber stetig immer weiter zu steigern, wenn man auch seine Leistungsfähigkeit immer weiter steigern will. Durch den wunderbaren Effekt der Superkompensation erreicht der*die Läufer*in zwar immer wieder ein neues Leistungsniveau, um aber die Leistungsentwicklung fortzusetzen, müssen in einer nächsten Trainingsphase, die Fortschritte erwirken soll, die Trainingsreize entsprechend höher sein als die in der vorherigen Trainingsphase. Das gilt vor allem für die Belastungsansprüche von Saison zu Saison, genauso wie von Marathonvorbereitung zu Marathonvorbereitung, wird aber durchaus auch von Woche zu Woche relevant – zum Beispiel im Rahmen des Trainingszyklus einer einzelnen Marathonvorbereitung.

## 5. Die Variation der Belastung ist wichtig

Bei ständig gleichbleibender Belastung steigert sich die Leistungsfähigkeit nicht. Das vegetative Nervensystem stumpft ab. Erst variable Trainingsreize sorgen für ständig neue Stimulationslagen des Körpers. Lockere Dauerläufe, Tempoläufe, Tempodauerläufe, lange Läufe – wer seine Marathonvorbereitung auf der Basis dieser Kerneinheiten gestaltet, macht schon sehr viel richtig im Training, auch was die Variabilität der Belastungen betrifft. Aber auch innerhalb der verschiedenen Kerneinheiten braucht es variable Reizlagen, um das Optimum an Leistung zu entwickeln. Nehmen wir an, Sie nutzen bei Ihrem Intervalltraining (siehe Kapitel »Die anstrengendste Laufeinheit: Das Intervalltraining« ab Seite 96) Belastungslängen von 1000 Metern. Dann führt diese Form des Intervalltrainings erst einmal zur gewünschten Ermüdung und nach ein, zwei folgenden Ruhetagen, dank der Superkompensation, zum nächsten Leistungsschritt. Wer aber immer die gleiche Belastungsform wählt, gewöhnt auch hier seinen Körper mit der Zeit daran und generiert nicht mehr die gewünschten Fortschritte. Um in unserem Beispiel zu bleiben: Die 1000 Meter hat der Athlet beim anaeroben Laufen irgendwann gut im Griff, aber wehe, die Strecke wird plötzlich 1200 Meter lang ...! Deshalb sieht in einem effektiven Training nicht jedes Intervalltraining gleich aus, nicht jede Laufwoche bleibt gleich und nicht jede Marathonvorbereitung ist gleich gestrickt.

## Realistische Ziele setzen

Laufen Sie den Marathon ohne eine ungefähre Vorstellung, wie schnell Sie im Ziel sein wollen, kann es Ihnen passieren, dass Sie viel zu schnell loslaufen und schon nach der ersten Hälfte völlig ausgepumpt am Straßenrand stehen. Laufen Sie zu langsam los und merken erst auf der Zielgeraden, was noch in Ihnen steckt, können Sie zwar die Zuschauer mit einem grandiosen Endspurt überzeugen, trauern aber im Ziel den verlorenen Minuten nach. Was Sie brauchen, ist ein Zeitziel. Ein realistisches Zeitziel. Und das zu ermitteln, ist gar nicht so schwer. Am leichtesten errechnet es sich anhand der Ergebnisse, die Sie auf anderen Laufdistanzen schon erzielt haben.

### Die Riegel-Formeln

Die Frage nach der Berechnung von Zeitzielen auf verschiedenen Laufdistanzen haben sich Läufer schon immer gestellt. Wissenschaftlich damit auseinandergesetzt hat sich erstmals maßgeblich der englische Leistungsphysiologe Archibald Vivian Hill in den 1920er-Jahren. Aus der einfachen Berechnung wurde schnell ein mathematisches Fragespielchen, was schließlich zu den verschiedensten Formeln und Tabellen führte.

Am überschaubarsten und umfassendsten sind die Berechnungen beziehungsweise Formeln des Amerikaners Peter Riegel. Riegel fand in den 1960er-Jahren heraus, dass der Logarithmus der Weltrekordzeiten bezogen auf den Logarithmus der jeweiligen Laufdistanzen eine gerade Linie ergab. Klingt kompliziert, ist aber praktisch. Damit konnte man aufgrund der Weltrekordzeiten einer Distanz die Weltrekorde auf anderen Distanzen gut vorhersagen. »Was hat das mit mir zu tun?«, werden Sie sich jetzt fragen, »ich bin doch kein Weltrekordläufer.« Doch Riegel fand – vereinfacht dargestellt – auch heraus, dass jede*r Läufer*in auf Strecken von 1500 Metern bis Marathon auf einem Niveau Leistungen bringt, das in einem konstanten prozentualen Verhältnis zu den Weltrekordleistungen steht. Beispiel: Läuft eine Läuferin die 10 Kilometer in einem Tempo, das 75 Prozent des Weltrekordtempos entspricht, ist sie dazu auch über 1500 Meter wie über die Marathondistanz in der Lage. Dies bedeutet: Bestzeiten auf einer Distanz machen Bestzeiten auf anderen Distanzen vorhersagbar.

Natürlich gibt es auch Abweichungen. Läufer, die über 40 Jahre alt sind, neigen zum Beispiel dazu, mit einem zunehmend höheren Prozentsatz im Verhältnis zum Weltrekord zu laufen, je länger die Wettkampfdistanz wird. Mit anderen Worten: Sie bekommen mit steigendem Alter Probleme, eine adäquate Leistung auf kürzeren Distanzen zu erbringen.

Aber bevor es noch komplizierter wird, lassen wir doch lieber verwertbare Fakten sprechen. Die nachfolgenden Formeln fußen auf den Untersuchungen Riegels und bieten für jede Leistungsklasse eine Handhabe, aus der Bestzeit einer kürzeren Strecke ein realistisches Zeitziel für den Marathon vorherzusagen.

Die Rechenergebnisse verdeutlichen natürlich nur Ihr Leistungsvermögen, nicht aber unbedingt den aktuellen Leistungsstand. Wer zum Beispiel ein 10-Kilometer-Ergebnis aus der Vorbereitungsperiode auf den Marathon zugrunde legt, sollte bedenken, dass er sich ja nicht speziell auf dieses 10-Kilometer-Rennen vorbereitet hat, sondern eben auf einen Marathon. Er darf von der errechneten Marathonzeit ruhig ein wenig abziehen. Andererseits nützt die beste 10-Kilometer-Zeit nichts, wenn man in der Vorbereitung auf einen Marathon nicht gewisse Kilometerumfänge in das Trainingsprogramm einbaut.

Die ganze Rechnerei ist und bleibt also immer ein bisschen Spekulation. Und trotzdem ist sie wichtig, um schließlich einen realistischen Marathontraum zu träumen. Am Anfang eines erfolgreichen Marathons steht die Wahl des richtigen Trainingskonzepts und vor allem des richtigen Trainingsplans. Dieser muss exakt auf die individuellen Leistungsfähigkeiten angepasst werden. Deshalb ist es wichtig, sich schon drei Monate vor dem Marathon genau mit dem Gedanken zu beschäftigen, was am Ende für eine realistische Zielzeit herauskommen kann. Wer gar keine Referenzzeit zu bieten hat, der sollte im Laufe der Vorbereitung mindestens an einem Vorbereitungswettkampf teilnehmen, um tatsächlich herauszufinden, wie es wirklich um die eigene Leistungsfähigkeit bestellt ist.

## Multiplikatoren zur Zielzeitberechnung – nach der Peter-Riegel-Formel

aktuelle 5-Kilometer-Bestzeit × 9,798 =
realistische Marathonendzeit

aktuelle 10-Kilometer-Bestzeit × 4,667 =
realistische Marathonendzeit

aktuelle Halbmarathon-Bestzeit × 2,099 =
realistische Marathonendzeit

Etwas umständlich beim Anwenden dieser Formel ist das Umrechnen von Stunden, Minuten und Sekunden. Denn die Referenzzeit muss in Sekunden multipliziert und dann wiederum zurück in Stunden und Minuten gerechnet werden. Beispiel: Eine 10-Kilometer-Referenzzeit von 42:13 Minuten muss also wie folgt umgerechnet werden:

42 (Minuten) × 60 (Sekunden) = 2520 Sekunden

2520 + 13 (die zusätzlichen Sekunden) =
2533 Sekunden (10-Kilometer-Referenzzeit)

Hochrechnung auf eine mögliche Marathonzielzeit:

2533 × 4,667 = 11 821,511 (Sekunden, die Läufer*innen voraussichtlich für den Marathon benötigen)

11 821,511 : 60 = 197,02518 (Minuten, die Läufer*innen voraussichtlich für den Marathon benötigen)

180 Minuten entsprechen 3 Stunden

197,02518 entsprechen also rund 3 Stunden und 17 Minuten

Wer diese umständliche Rechnung nicht eigenhändig durchführen möchte, um herauszufinden, wie schnell er den Marathon aktuell in der Lage ist zu laufen, der findet im Internet Rechner, denen die Riegel-Formeln hinterlegt sind. Das Onlineportal von *Runner's World* bietet beispielsweise sehr präzise und verlässliche Zielzeitrechner an: **https://www.runnersworld.de/tools/wettkampfzeit-rechner/.**

## Die Herzfrequenz als Trainingskontrolle

Woher wissen Sie eigentlich, wie hoch- oder niedrigintensiv eine Laufbelastung ist? Gut, Ihr subjektives Gefühl ist da schon ein guter Gradmesser. Aber es gibt einen objektiven Gradmesser, der sich auch leicht messen lässt: Ihre Herzfrequenz! Um die festzustellen, müssen Sie nicht ständig mit dem Finger am Puls und den Augen auf dem Sekundenzeiger joggen, sondern Sie können sich eines sogenannten Herzfrequenzmessers bedienen. Dieser besteht aus einem Brustgurt und einer Uhr und ist im Sportfachhandel erhältlich. Vom Sender im Gurt wird die Herzfrequenz drahtlos an den Empfänger in der Armbanduhr übertragen und ermöglicht eine permanente Überprüfung der aktuellen Herzfrequenzwerte.

Wichtigste Frage: Wieso entspricht die Herzfrequenz der Belastungsintensität? »Mit jedem Herzschlag wird eine konstante Menge Blut und Sauerstoff durch den Körper gepumpt. Bei einem einstündigen Dauerlauf etwa 10 000-mal und bis zu 200 Milliliter Blut. Der Anstieg der Herzfrequenz entspricht ungefähr dem Anstieg der Sauerstoffaufnahme sowie dem Energieverbrauch und damit auch der Belastungsintensität«, sagt Prof. Dr. Kai Röcker, ambitionierter Läufer und Sportmediziner.

### Die Herzfrequenz ist ein individuelles Maß

Und welches ist die richtige Herzfrequenz? Wer einen Herzfrequenzmesser besitzt, sollte zunächst wissen, dass Trainingspartner*innen bei demselben Tempo und derselben Anstrengung unter Umständen völlig unterschiedliche Pulswerte erreichen. Hintergrund: Die Herzfrequenz ist ein sehr individuelles Maß. Wie Körper- oder Schuhgröße kann sie von Läufer*in zu Läufer*in sehr unterschiedlich sein. Zwar existieren einige Faustregeln zur Angabe eines »idealen« Belastungspulses wie zum Beispiel »220 minus Lebensalter« oder »210 minus Lebensalter mal 0,65«, diese sind allerdings zur Ermittlung einer geeigneten Trainingsherzfrequenz nur sehr bedingt geeignet.

Individuelle Belastungsbereiche lassen sich am besten über die maximale Herzfrequenz ermitteln. Von dieser lassen sich ganz exakte Pulsangaben für entsprechende Belastungsbereiche von »leicht« (kaum belastend) bis »schwer« (extrem belastend) »in Prozent der maximalen Herzfrequenz« ableiten.

Die maximale Herzfrequenz ist die Pulsfrequenz, die ein*e Sportler*in unter maximaler Belastung erreicht. Dazu muss man sich allerdings einmal total auspowern. Zugegeben, dies ist gerade für Laufanfänger*innen keine leichte Aufgabe. Und ein solcher Maximaltest ist auch nur mit Vorsicht zu genießen: Maximal ausbelasten dürfen sich nur Läufer*innen, die kerngesund sind und in der Vorgeschichte keinerlei Herzprobleme hatten. Ein Maximaltest sollte unbedingt unter Aufsicht (zum Beispiel durch erfahrene Läufer*innen, Trainer*innen) durchgeführt werden.

Am besten bestimmt man die maximale Herzfrequenz im Rahmen einer professionellen Leistungsdiagnostik. Bei einer Leistungsdiagnose wird neben dem Puls auch noch über Blutabnahme die Laktatkonzentration gemessen. Das ist etwas aufwendiger als der Feldtest und kostet natürlich Geld. Das Problem beim Feldtest ist allerdings, dass man hoch motiviert an den Test herangehen muss, um sich tatsächlich maximal auszubelasten. Nichtsdestotrotz ist der Wert, den ein gesunder Läufer beim Feldtest unter idealen Bedingungen ermittelt, ein sehr zuverlässiger.

## Durchführung des Feldtests

Der Test beginnt mit 15 Minuten lockerem Einlaufen. Es folgen zum weiteren Aufwärmen idealerweise verschiedene Laufstilübungen wie der Hopserlauf, Seitgalopp, Kniehebeläufe und Anfersen und schließlich macht man noch drei Steigerungsläufe über 80 bis 100 Meter, bei denen das Tempo langsam vom Trab bis zum Sprint gesteigert wird, um die Muskulatur auf die bevorstehende Belastung vorzubereiten und natürlich auch den Puls schon mal Stück für Stück in die Höhe zu treiben. Dann beginnt der eigentliche Test mit drei gesteigerten Laufminuten, die der Läufer oder die Läuferin zu absolvieren hat. Die erste Minute wird zügig gelaufen, gerade so schnell, dass man gerade noch nicht außer Atem kommt. In der zweiten Laufminute wird das Tempo gesteigert und Sie kommen schon außer Atem und in der dritten Minute laufen Sie so schnell es eben noch geht. Wichtig ist, dass das Tempo von Minute zu Minute wirklich gesteigert wird. Das Wichtigste: Am Ende der dritten Minute wird die Herzfrequenz gecheckt. Das fällt oft nicht leicht, weil man völlig außer Atem ist. Der Puls muss auch nach dem Stehenbleiben beziehungsweise im langsamen Weitergehen beobachtet werden, weil der Wert auch nach Laufende oft noch einmal um ein paar Schläge nach oben steigen kann. Nur den höchsten Wert, der angezeigt wird, müssen Sie sich merken. Nach einer kurzen Pause von zwei Minuten wiederholen Sie den Test: Drei gesteigerte Minuten im hohen Tempo. Wer nach dem zweiten Testdurchgang einen Wert hat, der noch einmal mehr als fünf Schläge über dem ersten gemessenen Wert liegt, der muss sogar noch ein drittes Mal ran: drei weitere gesteigerte Minuten im Laufschritt.

## Herzfrequenzbereiche für das Training

Haben Sie sich Ihre maximale Herzfrequenz im Test gemerkt? Oder anders gefragt: Kennen Sie Ihre maximale Herzfrequenz? Das ist der Schlüsselwert für die individuelle Trainingssteuerung im Marathontraining. Anhand dieses Wertes wird die Belastungsintensität der verschiedenen Laufeinheiten definiert:

**Regenerations- und Grundlagentraining**

| | |
|---|---|
| Langsamer Dauerlauf: | 70–75 % der maximalen Herzfrequenz |

**Grundlagentraining**

| | |
|---|---|
| Ruhiger Dauerlauf: | 75–80 % der maximalen Herzfrequenz |
| Lockerer Dauerlauf: | 80–85 % der maximalen Herzfrequenz |

**Entwicklungsbereich**

| | |
|---|---|
| Zügiger Dauerlauf: | 85–88 % der maximalen Herzfrequenz |
| Schneller Dauerlauf: | 88–90 % der maximalen Herzfrequenz |
| Tempoläufe: | über 90 % der maximalen Herzfrequenz |

## Trainingsvorgaben nach Herzfrequenz

Marathonläufer*innen haben also idealerweise ihre*n Personal Trainer*in bei jedem Lauf dabei: in Form des Herzfrequenzmessers am Handgelenk. Noch mal: Wichtig ist eine zuverlässige Ermittlung der Pulswerte, gerade im Training. Und noch ein kleiner technischer Seitensprung: Wer nur über einen optischen Sensor am Handgelenk den Puls misst, muss wissen, dass die Werte oft nicht korrekt ermittelt werden. Nur die gängigen Brustgurte oder neuerdings auch Sensoren, die am Oberarm getragen werden, liefern aussagekräftige Daten, mit denen Läufer*innen zuverlässig das Training steuern können.

Der Vorteil der Trainingssteuerung nach Herzfrequenzvorgaben im Gegensatz zur Trainingssteuerung nach Geschwindigkeiten, der sogenannten Pace (meist angegebenen in Minuten pro Kilometer, kurz: min/km), liegt darin, dass nur bei einem herzfrequenzorientierten Training innere wie äußere Einflussfaktoren bei der Belastung berücksichtigt werden.

An Tagen, an denen der Organismus durch Hitze, Müdigkeit, ein anspruchsvolles Streckenprofil oder durch sonstigen Stress herausgefordert ist, liegt das Tempo im vorgegebenen Herzfrequenzbereich eines ruhigen Dauerlaufs eventuell sehr viel niedriger als an Tagen, an denen Läufer*innen sich topfit und ausgeruht fühlen. Das bedingt, dass man sich auch unter schwierigen Bedingungen nicht überfordert. Sind die Belastungsvorgaben dagegen in einer bestimmten Pace angegeben, ist diese unter herausfordernden Bedingungen eventuell sehr viel schwieriger zu realisieren als unter Normalbedingungen, der Lauf ist dann also sehr viel intensiver als eigentlich vorgesehen.

## Die wichtigste Laufeinheit: Der lange Lauf

Laufen lernt man durch Laufen und wer die lange Strecke eines Marathons schaffen will, muss lange laufen. Also ist und bleibt der »lange Lauf« die Schlüsseleinheit in einer erfolgreichen Marathonvorbereitung. Wer 42,195 Kilometer auf seinen eigenen zwei Beinen bewältigen möchte, der muss das ganz einfach üben. Im Vergleich zu anderen Trainingsformen im Ausdauersport scheint jedoch zunächst nichts unproblematischer zu sein als ein langer, lockerer Dauerlauf. Man setzt einfach einen Fuß vor den anderen, schlägt ein gemütliches Tempo an und sieht zu, möglichst weit zu kommen. Doch Vorsicht! So simpel, wie mancher denken mag, ist die Sache ganz und gar nicht. Als Trainingseinheit vereint der lange Lauf eine Vielzahl von Komponenten.

### Warum lange laufen?

Lange Läufe dienen der Ausdauerschulung. Die erste Zielsetzung besteht darin, mehr Kilometer zu schaffen, bevor eine Ermüdung ein-

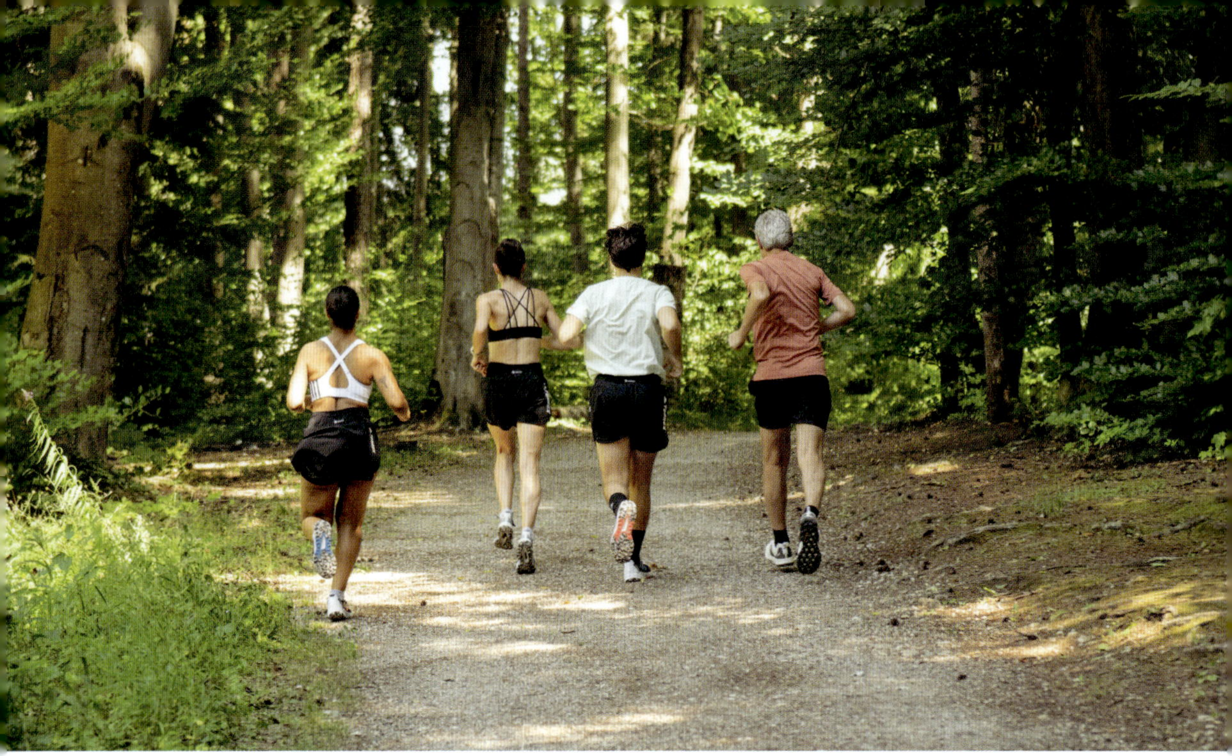

setzt. Damit ist der lange Lauf übrigens nicht allein für Marathonläufer*innen von Bedeutung. Auch der 10 000-Meter-Spezialist profitiert von den Wirkungen des langen Dauerlaufs:

- Stärkung des Herz-Kreislauf-Systems,
- Erweiterung der Blutgefäße, sodass Energie (»Brennstoffe«) schneller zu den Arbeitsmuskeln gelangt und Abfallprodukte des Energiestoffwechsels schneller abtransportiert werden,
- Kräftigung der Beinmuskulatur und der entsprechenden Bänder,
- die schnell kontrahierenden Muskelfasern werden auf Aufgaben vorbereitet, die andernfalls allein von den langsameren Muskelfasern zu bewältigen wären, beispielsweise einen Marathon zu laufen,
- Erhöhung des Fettanteils an der Energiebereitstellung – so lässt sich der »Hammer« beim Marathon vermeiden,
- Selbstvertrauen baut sich auf – die Angst vor der Distanz fällt weg, und die für einen guten Wettkampf unerlässliche mentale Bereitschaft wird gefördert,
- Sie werden schneller. Sie brauchen eigentlich nichts an Ihrem Training zu ändern, außer die Dauerläufe von 10 auf 20 Kilometer auszudehnen. Allein damit dürften Sie Ihre 10-Kilometer-Zeit verbessern.

## Wie lange laufen?

Es haben sich einige Faustregeln herauskristallisiert, die für die Länge als allgemeine Richtschnur gelten können:

- Die Dauer des Laufes ist wichtiger als die zurückgelegte Streckenlänge. Der Trainingseffekt für den Körper resultiert in erster Linie aus der Belastungsdauer, die zurückgelegte Strecke ist zweitrangig. Sicher ist es psychisch einfacher, sich auch ein Kilometerziel zu setzen und eine bestimmte Runde danach auszuwählen, doch entscheidend sind schließlich die Stunden auf den Beinen.
- Setzen Sie sich mindestens eineinhalb bis zwei Stunden als Ziel. Für ein hohes Ausdauerniveau ist dies die Minimalforderung, die Streckenlänge dürfte bei 20 (plus/minus 5) Kilometern liegen.
- Stocken Sie das Training nicht mehr als 15 Minuten auf einmal auf. Das sieht zwar auf dem Papier nach sehr wenig aus, sollte aber streng beherzigt werden, will man sich vor Verletzungen oder anderen Problemen schützen.

## Welches Tempo beim langen Lauf?

Die erfolgreiche Energieversorgung entscheidet beim Marathonlaufen über den persönlichen Sieg oder eben die schmerzhafte Niederlage, deshalb ist folgende Information sehr wichtig: Je langsamer Läufer*innen im Training den langen Lauf laufen, desto besser gelingt während der Belastung die Fettverbrennung, die ein sehr komplizierter Vorgang ist, den der Körper »üben« muss.

Beim schnellen Laufen mit hoher Herzfrequenz werden in erster Linie Kohlenhydrate verbrannt. Je niedriger aber Tempo und Puls, desto besser kann der Körper seine Fettverbrennung optimieren. Wird das Tempo erhöht, wird sofort mehr Energie benötigt, der Puls steigt an und der Körper greift sicherheitshalber auf die viel schneller verfügbaren Kohlenhydrate zurück, um sich erst, wenn wieder »Ruhe« eingekehrt ist, weiter um die Fettverbrennung zu kümmern. Der Körper verbessert also seine Fähigkeit, auf die Fette als Energiequelle zuzugreifen, in erster Linie im langsamen Tempo. Und je besser diese Fähigkeit trainiert ist, desto eher ist der Körper in der Lage, auch in Stresssituationen, also bei hohem Energiebedarf, aufgrund eines schnellen Tempos diesen Bedarf aus Fetten zu resorbieren. Aber dieser Vorgang muss trainiert werden. Eine Faustformel besagt, das Tempo des langen Laufs sollte eine Minute langsamer sein als das anvisierte Marathonrenntempo. Beispiel: Wer den Marathon in 3:30 Stunden laufen möchte, hat ein Renntempo von 5:00 Minuten pro Kilometer und dementsprechend sollte der lange Lauf im Schnitt mit einer Pace von rund 6:00 Minuten pro Kilometer gelaufen werden.

Wer sich an den Herzfrequenzwerten von 70 bis 75 Prozent orientiert, wird etwa in diesem Zeitbereich landen. Beim langen Lauf kommt es also nicht darauf an, das Renntempo auf einer möglichst langen Strecke zu testen, sondern es geht in erster Linie darum, den Fettstoffwechsel zu trainieren und den Bewegungsapparat an die lange Belastungsdauer zu gewöhnen.

## Wie oft lange laufen?

In der Regel ist ein langer Lauf pro Woche völlig ausreichend. Selbst wenn das Tempo nicht hoch ist, handelt es sich immerhin um eine harte Einheit, die Trainingsreduzierung beziehungsweise Ruhe an den Tagen davor oder danach erfordert. Muss es denn überhaupt jede Woche sein? Es gibt Spitzenläufer, die auch zwei bis drei Wochen ohne einen langen Dauerlauf auskommen und nichts an Ausdauerfähigkeit einbüßen. Unsere einfache Faustregel für den Abstand, den man ohne Angst vor Ausdauereinbuße zwischen zwei lange Trainingsläufe legen kann, lautet: Jede 3 Kilometer des langen Laufs entsprechen einem Tag, den man ohne langen Lauf auskommt. Nach einem 24-Kilometer-Lauf kann man also acht Tage ohne weiteren langen Lauf planen, ohne dass man Trainingseinbußen diesbezüglich hinnehmen müsste.

Unsere Formel ist übrigens auch auf die empfohlene Erholung vor einem Marathonwettkampf anwendbar. Wenn Sie zur Vorbereitung noch einen 35-Kilometer-Lauf einplanen, müssten Sie diesen demnach spätestens zwölf Tage vor dem Marathon absolvieren.

## Wann lange laufen?

Welcher Tag der Woche ist am besten geeignet für den langen Lauf? Die meisten ziehen den Samstagnachmittag oder Sonntagmorgen vor, weil dann normalerweise kein Zeitdruck herrscht und anschließend genügend Gelegenheit zur Entspannung und Erholung bleibt. Da der Wettkampf in der Mehrzahl der Fälle ebenfalls an einem Wochenende stattfindet, stellt man somit gewissermaßen die innere Uhr darauf ein, weshalb von vielen auch gern die gleiche Startzeit für das Training gewählt wird.

## Eine brennende Frage

Wird durch lange, langsame Läufe wirklich die Fettverbrennung angeregt, sodass man dem »Hammer« jenseits der 30, 35 Kilometer entgehen kann?
Es gibt dazu zwei interessante Theorien, doch hier zunächst einige physiologische Vorbemerkungen. Zur Energiegewinnung werden im Körper ständig Kohlenhydrate und Fette verbrannt, wobei die Fettvorräte reichlich vorhanden, die Kohlenhydrate (in ihrer Speicherform als Glykogen) jedoch begrenzt sind. Glykogen erlaubt es dem Körper, mit weniger Aufwand Energie freizusetzen, sodass er dazu tendiert, diesen Brennstoff bevorzugt zu verbrennen, weshalb der Vorrat an Glykogen oft vorzeitig erschöpft ist. Um dies zu verhindern, gilt es, den Anteil der Fettverbrennung von vornherein zu erhöhen. Nun zu den zwei Denkmodellen.

**Theorie 1:** Bei einem Lauftempo unterhalb der aeroben Schwelle – also ungefähr so schnell, dass man sich noch ohne Probleme unterhalten kann – wird anteilmäßig mehr Fett verbrannt. Die Glykogenvorräte werden somit geschont. Häufiges Laufen in diesem Bereich trainiert den Fettverbrennungsmechanismus, sodass er allmählich auch bei höherem Tempo aktiviert wird. Ganz einfach ausgedrückt: Langsames Laufen gewöhnt den Körper an die Fettverbrennung. Der »Hammer« beim Marathon ist der Punkt, an dem das Glykogen so weit erschöpft ist, dass die Muskelarbeit plötzlich ungleich schwerer fällt. Hat es der Körper jedoch gelernt, von Anfang an mehr Fett zu verwerten, spart er dabei Glykogen, und die Vorräte an diesem Schnellbrennstoff reichen unter Umständen bis zum Marathonziel.

**Theorie 2:** Der Körper kann das Fettverbrennen nicht »lernen«. Er wird immer zuerst auf das Glykogen zurückgreifen. Lange Läufe verursachen also stets einen Glykogenmangel, auf den der Körper im Anschluss jedes Mal durch vermehrte Glykogeneinlagerung reagiert. Trainiert man diesen Prozess häufig genug und gönnt sich vor dem Marathon ausreichend Ruhe, steht am Wettkampftag ausreichend Glykogen für die volle Distanz zur Verfügung.

## Die spezifischste Laufeinheit: Der Tempodauerlauf

Die effektivste Laufeinheit, sich auf die Ansprüche des Marathontempos vorzubereiten, ist eine, die eben genau dieses Tempo anspricht. Die Erfahrung zeigt, dass das Marathontempo keinesfalls einem Joggingtempo entspricht; es ist schon ganz schön flott. Es entspricht der Intensität von 85 bis 88 Prozent des Maximalpulses. Man bezeichnet diesen Belastungsbereich auch als »Schwellenbereich«.

Bei einem sehr langsamen Lauftempo können Sie ewig lange laufen. Der Körper baut die anfallenden Stoffwechselprodukte, wie zum Beispiel das den Muskel hemmende Salz der Milchsäure, auch Laktat genannt, genauso schnell wieder ab, wie sie entstehen. Je schneller Sie jedoch laufen, desto mehr Laktat bildet sich. Laufen Sie ganz schnell, beginnt die Muskulatur zu übersäuern, das heißt, sie kann das anfallende Laktat nicht mehr abbauen, und Sie müssen schließlich sogar aufhören zu laufen, da die Muskeln durch eine extreme Laktatanhäufung total bewegungsgehemmt sind.

Als Laktatschwelle bezeichnet man schließlich den Tempobereich, in dem den Muskeln bei einer körperlichen Belastung noch ausreichend Sauerstoff zur Verfügung steht, sodass keine Milchsäure angehäuft wird. Jedes Lauftempo unterhalb dieser Schwelle bezeichnet man als aerob (»mit Sauerstoff«), jegliches Tempo oberhalb als anaerob (»ohne Sauerstoff« beziehungsweise »mit zu wenig Sauerstoff«).

Mit »Schwellentempo« wird ein Tempo bezeichnet, das ganz knapp unterhalb dieser Schwelle liegt. Erfahrene Läufer können das Lauftempo knapp unterhalb der aerob-anaeroben Schwelle »fühlen«. Eine Grundregel lautet dabei, dass man die Atmung in diesem Tempobereich gerade noch gleichmäßig halten kann (im Gleichgewicht auf dem schmalen Grat zwischen tiefer und eher oberflächlicher Atmung). Die Muskulatur macht sich in diesem Tempobereich übrigens in keiner Weise bemerkbar. Die Arme sind noch locker, die Laufbewegung lässt sich noch optimal kontrollieren.

Das Wichtigste: Die Laktatschwelle ist nicht für immer und ewig an ein bestimmtes Lauftempo gebunden. Sie lässt sich durch ein sinnvolles Training nach oben verschieben. Das bedeutet: Je höher die Laktatschwelle, desto höher ist das Lauftempo, bei dem Sie noch nicht übersäuern, und desto größer ist dann auch Ihr Leistungsvermögen.

## Das Marathonrenntempo trainieren

Die spezielle Laufvariante am Rand der Schwelle ist also der sogenannte Tempodauerlauf. Ein Tempodauerlauf ist ein gleichmäßiger, kontrollierter Lauf von – für ambitionierte Läufer – circa 20 bis 90 Minuten Länge. Das Tempo liegt über die volle Zeit im Bereich der aerob-anaeroben Schwelle. Das Wichtigste: Der Tempodauerlauf muss wirklich gleichmäßig gestaltet werden. Ein zu schnelles Tempo ist ebenso kontraproduktiv wie ein zu langsames Tempo.

Gerade bei flachen Straßenmarathons läuft man ja drei, vier oder mehr Stunden im immer gleichen Rhythmus mit dem immer gleichen Bewegungsablauf. Wer träumt nicht davon, dass die limitierende Ermüdung im letzten Drittel des Marathons ausbleibt? Wer sich also gewissenhaft vorbereitet hat und diszipliniert an seiner individuellen aerob-anaeroben Schwelle und nicht darüber läuft, der kann davon ausgehen, dass das trainierte Herz-Kreislauf-System bis zur Ziellinie mitmacht. Selten sieht man im Ziel eines Marathons Läufer*innen, die außer Atem sind und nach Luft japsen. Was man aber sieht, sind Läufer*innen mit muskulären Problemen und Einschränkungen im Bewegungsapparat. Das Problem ist dann in der Regel eine mangelnde Energieversorgung, weil Stoffwechsel und Energiesystem an die Grenzen kommen. Um genau das zu vermeiden, muss man das Renntempo im Rahmen eines Tempodauerlaufs wieder und wieder und wieder trainieren, damit sich genau diese Versorgung optimiert. Das gilt für Dreistundenläufer*innen genauso wie für diejenigen, die den Marathon in einer Zeit von 4:30 Stunden schaffen wollen.

Wer nach Puls trainiert und zuverlässige Kenntnis über seine maximale Herzfrequenz (HFmax) hat, der orientiert sich also beim Tempodauerlauf am Bereich von 85 bis 88 Prozent der HFmax. In der Praxis ist es aber meist so, dass Marathonläufer*innen eine ganz konkrete Zeit anstreben, in der sie die 42,195 Kilometer bewältigen wollen. Wer aufgrund entsprechender Referenzzeiten sein Ziel realistisch gewählt hat, der darf beim Tempodauerlauf neben der Pulskontrolle auch gerne die Pace beachten. Es ist sogar ratsam, die Trainingseinheit im Marathonrenntempo nach Vorgabe einer bestimmten Geschwindigkeit zu machen, um das Tempogefühl für den Marathon zu schulen. Lautet die Wunschzeit im Marathon also 4:00 Stunden, so liegt das Marathonrenntempo bei einer Pace von 5:40 Minuten pro Kilometer. Wer unter 3:30 Stunden bleiben möchte, der hat ein Renntempo von

5:00 Minuten pro Kilometer, und um unter drei Stunden den Marathon zu laufen, muss man in der Lage sein, ein Tempo von 4:15 Minuten pro Kilometer zu realisieren, ohne dabei die individuelle aerobe-anaerobe Schwelle zu überschreiten.

## So sieht ein Tempodauerlauf aus

Laufen Sie sich 2 Kilometer locker und langsam warm. Erhöhen Sie das Tempo anschließend bis zum Schwellentempo, und halten Sie auf einer flachen Strecke das Tempo gleichmäßig über die vorgegebene Distanz bei. Laufen Sie sich zum Abschluss wieder 2 Kilometer locker aus. Doch aufgepasst: Es gibt auch beim Tempodauerlauf einige Fallen, in die Sie keinesfalls tappen sollten und vor denen wir Sie bewahren wollen:

- Besser alleine laufen. Tempodauerläufe sind nur effektiv, wenn sie tatsächlich im Schwellentempo gelaufen werden. Dieses Tempo ist ein sehr individuelles Tempo, welches sich nur selten mit dem Schwellentempo mitlaufender Personen deckt. Außerdem neigen Läufer*innen in der Gruppe immer dazu, ein höheres als das geplante Tempo anzuschlagen, was beim Tempodauerlauf kontraproduktiv ist.
- Streckenlängen ausbauen. Das Tempo muss man beim Tempodauerlauf nicht Woche für Woche steigern, sondern die Streckenlänge. Können Sie zu Beginn der Marathonvorbereitung nur 6 Kilometer im Schwellenbereich laufen, sind zum Ende des Trainingsprozesses vielleicht 15 oder sogar 20 Kilometer im Schwellentempo möglich. Ein Phänomen für viele Marathonläufer*innen ist, dass es aber nicht mehr ist, liegt das Schwellentempo wie gesagt doch im Bereich des Marathontempos. Beim Marathon können sie dieses Tempo also später über die komplette Distanz halten … Das liegt daran, dass in einer Trainingswoche sehr viel mehr Kilometer gelaufen werden als in der finalen Wettkampfwoche. Die Summe der Laufeinheiten belastet den Organismus und führt zu einer schnellen Ermüdung innerhalb jeder einzelnen Einheit. In den Tagen vor dem Wettkampf bekommt der Körper dann allerdings eine lange Erholungszeit und wird im ausgeruhten Zustand in der Lage sein, Renntempo und Distanz zusammenzubringen, obwohl er diese beiden Elemente bisher getrennt voneinander trainiert hat.
- Außeneinflüsse berücksichtigen. Beim Tempodauerlauf sollte man unbedingt die Bedingungen beachten. Bei starkem Wind, Regen, rutschiger Strecke und so weiter muss

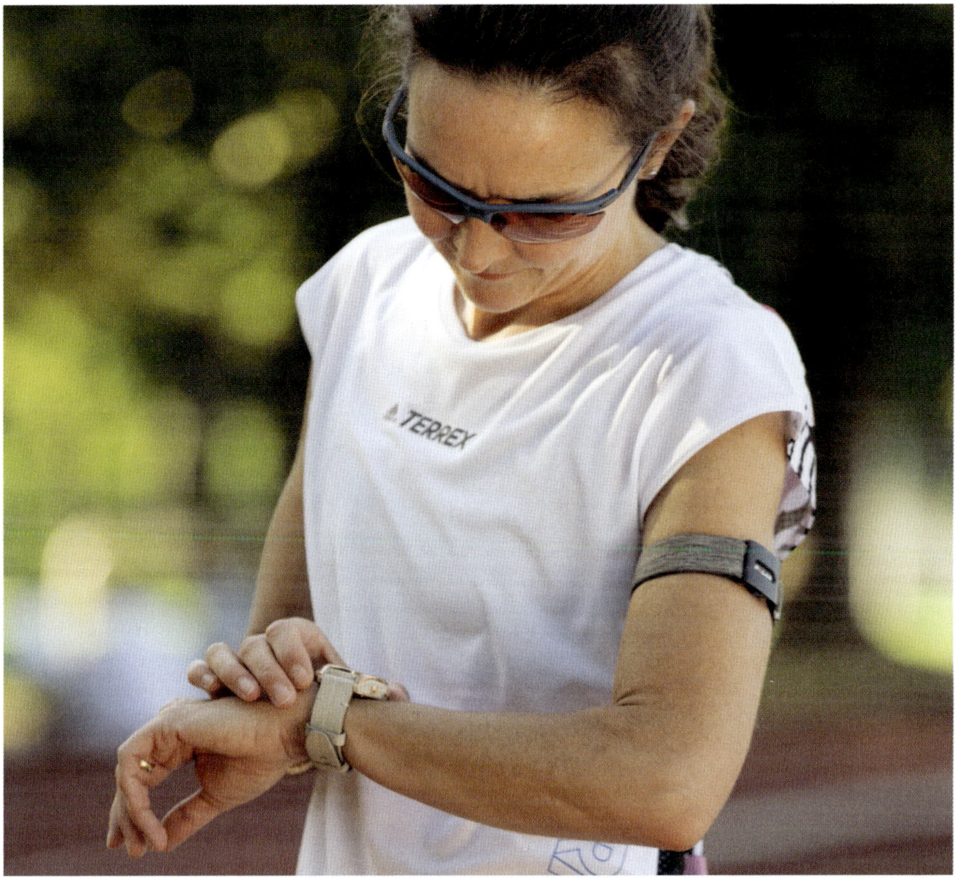


das Tempo unbedingt nach unten korrigiert werden. Wer sich auf einen flachen Straßenmarathon vorbereitet, der ist gut beraten, wenn die Tempodauerläufe ebenfalls im Flachen und auf Asphalt gerannt werden. Wenn das eigene Trainingsterrain keine so große Runde für den perfekten Tempodauerlauf hergibt, dann kann man selbstverständlich auch auf einer kleinen Runde trainieren, die dann mehrfach gelaufen wird.

Läufer*innen, die regelmäßig auf dem Laufband trainieren, würden sicherlich auch das Laufband für einen Tempodauerlauf bevorzugen, vor allem da dort ein gleichmäßiges Tempo am ehesten einzuhalten ist. Aber dabei geht ein wichtiger positiver Nebeneffekt des Schwellentrainings verloren: das Gefühl für die Schwelle. Wer sich auf sein Laufband verlässt, hinterfragt das Laufgefühl beim Schwellentempo nicht mehr. Wie reagiert mein Körper an der Schwelle, welche Signale sendet er mir?

## Die Laktatschwelle

Schon in den 1920er-Jahren stellten Wissenschaftler fest, dass der Stoffwechselbedarf der Muskeln, wenn sie steigenden Belastungen ausgesetzt werden, schließlich so hoch wird, dass er nicht mehr allein über den »normalen« Stoffwechsel gedeckt werden kann. Es kommt zur sogenannten anaeroben Energiebereitstellung, das heißt, Glukose wird zu sogenanntem Pyruvat und schließlich Laktat, dem Salz der Milchsäure, umgewandelt. Die Wissenschaftler K. Wassermann und M. B. McIlroy verwendeten als Erste 1964 den Begriff der »anaeroben Schwelle«, um eine bestimmte Belastungsstufe zu bezeichnen, bei der die Laktatkonzentration über ihren Ruhewert anzusteigen beginnt. Unmittelbar nach dem Erscheinen der Studie dieser Wissenschaftler entbrannte eine große wissenschaftliche Kontroverse, die bis heute anhält. Im Zuge des jahrelangen Wissenschaftlerstreits ging es vor allem um diesen strittigen Punkt: Es gibt zwei Schwellen, in deren Bereich anaerobe Einflüsse beobachtet werden können: eine Schwelle, die zu Beginn leichter Belastungen beobachtet werden kann und die mit leichten Atmungsveränderungen und einem geringen Laktatanstieg einhergeht, sowie eine zweite, die bei intensiven Belastungen auftritt. Diese zweite Schwelle meinen wir auch, wenn wir von »der Schwelle« sprechen. Sie wird begleitet von starken Veränderungen der Atmung und einem rapiden Anstieg der Blutlaktatkonzentration.

Die Kontroverse kreiste auch um die Behauptung einiger Wissenschaftler, dass im Ruhezustand überhaupt keine Laktatbildung stattfinde. Dies ist aber falsch, denn Milchsäure wird selbst im absoluten Ruhezustand produziert. Aber inaktive Muskeln verstoffwechseln Laktat. Die Laktatkonzentration, die man im Ruhezustand misst, repräsentiert dann ein Gleichgewicht zwischen der Produktionsrate, der Freisetzung ins Blut und der Laktatbeseitigung.

# Die abwechslungsreichste Laufeinheit: Das Fahrtspiel

Wenn Läufer*innen etwas für ihr Lauftempo tun wollen, drehen sie meistens Runden im Stadion. Zu festgelegten Zeiten, über festgelegte Distanzen spulen sie auf der Bahn ihr Training herunter. Immer dieselben Trainingseinheiten, immer dasselbe Trainingsprogramm, immer dieselbe Bahn. Das ist langweilig. Fahrtspiel ist eine Trainingsmethode, die Abwechslung in den Trainingsalltag bringt. Wer sich für das Fahrtspiel als Trainingsform entscheidet, muss nicht auf Tempoläufe (siehe Kapitel »Die anstrengendste Laufeinheit: Das Intervalltraining« ab Seite 96) verzichten. »Abwechslung« heißt das Zauberwort, denn Fahrtspiel und Tempoläufe können sich in einem Wochentrainingsplan gut ergänzen.

## Alles liegt im eigenen Ermessen

Ein Fahrtspiel sollte auf weichem Boden im Wald, möglichst in leicht profiliertem Gelände, auf nicht abgemessenen Strecken durchgeführt werden. Nach einer Aufwärmphase von 15 Minuten wechseln sich verschieden lange Laufabschnitte in unterschiedlichem Lauftempo ab, vom zügigen Dauerlauf bis zum Sprint, dazwischen wird locker getrabt. Das Fahrtspiel schreibt der Läuferin beziehungsweise dem Läufer kein genaues Trainingspensum vor. Jede*r bestimmt das Tempo und die Länge der einzelnen Belastungsteilstücke selbst. Beim Fahrtspiel sollte man keiner peinlich genau einzuhaltenden Trainingsvorschrift nachkommen, sondern »dem eigenen Anstrengungsrhythmus gehorchen«, so Gösse Holmers, der Begründer dieser Trainingsmethode.

Beim Fahrtspiel liegt es im Ermessen jedes Einzelnen, wann und wie lange er oder sie welches Tempo läuft. Ein Fahrtspiel umfasst kurze Sprints über 50 bis 100 Meter Länge, schnelle Abschnitte über 30 Sekunden bis drei Minuten und zügige Passagen von über drei Minuten Dauer. Vernünftig ist es, während einer Belastung feste topografische Ziele zu wählen, bis zu denen ein angeschlagenes Tempo durchgehalten wird (bis zur nächsten Bank, zum dritten Laternenmast, der kommenden Weggabelung und so weiter). Sicherlich gibt einem die Methodik des Fahrtspiels auch die Möglichkeit, sich nur von spontanen Einfällen im Training leiten zu lassen. Dies macht aber eine Übersicht über die absolvierten Trainingsreize unmöglich.

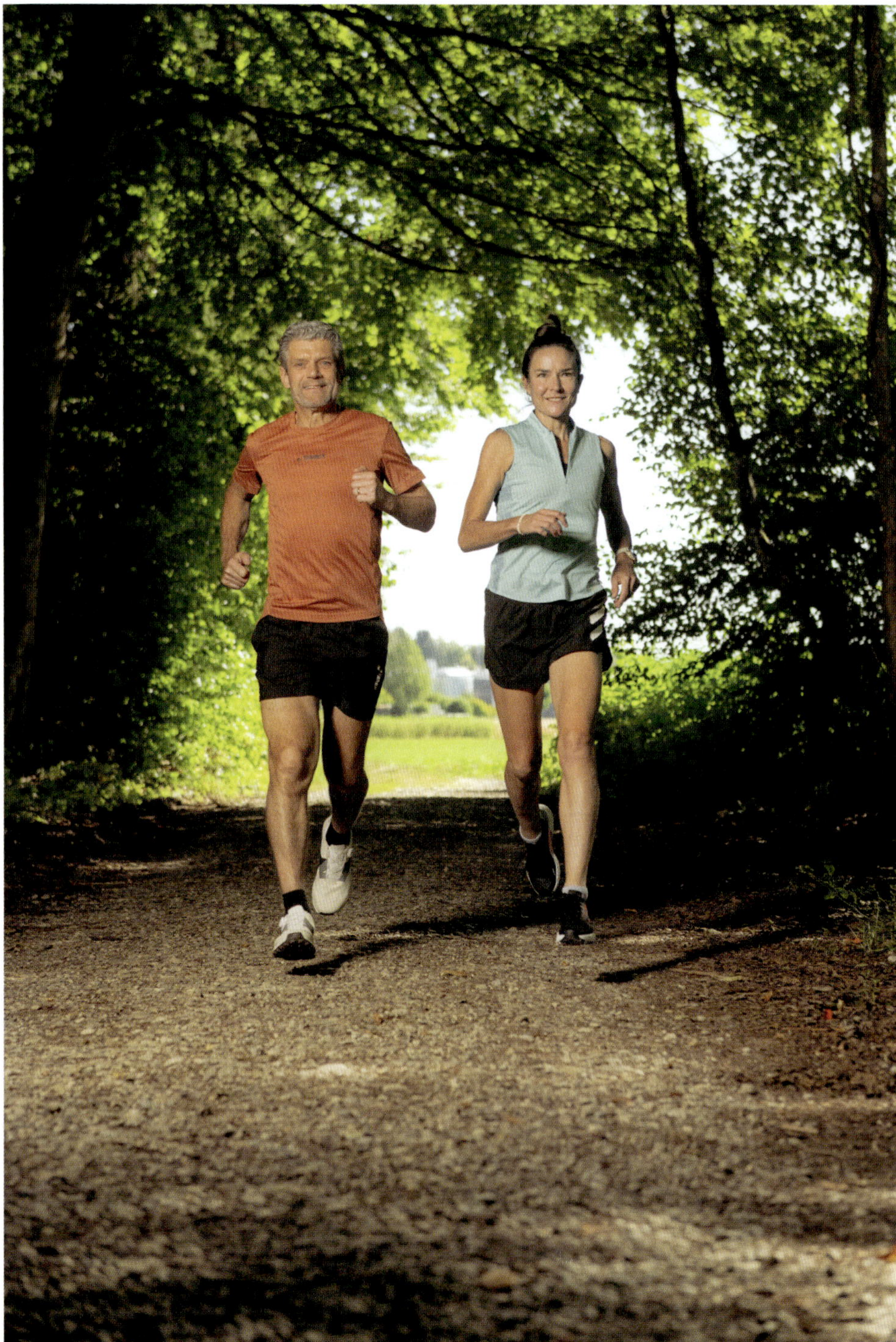

Auch beim Fahrtspiel sollten Belastung und Erholung im richtigen Verhältnis stehen, damit das Training zum Erfolg, sprich zu einer Verbesserung der Leistungsfähigkeit führt. Das bedeutet: Auf eine harte Tempobelastung muss immer eine ruhige Laufpassage oder Gehpause folgen. Je schneller und länger ein Teilabschnitt war, desto ausführlicher muss die (Trab-)Pause sein.

In den 1990er-Jahren setzte sich in Holland und Deutschland der Begriff »Fahrtspiel« zunehmend für eine Trainingsmethode durch, die das ursprüngliche Fahrtspiel von Gösse Holmers mit der Methode der Tempoläufe kombiniert. Belastungen und Pausen werden wie bei den Tempoläufen in ihrer Dauer und im Tempo exakt vorgegeben, aber das Training auf der Straße oder im Wald, nicht auf der Bahn absolviert. Dabei dienen vermessene Strecken nur als Orientierung, um ein vorgeschriebenes Tempo einzuschätzen.

Zumeist ist der Aufbau der Belastungen dieser Trainingseinheit pyramidisch, zum Beispiel: 3 Minuten, 6 Minuten, 9 Minuten, 6 Minuten, 3 Minuten Belastung mit Trabpausen).

Vor allem der Holländer Gerard Nijboer hatte mit dieser Trainingsmethode großen Erfolg (Olympiasilber im Marathon 1980 in Moskau). Auch Winfried Aufenanger, zwei Jahrzehnte lang Bundestrainer der deutschen Marathonläufer, favorisiert diese Trainingsmethode mit großem Erfolg.

## Fahrtspiel ganz konkret

Beim Fahrtspiel muss sich der*die Läufer*in, wie bei jeder Trainingseinheit, die ein hohes Tempo anspricht, ausreichend einlaufen. Die ersten Tempobelastungen im Fahrtspiel sollten leichte Steigerungen sein, das heißt Läufe über 50 bis 100 Meter Länge, bei denen das Tempo kontinuierlich bis zum Sprint gesteigert wird. Nach einer ausreichenden Trabpause empfiehlt sich dann zum »Einrollen« ein längerer Abschnitt in zügigem Tempo, bevor die ganz schnellen Belastungen absolviert werden.

Ein Lauf in vollem Tempo sollte nie länger als circa 200 Meter sein und unbedingt mit einer Trabpause bis zur völligen Erholung nachbereitet werden. Nach einigen kurzen und schnellen Abschnitten mit Erholungspausen sollte man wieder ein oder zwei zügige, aber längere Teilstrecken einbauen. Zum Abschluss des Fahrtspiels bietet es sich an, noch einmal einige Steigerungen zu absolvieren. Beim Auslaufen unbedingt auf ein betont langsames Tempo achten.

## Für und Wider eines Fahrtspiels

Das Fahrtspiel ist in den letzten Jahren zunehmend in Vergessenheit geraten, obwohl seine Vorzüge nicht von der Hand zu weisen sind.

### Vorteile

- Das Fahrtspiel bringt Abwechslung in den Trainingsalltag.
- Das Fehlen überprüfbarer Trainingsvorgaben verhindert das Scheitern an Trainingszielen und die folgenden psychischen Negativbelastungen.
- Der fatale Muss-Charakter einer Bahntrainingseinheit (nach 5:00 Minuten muss ich bei der 1000-Meter-Marke sein) wird negiert.
- Die Trainingsgestaltung nach dem eigenen Gefühl und nicht nach vorgeschriebenen Trainingsprogrammen beugt somit einer Überlastung und einem Übertraining vor.
- Das Training auf weichem Waldboden ohne die einseitige Belastung der Rundbahn beugt Verletzungen vor.
- Läufer*innen lernen ihren Körper selbst und besser einzuschätzen als in einem vorgeschriebenen Trainingsprogramm.
- Das Fahrtspiel gibt die Möglichkeit, aktiv an der Gestaltung eines Trainings teilzunehmen, unabhängig von Trainer*innnen.
- Das Fahrtspiel bereitet mit seinem unkonventionellen Belastungsverlauf die Unvorhersehbarkeiten entscheidender Wettkampfsituationen (Zwischenspurt, plötzliche Tempoverschleppung oder -forcierung) besser vor als ein gleichförmiges Belastungsprogramm.

### Nachteile

- Das Fahrtspiel bedingt das Vorhandensein eines entsprechenden natürlichen Trainingsgebietes (die Trainingsinhalte sind aber auch auf ein Training auf der Straße übertragbar, was aber dem grundsätzlichen Trainingsprinzip widerspricht).
- Das Fahrtspiel ist in einer Gruppe nicht durchführbar, da sich Tempo und Dauer einer Belastung nach individuellen Gefühlen gestalten. (Eine Fahrtspiel-Variante ist für eine Gruppe gleich starker Läufer*innen denkbar, bei der vor jeder Belastung abgestimmt wird, wie lange und schnell sie etwa sein sollte.)
- Die Belastungen im Rahmen eines Fahrtspiels sind schwer nachzuvollziehen und somit auch bei einer vergleichenden Trainingsauswertung kaum brauchbar.

## Die anstrengendste Laufeinheit: Das Intervalltraining

Deutlich über diese individuelle aerobe-anaerobe Schwelle steigt der Puls, wenn Tempoläufe auf dem Trainingsplan stehen. Nun könnten Marathonläufer*innen ja annehmen, dass sie in diesem Bereich nicht trainieren müssen, weil sie beim Marathon ja dieses Tempo nie ansprechen. Fakt ist aber, dass das Training nur ganzheitlich ist, wenn drei Aspekte abgedeckt werden: die Grundlagenausdauer im aeroben Bereich, also der lange, langsame Dauerlauf, das spezifische Marathonrenntempo an der Schwelle und eben auch das Training unter Sauerstoffschuld, also im anaeroben Bereich. Nur so werden alle notwendigen Reize gesetzt, die eine komplette Verbesserung aller Körpersysteme mit sich bringt.

Wer ein besonders hohes Tempo läuft, der braucht sehr viel Energie. Damit in der Muskulatur die notwendige Energie bereitgestellt wird, braucht der Körper sehr viel Sauerstoff. Die maximale Aufnahmekapazität des Sauerstoffs über die Lunge ist allerdings begrenzt. Die sogenannte VO2max (maximales Sauerstoff-Volumen) bezeichnet genau diese maximale Sauerstoffmenge, die der Körper auf einmal verarbeiten kann. Je mehr Sauerstoff der Körper mit jedem einzelnen Atemzug ins Blut aufnehmen und transportieren kann, desto größer die VO2max. Zunächst lässt sich die VO2max verbessern, indem der Laufumfang gesteigert wird. Neben dem Laufumfang hat allerdings auch die Belastungsintensität, also das Laufen mit einem möglichst hohen Puls, Auswirkungen auf die VO2max, denn die Fähigkeit, Sauerstoff umzusetzen, steigt beim sehr schnellen Laufen im anaeroben Bereich deutlich an. Beim Training in der Sauerstoffschuld verbessert der Körper also signifikant seine Fähigkeit, mehr Sauerstoff zur gleichen Zeit zu verarbeiten. Intensive Tempoläufe sind daher ein Trainingsmittel, sie gehören zu einem Marathontraining. Neben der Verbesserung der maximalen Sauerstoffaufnahmekapazität werden zusätzlich die Tempohärte geschult, die Kraftausdauer nimmt zu und die Laufökonomie, also die Dynamik des Laufschritts, verbessert sich durch den Zuwachs der laufspezifischen Muskulatur.

### Das Intervall-Prinzip

Bei intensiven Tempoläufen soll der Puls bewusst über die individuelle aerobe-anaerobe Schwelle steigen. Die Sauerstoffschuld, die durch den hohen Energiebedarf entsteht, ist gewollt und setzt die gewünschten Anpassungsreaktionen des Körpers in Gang. Das heißt, dass durchaus Pulswerte von deutlich über 90 Prozent der maximalen Herzfrequenz erreicht werden, und wer beim Tempotraining alles aus sich rausholt, der wird eventuell sogar seine maximale Herzfrequenz auf der Pulsuhr ablesen können. Eine so hohe Belastung ist nicht über einen längeren Zeitraum zu realisieren und auch nicht zu empfehlen. Daher werden Tempoläufe immer als Intervalltraining durchgeführt. Intervalltraining heißt, dass vorgegebene Distanzen wiederholt hochintensiv gelaufen werden und dazwischen eine Pause, das sogenannte Intervall, eingeräumt wird. In dieser kurzen, aber wichtigen Pause kann der Körper das durch die Sauerstoffschuld angerichtete »Chaos« in den Energiesystemen etwas beseitigen. Durch die Sauerstoffschuld hat sich Milchsäure, also Laktat, angehäuft, welches abtransportiert werden muss. Zwar reicht die Pause nicht aus, um das komplette Laktat zu beseitigen, aber auch das ist gewollt, um die Laktattoleranz des Körpers zu verbessern. Dennoch ist das Intervall wichtig, um wenigstens ein wenig Energie aus dem Blutkreislauf zur Muskulatur zu transportieren, bevor die nächste Belastung wieder das System an seine Grenzen bringt. All diese Vorgänge sind extrem belastend und anstrengend, aber gerade deshalb so wirkungsvoll und effektiv. Doch das Training außerhalb der Komfortzone birgt auch die Gefahr der Überlastung und der erhöhten Verletzungsanfälligkeit. Daher ist es besonders wichtig, hier behutsam vorzugehen.

## Laufbahnen suchen

Die beste Kontrolle über Streckenlänge und Belastung hat man auf einer 400-Meter-Rundbahn. Ja, eine solche, wie Sie sie vielleicht nur noch aus der Schulzeit kennen. Die meisten Gemeinden in Deutschland verfügen über eine Sportanlage mit einer solchen Bahn. Manchmal sind es Aschenbahnen, häufig aber schon der sehr viel angenehmer zu laufende Kunststoffbelag. In der Regel finden sich auf einer solchen Bahn alle 100 Meter Markierungen auf dem Boden, an denen man seine Zwischen- und Endzeiten kontrollieren kann. Wer gar keine Bahn für ein solches Tempotraining nutzen kann, dem hilft eine GPS-Uhr, um Tempoläufe nach Distanz zu machen. Entweder misst man sich auf einem flachen Stück Weg via GPS die gewünschte Streckenlänge aus, um dann immer zwischen den Markierungen hin und her zu laufen, oder man programmiert die Tempoeinheit vor und läuft dann komplett nach der Uhr. Wichtig ist allerdings zu wissen, dass eine GPS-Uhr immer auch Fehlerquellen aufweisen kann. Gerade auf einer Laufbahn messen die meisten Uhren unterschiedlich und hier sollten Läufer*innen sich unbedingt uneingeschränkt nur an den Bodenmarkierungen orientieren und nicht an der GPS-Anzeige.

## Marathon-Spezialtraining

Der Amerikaner Bart Yasso hat eine originelle Marathon-Trainingsform für Tempoläufe entwickelt, nach der nicht nur Weltklasseathlet*innen, sondern auch Hobbyläufer*innen jeder Leistungsklasse gleichermaßen trainieren können. Das Tempotraining nennt sich »Yassos 800er« und die Formel für das Intervalltraining ist so herrlich einfach wie wirkungsvoll und funktioniert folgendermaßen: Plant ein Marathonläufer eine Zielzeit im Marathon von 4:00 Stunden, muss er beim Intervalltraining die 800-Meter-Belastungen in einer absoluten Zeit von 4:00 Minuten laufen, und zwar über sechs bis zehn Wiederholungen und dazwischen mit immer 400 Meter Trabpause. Vier Minuten sind also die Zeitangabe für die 800-Meter-Belastung, wenn man den Marathon in vier Stunden plant. Ein Marathonläufer, der unter drei Stunden bleiben möchte, muss dementsprechend die 800 Meter in 3:00 Minuten schaffen und der Weltklasseathlet läuft seine 800er in 2:00 Minuten, alle Leistungsklassen immer mit jeweils 400 Metern Trabpause. Achtung, die absolute Zeitangabe über die geforderten 800 Meter ist nicht mit der Pace zu verwechseln. Wer für 800 Meter drei Minuten braucht, läuft eine Pace von 3:45 Minuten pro Kilometer.

Zurück zu der genialen Formel von Bart Yasso: Zu Beginn der Vorbereitung startet man also mit sechs Wiederholungen und steigert die Anzahl Woche für Woche. Wer am Ende der Marathonvorbereitung in einer Woche zehn 800er in 4:00 Minuten mit 400 Metern Trabpause schafft, in der gleichen Woche einen Tempodauerlauf über 16 Kilometer in einer Pace von 5:40 Minuten pro Kilometer plus einen langen 32-Kilometer-Lauf macht, der hat mehr oder weniger eine Erfolgsgarantie für seinen Marathon in 4:00 Stunden. Die 400-Meter-Trabpause sollte im besten Fall getrabt und nicht gegangen werden!

## Wichtige Parameter beim Intervalltraining

**1. Länge der Belastungen:** Die Belastungen erstrecken sich von 200 bis 3000 Meter. Längere Wiederholungen (über 1000 Meter) dienen dem Training der aeroben Fähigkeiten beziehungsweise der spezifischen Ausdauerentwicklung, kurze 200- oder 400-Meter-Intervalle dem anaeroben Training, das heißt der Ausbildung von Schnelligkeit. Um die Leistungsfähigkeit zu steigern, sind beide Programmvarianten nötig.

**2. Länge der Intervalle:** In den Pausen sollte zwischen den Belastungen der Puls auf mindestens 85 Prozent der maximalen Herzfrequenz hinabsinken. Eine einfachere Methode für Intervalltrainingsanfänger: Traben Sie die Hälfte der Distanz, die Sie sich belastet haben, dann sind Sie auf der sicheren Seite. Beispiel: Sie sind 800 Meter schnell gelaufen, also traben Sie 400 Meter im langsamen Tempo, bis Sie den nächsten schnellen 800-Meter-Abschnitt in Angriff nehmen. Auch hier gilt: Je mehr Erfahrung Sie mit dem Intervalltraining gesammelt haben, desto eher dürfen Sie die Pausen abkürzen. Übrigens: Das Tempo der Trabpausen ist extrem langsam, entspricht etwa dem beim schnellen Gehen.

**3. Anzahl der Belastungen:** Ein Intervalltraining mit zu wenigen Belastungen bedingt keinerlei Leistungsverbesserung, eines mit zu vielen Wiederholungen bedingt einen Leistungseinbruch. Zum Einstieg in das Intervalltraining meiner Marathonvorbereitung beginnen wir oft mit sechs 800-Meter-Wiederholungen. Haben Sie diese Zahl im Griff, steigern Sie die Zahl auf sieben Wiederholungen und so weiter.

**4. Belastungstempo:** Entgegen einer weitverbreiteten Meinung ist das Tempo in den Belastungen nicht maximal schnell; es sollte erstens über die gesamte Anzahl der Wiederholungen gehalten werden können, dabei möglichst gleichmäßig sein und außerdem immer eine kontrollierte Laufbewegung zulassen.

**5. Vorher und nachher beachten:** Beginnen Sie Ihr Intervalltraining immer mit 10 bis 15 Minuten Warmlaufen im ruhigen Dauerlauftempo. Machen Sie drei bis fünf lockere Steigerungsläufe, bevor Sie in die erste Belastung starten. Schließen Sie das Training immer mit 10 bis 15 Minuten lockerem Auslaufen und einem leichten Stretchingprogramm ab.

KAPITEL 4

# Der Marathon

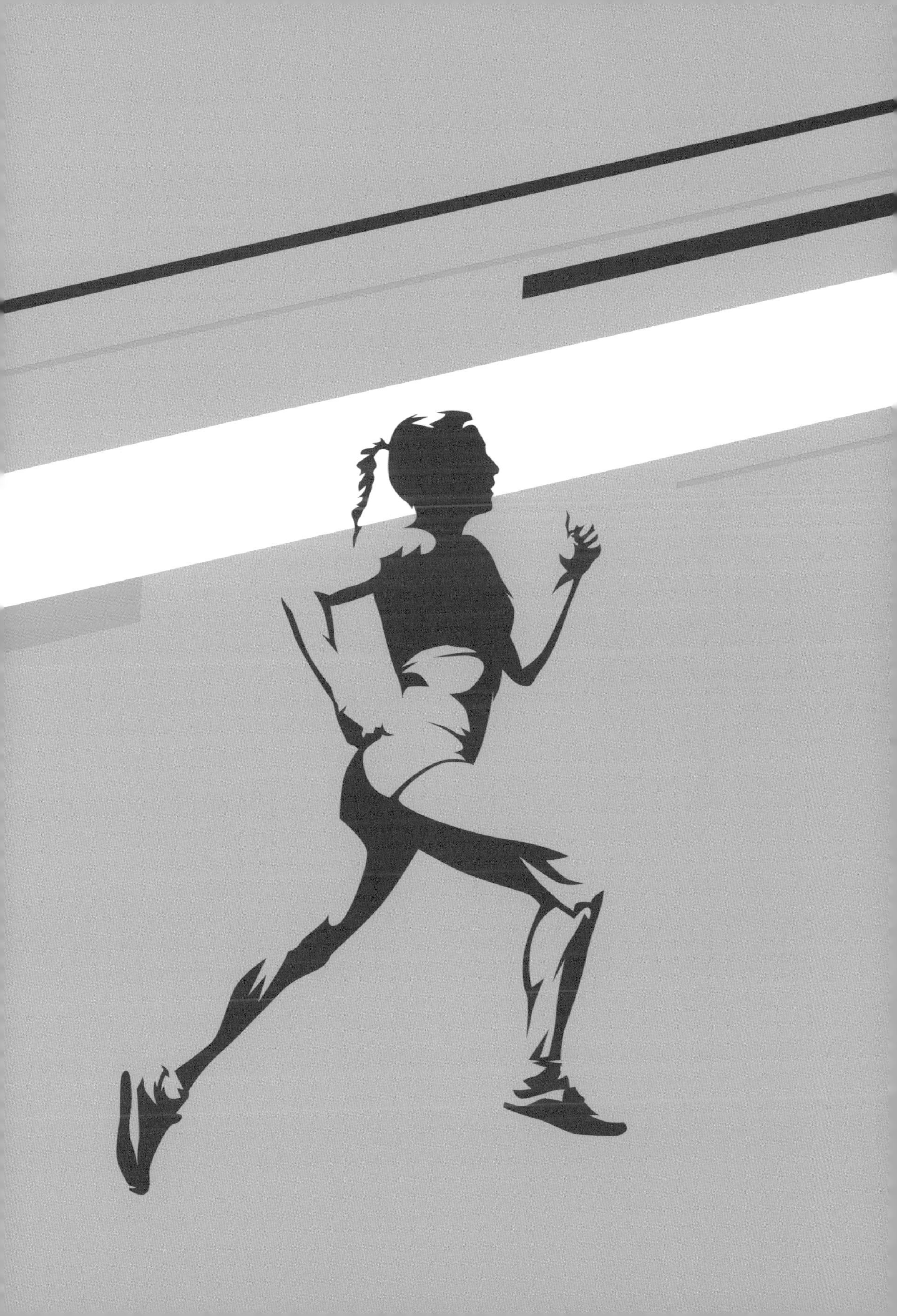

## Die Kräfte kommen lassen

»Tapering« lautet ein Zauberwort für den Marathonerfolg. Es beschreibt die Kunst, den Belastungsumfang in unmittelbarer Wettkampfnähe so zu steuern – und das heißt nun einmal reduzieren –, dass die Form am Tag X, also Ihrem großen Marathontag, auf dem Höhepunkt ist. Bei vielen Läufer*innen geht das schief, weil ihnen gerade das Ausruhen so schwerfällt.

Durch die falsche Gestaltung der wichtigen Entlastungsphase in den letzten beiden Wochen vor einem Wettkampf begehen viele Läufer*innen ihren größten Trainingsfehler ausgerechnet dann, wenn sie die monatelangen Mühen der Wettkampfvorbereitung eigentlich schon erfolgreich gemeistert haben. Denn je näher der Wettkampf rückt, desto mehr Zweifel beschleichen die austrainierten Sportler*innen: Habe ich genug trainiert? Bin ich wirklich vorbereitet? So versuchen viele, in den letzten zwei Wochen noch einmal nachzuholen, was sie meinen zuvor versäumt zu haben. Einen Tag mit dem Training auszusetzen bereitet ihnen sofort ein schlechtes Gewissen. »Ich muss noch etwas tun«, fordert die innere Stimme.

Das Einzige jedoch, was wirklich sein muss, ist Ruhe. Doch wie viel Ausruhen ist nötig, und was wäre zu viel? Ein pauschales Rezept, das für jeden passt, gibt es sicher nicht. Doch wenn Ihre Tapering-Phase nur einige wenige Tage anstatt Wochen umfasst, stehen die Chancen sehr schlecht, dass Sie die antrainierte Form wirklich so optimal umsetzen werden, wie es möglich wäre.

### Wozu dient Tapering?

Beim konsequenten Langstreckentraining, gerade für die Marathondistanz, verursachen Sie ständige Mikroverletzungen im Muskelgewebe, und die Energievorräte der Muskeln sind immer bis zu einem gewissen Grad erschöpft. Dies lässt sich allein dadurch überwinden, dass man die Trainingsbelastung herabsetzt und den Muskeln Zeit zur Heilung gönnt. Schon die Reduzierung des Kilometerumfangs kann den Wiederherstellungsprozess des Muskelgewebes beträchtlich fördern. Tapering ermöglicht es dem Körper außerdem, eine spezielle Art Fettsäuren anzusammeln, die sich im Muskelgewebe einlagern lassen. Diese Fette können wie die kostbaren Glykogenvorräte, die somit geschont werden, beim schnellen Laufen unmittelbar zur Energiegewinnung eingesetzt werden.

Gute Beispiele für die positive Wirkung selbst einer erzwungenen Belastungsreduzierung sind die hervorragenden Marathonergebnisse, die Weltklasseläufer*innen bisweilen nach verletzungsbedingten Trainingspausen erzielt haben. Doch muss man weder ein*e Topathlet*in noch verletzt sein, um das »Erholungswunder« am eigenen Leib zu erfahren. Selbst wenn es Ihnen nicht um eine gute Zeit geht, sondern vor allem um das Bewältigen der Strecke, wird Tapering Ihre Chancen erhöhen, gesund und ausgeruht am Start zu stehen, um das gewünschte Resultat zu erreichen.

Gerade in der Hauptvorbereitungsphase auf einen Marathon werden bestimmte körperliche Systeme bis in Grenzbereiche belastet. Daher ist es nicht verwunderlich, dass Verletzungen in den letzten sechs Wochen der Vorbereitung statistisch am häufigsten auftreten.

## Kilometerumfang reduzieren

Wie gut abgestimmtes Tapering diese Gefahr bannen kann, wissen wir nicht nur aus eigener Erfahrung, sondern es ist mittlerweile weithin bekannt, dass ein sinnvoller Marathontrainingsplan in den letzten Tagen vor einem Wettkampf ein reduziertes Training beinhaltet. Der Abdruck eines Trainingsplans allein kann natürlich nicht für jede*n Läufer*in eine erfolgreiche Anleitung sein, wie sie oder er die Kräfte in den Wochen vor dem Rennen am besten schont und wie sich übergroßer Enthusiasmus wirksam zügeln lässt. Rein subjektiv fühlt sich jede*r Läufer*in nahe dem Höhepunkt in bester Form und kann der Versuchung, noch einen zusätzlichen Trainingslauf einzubauen, nur schwer widerstehen. Das einzige Rezept ist, sich immer wieder klarzumachen, dass der Marathonwettkampf das Einzige ist, was zählt, und dass zusätzliche Kilometer jetzt auf keinen Fall mehr schneller, sondern mit einiger Wahrscheinlichkeit nur langsamer machen.

Weniger Sorge sollten Sie haben, die Entlastung eventuell zu übertreiben. Ein Zuviel an Tapering ist zwar nie auszuschließen, jedoch äußerst selten. Um sicher zu sein, auch während der Tapering-Phase noch genügend für die Formerhaltung zu tun, sollten Sie weiterhin regelmäßig trainieren, dabei jedoch immer kürzere Strecken laufen. Solche verkürzten, dafür jedoch etwas schnelleren Läufe erinnern sozusagen Ihr Herz-Kreislauf-System wie auch Ihre Beinmuskulatur an die hohe Belastung, die im Wettkampf zu erwarten ist.

## Der letzte lange Lauf

Fast ausnahmslos sind sich alle Trainer*innen und Sportphysiolog*innen einig, dass der Schlüssel zum Marathonerfolg lange, langsame Trainingsläufe beinhaltet. Ebenso wichtig wie die Anzahl der erfolgreich abgeschlossenen Dauerläufe ist jedoch der richtige Zeitpunkt des letzten langen Laufes, bildet er doch den Abschluss des eigentlichen Spezialtrainings und damit die Einleitung des Taperings.

Analog zu anderen Marathonexpert*innen setzen wir die letzte sehr lange Einheit etwa zwei Wochen vor dem Wettkampfhöhepunkt an. Muskelfasern und Blutgefäße benötigen in der Tat eine solche Zeitspanne, um sich vollständig von dieser Belastung zu erholen.

Nicht einig sind sich die Expert*innen allerdings, welche Streckenlänge wirklich optimal ist, doch hängt dies wohl auch sehr vom ganz persönlichen Fitnesslevel und dem Trainingsalter ab. Junge und an hohe Kilometerumfänge gewöhnte Läufer*innen können durchaus auch zwei Wochen vor dem Marathon noch bis zu 35 Kilometer am Stück laufen, ohne sich dabei zu übernehmen. Geht es Ihnen allerdings darum, die Marathonstrecke überhaupt zu schaffen oder zählen Sie zu den eher verletzungsanfälligen Läufer*innen, dürfen Sie sich allerhöchstens 25 bis 30 Kilometer zumuten. Zu einem früheren Zeitpunkt sollten Sie allerdings schon einmal rund 32 Kilometer bewältigt haben.

Ganz gleich jedoch, wie lang der letzte sehr lange Lauf ist, muss das Tapering unmittelbar darauf eingeleitet werden. In den folgenden Tagen und Wochen sollten Sie nie mehr als maximal 15 bis 18 Kilometer am Stück laufen, da die nachhaltigsten Muskelschädigungen jenseits dieser Streckenlängen beginnen.

## Spritzigkeit bewahren

Während in den letzten drei Wochen keine langen Läufe mehr angesagt sind, sollten Sie auf die gewohnten Tempoeinheiten nicht verzichten. So erhalten Sie sich die nötige Spritzigkeit. Der besondere Trick beim Tapering besteht darin, sich vom in jeder Hinsicht anspruchsvollen Marathontraining zu erholen, ohne die erworbene Konditionierung und Tempohärte wieder einzubüßen. Dies schafft man am besten, wenn man zwar den Umfang, nicht aber die Intensität des Trainings allmählich herabsetzt. Schnelleres Laufen stimuliert Muskelfasern und Kreislauf ausreichend, um die allmählich aufgebaute Leistungsfähigkeit lang genug zu konservieren.

Verschiedene Studien der vergangenen Jahre belegen eindeutig den Nutzen, den ein weiter durchgeführtes Tempotraining bei gleichzeitiger Streckenverkürzung für das Tapering bringt. Am aussagekräftigsten war

dabei als Erstes eine von Duncan MacDougall, Direktor des Labors für Leistungsdiagnostik an der McMaster-Universität in Ontario, geleitete Untersuchung. Die Probanden, die allesamt Läufer*innen der College-Auswahl waren, reduzierten ihren Trainingsumfang nicht nur ganz wesentlich, sondern legten bei den schnellen Einheiten gegenüber den Vorwochen sogar noch etwas an Tempo zu.
»Nach solchen intensitätsbetonten Taperings konnten wir signifikante Leistungsverbesserungen messen«, berichtet MacDougall. »Vergleichsgruppen, die nach dem herkömmlichen Schema allmählich die Umfänge reduzierten beziehungsweise diverse Ruhetage einlegten, schnitten nicht annähernd so gut ab.«
Ganz allgemein lässt sich somit die Erkenntnis ableiten, dass ein Verkürzen der Trainingsstrecken dem Körper die nötige Erholung ermöglicht, während schnelle Einheiten dem Verlust von Form und Tempofähigkeit entgegenwirken. Letztere sollten natürlich nur eine relativ geringe Gesamtbelastung darstellen und höchstens zweimal pro Woche angesetzt werden. Geeignete Tempoeinheiten für die Tapering-Phase könnten folgendermaßen aussehen, wobei als Trainingsort zwecks besserer Tempokontrolle eine 400-Meter-Bahn günstig erscheint:

4–6 × 800 Meter im 5000-Meter-Renntempo, mit jeweils 400-Meter-Trabpausen;
6–10 × 400 Meter etwas schneller als das 5000-Meter-Tempo, ebenfalls mit 400-Meter-Trabpausen.

## Das perfekte Rennen

Zu einer Marathonvorbereitung gehört eine detaillierte Trainingsplanung. Doch wenn Sie für das Rennen selbst keinen Plan haben, war am Ende möglicherweise die ganze Vorbereitung umsonst. Wenn Sie sich perfekt präparieren wollen, geht es auch um vermeintlich simple Fragen rund um den Marathon selbst: Wie soll man sich vor dem Start aufwärmen? Wie soll man sich ernähren? Und wie verhält man sich auf dem ersten Kilometer sowie auf der ersten Streckenhälfte? Hier finden Sie Antworten auf diese und alle anderen Fragen, die ein*e Marathonläufer*in rund um das Rennen beschäftigen – damit die ganze Vorbereitung am Tag X nicht wirkungslos verpufft, sondern in einen Erfolg gipfelt.

## Der Tag davor

Beginnen wir doch einmal mit den Dingen, die auf der Hand liegen, aber dennoch meist unbeachtet bleiben: Sie müssen zum Marathon anreisen und in einem Hotel übernachten? Dann vergewissern Sie sich, dass die Unterkunft kein Party-Hotel ist und Ihr Zimmer nicht zu einer stark befahrenen Straße hin liegt. Legen Sie großen Wert darauf, dass Sie Ihr gewohntes Wettkampffrühstück bekommen? Dann klären Sie, ob Ihr Zimmer eine Minibar hat oder Sie einen Kühlschrank für mitgebrachte Verpflegung nutzen dürfen. Sobald Sie im Hotel angekommen sind, packen Sie alles aus, was Sie am Renntag benötigen. Sollten Sie etwas vergessen haben, ist jetzt der beste Zeitpunkt, es vor Ort zu besorgen.

Viele Läufer*innen empfinden einen leichten Lauf am Vortag des Rennens als angenehm, da er die Muskulatur auflockert und die Nerven beruhigt. Mehr als 10 bis 20 Minuten sollte dieser letzte Lauf aber nicht dauern. Zum Schluss geben Ihnen drei bis vier Minuten im Marathonrenntempo die Gewissheit, dass Sie fit und bereit sind. Für alle, die den Marathon nicht unter 4:00 Stunden laufen, ist ein Ruhetag allerdings sinnvoller.

Nehmen Sie bis zum Nachmittag kohlenhydratreiche Mahlzeiten zu sich und trinken Sie viel. Zum Abend hin sollten Sie nur noch leichte Kost verzehren, die den Magen nicht mehr belastet. Bedenken Sie, dass man mit vollem Bauch nicht so gut schläft und die Ballaststoffe vor dem Start den Magen idealerweise wieder verlassen haben sollten – was nichts anderes heißt, als die bekannten Verdauungsgewohnheiten (Toilettengang) zu berücksichtigen.

### Packliste für Läufe, die mit einer Reise verbunden sind

- Laufschuhe (kein neues Paar, sondern die gewohnten!)
- Laufoutfits für alle möglichen Wetterlagen (inklusive Unterwäsche und Laufsocken)
- Kleidung zum Überziehen vor dem Start, GPS-Uhr, Pulsgurt
- Startnummer, Sicherheitsnadeln und Zeit-Chip
- Gel, Riegel, Iso-Getränk, eigenes Frühstück (andere Länder, andere Sitten)
- Eventuell Sonnencreme, Sonnenbrille, Kopfschutz, Mütze oder Handschuhe
- Je nach Bedarf Brustwarzen- oder Blasenpflaster
- Beutel für die Taschenaufgabe

## Der Rennmorgen

Stehen Sie früh genug auf, um mindestens drei Stunden vor dem Lauf noch etwas zu essen. Wie gut man verdaut, ist individuell sehr unterschiedlich, das sollten Sie vorher ausprobiert haben. Dasselbe gilt übrigens für das Frühstück: Machen Sie bei dem, was Sie essen, keine Experimente.

Speziell bei größeren Stadtmarathons kann es durchaus eine Herausforderung sein, den Startpunkt zu erreichen. Daher sollte man rechtzeitig aufbrechen und sich vorher überlegt haben, wie man am besten vorgeht. Bedenken Sie: Tausende andere haben dasselbe Ziel. Planen Sie lieber mehr Zeit für die Anreise ein.

Ihre Startunterlagen haben Sie abgeholt, Sie sind bereit, sich ein wenig einzulaufen, und möchten nun Ihre Tasche mit den frischen Anziehsachen, dem Duschzeug und einem kleinen Snack für nach dem Rennen abgeben? Die meisten Läufe bieten eine Taschenaufgabe an, wo man seine eigene Sporttasche oder einen vom Veranstalter ausgehändigten Starter-Beutel abgeben und im Anschluss an das Rennen wieder abholen kann. Bei Punkt-zu-Punkt-Läufen bringen Shuttlebusse das Gepäck sicher zum Zielbereich. Sie brauchen sich nur darum zu kümmern, dass Sie Ihren Beutel kenntlich machen und keine teuren Wertsachen darin verstauen.

Halten Sie sich an kühlen Renntagen so lange wie möglich mit einer zweiten Kleidungsschicht warm. Aber wohin beim Start mit den Sachen? Bei großen Stadtmarathons empfiehlt es sich, alte Klamotten zu tragen, die man vor dem Startschuss einfach wegwerfen kann. Sie brauchen dabei kein schlechtes Gewissen zu haben, denn in der Regel werden diese eingesammelt und gespendet. Werfen Sie Ihre ausrangierten Gewänder jedoch nicht unbedacht in die Gegend, sondern legen Sie diese am Rand des Startbereichs ab. Nichts wäre blöder, als wenn drei Sekunden vor dem Startschuss alle mit Klamotten um sich schmeißen würden.

Am Start angekommen, fragen sich viele Läufer*innen bei ihrem ersten Wettkampf: Wo soll ich mich aufstellen? Orientieren Sie sich an den Schildern mit den verschiedenen Zielzeiten oder an den Brems- und Zugläufern, zu erkennen an entsprechend beschrifteten Luftballons, und stellen Sie sich in den Startblock mit Ihrer angestrebten Zeit. Wollen Sie das Rennen mit Ihrer eigenen Uhr stoppen, drücken Sie erst beim Überqueren der Startlinie auf die Uhr und nicht im Moment des Startschusses – es sei denn, Sie stehen in der ersten Reihe.

Gehen Sie rechtzeitig ein letztes Mal auf Toilette – bei den meisten Rennen bilden sich kurz vor dem Start lange Schlangen vor den Klos. Und nehmen Sie Taschentücher mit! **Tipp:** Bei großen Marathons ist es gar nicht mal unüblich, erst mal loszurennen und sich während des Laufs ein stilles Örtchen zu suchen.

## Das Aufwärmen

Muss man sich vor einem Marathon wirklich aufwärmen? Für all jene, die langsamer als 4:00 Stunden laufen, lautet die Antwort: nein. Und für alle anderen gilt: Je schneller Sie beim Marathon unterwegs sind, desto länger sollte Ihre Aufwärmphase dauern. Zwei Beispiele: Ein*e 2:09-Stunden-Marathonläufer*in läuft sich vorher bis zu 30 Minuten lang warm, ein*e 3:45-Stunden-Läufer*in zehn Minuten.

Beim Warmlaufen kommt es darauf an, einerseits den Körper auf eine Betriebstemperatur zu bringen, die den Einstieg in den Marathon erleichtert, andererseits aber dabei so wenig Energie wie möglich zu verbrauchen. Ein gutes Aufwärmprogramm für jedermann: Beginnen Sie mit dem Aufwärmen ungefähr 35 Minuten vor dem Start. Laufen Sie langsam zehn Minuten und steigern Sie dann für weitere drei Minuten das Tempo bis zum Marathonrenntempo. Stretchen Sie anschließend fünf Minuten sanft Ihre Muskulatur und laufen Sie dann noch einmal fünf Minuten locker und langsam. Das Warm-up sollte zehn Minuten vor dem Start beendet sein, damit Ihnen ausreichend Zeit bleibt, in den Startblock zu gehen und sich dort noch einmal in aller Ruhe zu sortieren.

## Die Renntaktik

Unser Anspruch ist: Sie laufen die zweite Hälfte in Ihrem Marathon schneller! Dazu müssen Sie es erst einmal langsam angehen lassen, um dann den Mitläufer*innen erst auf der zweiten Hälfte die Hacken zu zeigen. Mit dieser Methode werden nicht nur persönliche Bestzeiten erzielt, sondern auch Weltrekorde gelaufen. Sie glauben uns nicht? Wir zeigen Ihnen, wie's geht.

Erinnern Sie sich noch an jenes grandiose Rennen beziehungsweise Training, in dem Ihnen auf der zweiten Streckenhälfte Flügel zu wachsen schienen? Warum auch immer – Sie wissen es gar nicht mehr so genau –, hielten Sie sich damals auf der ersten Streckenhälfte zurück, ließen es entspannt und ruhig rollen (»Viel zu langsam«, lamentierten Ihre Lauffreund*innen nachher), drehten aber gegen Schluss den »Turbo« auf und erzielten schließlich eine Bestzeit. »Wenn ich die erste Hälfte nicht so gebummelt hätte, wäre ich noch viel schneller gewesen«, schrieben Sie abends in Ihr Trainingsbuch und hielten außerdem noch fest: »Sensationell: Die zweite Hälfte war schneller als die erste.« Und jetzt lesen Sie dieses Kapitel und beginnen zu staunen, denn wir sagen: Ach so, lockere erste Hälfte, schnellere zweite Hälfte? Bestzeit? Aber natürlich. Passt zusammen. Bei der Laufeinteilung ist das sogar eigentlich klar.

### Marathon ohne Hammermann? Unvorstellbar

Sicherlich können sich die meisten Läufer*innen – vor allem Marathonläufer*innen – gar nicht vorstellen, auf den letzten Kilometern eines Rennens nicht einzubrechen. Die meisten Läufer*innen haben auf der zweiten Hälfte in der Regel muskuläre Probleme. Es gehört für die meisten zum Marathon dazu, dass man sich auf den letzten Kilometern dieser Strecke richtig schwertut, und alle, die es schließlich selbst erlebt haben, sprechen anschließend stolz, sehr stolz, vom Mann mit dem Hammer, der ihnen begegnet ist. Dass sich ein langsamer Beginn, das Haushalten mit der Energie und den Kräften aber durchaus lohnt, ja in der Regel sogar mit einer Bestzeit endet, wird oft ignoriert.

Auch die Laufprofis haben dies erst jetzt erkannt. Früher wurden Weltrekorde im Marathon so erzielt, wie auch die breite Masse einen Marathon rennt: Schneller Beginn, langsames Ende, Hauptsache, es hat dennoch irgendwie zum Rekord gereicht. Der Brasilianer Ronaldo da Costa stellte in Berlin 1998 das neue »Konzept« für Marathonweltklassezeiten erstmals vor. Bei seiner Weltbestzeit lief er die zweite Hälfte circa drei Minuten schneller als die erste Hälfte, was in den Zeitdimensionen der Asse wirklich eine Welt für sich ist. Auch der aktuelle Weltrekordhalter Eliud Kipchoge (2:01:39 Stunden) lief im Rekordrennen von Berlin die zweite Hälfte schneller als die erste, wenn auch nur unwesentlich (1:01:09 versus 1:00:30 Stunden), wurde aber mehr oder weniger gegen seinen Willen von seinen kenianischen Begleitern zum immer noch zu schnellen Anfangstempo gedrängt.

Wenn es auch nach wie vor die wenigsten Läufer*innen nutzen – das Bestzeiten-Rezept »Schnellere zweite Hälfte« ist das erfolgreichere, und es gibt immer mehr Beispiele auch von weniger ambitionierten Läufer*innen, die damit hervorragende Erfahrungen gemacht haben.

### 20 Prozent der Kohlenhydrate sind in 5 Minuten weg

Ein vorsichtiger Beginn und eine schnellere zweite Hälfte garantieren eine Bestzeit. Sie halten sich an unser Rezept, probieren es aus und das war's, oder? Ach ja, die wissenschaftlichen Fakten liegen ja noch gar nicht auf dem Tisch. Außerdem bemängeln Sie, dass das Ganze arg theoretisch und viel zu radikal ist? Okay, das Argument für einen schnellen Wettkampfbeginn, eine schnelle erste Rennhälfte, das noch immer fest in den Köpfen der meisten Läufer*innen verwurzelt scheint, lautet: Bei einem langsamen Beginn verliere ich zu viel Zeit, Zeit, die ich später nicht mehr hereinholen kann. Das lässt sich leider nicht nur mit vagen Andeutungen und einem Weltrekordrennen entkräften.

Generell ist es auch so, dass man von Distanz zu Distanz Unterschiede machen muss. Auf den kürzeren Laufdistanzen (5 Kilometer, 10 Kilometer) fällt es leichter, die zweite Hälfte schneller als die erste zu laufen, und so praktizieren dies auch schon sehr viel mehr Läufer*innen über diese Streckenlängen als eben in einem Marathon.

Wissenschaftliche Untersuchungen speziell zu diesem Thema sind leider Mangelware, was aber nicht heißen soll, dass wir keine zur Untermauerung unserer These gefunden hätten. Die amerikanischen Leistungsdiagnostiker Donald Mahler und Jacob Loke stellten schon vor Jahren in Untersuchungen an Marathonläufer*innen fest, dass diese bis zu 20 Prozent ihrer gesamten Glykogenvorräte (Kohlenhydrate) schon in den ersten fünf (!) Minuten des Marathons verbraucht hatten. Der Grund: ein sehr schneller Beginn, bei dem das Tempo im anaeroben Bereich lag. Was daran fatal ist? Die Kohlenhydrate, die schon zu Beginn verbrannt werden, fehlen schließlich auf den entscheidenden Marathonkilometern.

Werden tatsächlich durch einen Schnellstart 20 Prozent der Glykogenvorräte schon auf den ersten ein bis zwei Kilometern eines 42 Kilometer langen Rennens verbraucht, nur weil Läufer*innen aus Nervosität nach dem Startschuss abgehen wie Raketen und ihren Puls in Höhen treiben, dass das Laktat nur so in die Muskeln schießt (Laktat = Milchsäure, die die Muskelarbeit negativ beeinflusst), verwundern die zahlreichen Einbrüche auf der zweiten Marathonhälfte nicht mehr.

Loke und Mahler appellierten als Konsequenz aus dieser Studie an alle Marathonläufer*innen, es vor allem direkt nach dem Startschuss nur langsam angehen zu lassen, sehr viel langsamer als das geplante durchschnittliche Marathonrenntempo.

David Martin, Leistungsphysiologe an der Georgia State University in Atlanta (USA), bestätigte die Untersuchungen von Loke und Mahler. Der Laufexperte untersuchte Marathonfinisher in Fukuoka, Peking und Osaka, alles Marathonläufe auf flachen, anerkannt schnellen Strecken bei ziemlich identischen Außenbedingungen. Sein Resultat: »Die Läufer, die die ersten beiden 5-Kilometer-Abschnitte mehr als 3 Prozent schneller liefen als ihr angestrebtes Marathonrenntempo (damit meint Martin das Tempo, welches sich aus der Hochrechnung ihrer Leistungsfähigkeit auf anderen Distanzen und dem zur Startzeit aktuellen Leistungsstand ergibt), waren auf den letzten beiden 5-Kilometer-Abschnitten mehr als 5 Prozent langsamer als das angestrebte Marathonrenntempo.« Und Martin führt weiter aus: »Läufer, die etwas langsamer als das angestrebte Renntempo für die ersten beiden 5-Kilometer-Abschnitte brauchten, waren auf den letzten beiden 5-Kilometer-Abschnitten mit Abstand die Schnellsten.« Was nichts anderes beweist, als dass ein vorsichtiger Rennbeginn hilft, die Energiereserven sinnvoll einzuteilen, und Platz schafft für einen Marathonlauf ohne »Mauer« und »Hammer-Mann«. Martin wies allerdings auch darauf hin, dass die erste Hälfte eines Marathons, abgesehen von den ersten beiden Kilometern, nicht extrem viel langsamer sein sollte als die zweite Hälfte, da man ansonsten tatsächlich Gefahr läuft, Energie zu bunkern, die man schlussendlich kaum nutzen kann.

#### Psychologische Vor- und Nachteile

»Was gibt es Motivierenderes, als zu erleben, wie man Kilometer für Kilometer schneller wird?«, sagt ein Läufer, der es tatsächlich oft schafft, die zweite Hälfte in einem Rennen schneller zu laufen. »Was gibt es Demotivierenderes, als zur Halbzeit hinter der Marschtabelle zurückzuhängen?«, sagen voraussichtlich all jene, die aus Angst vor Misserfolg versuchen, auf den ersten Kilometern Zeit herauszuholen. An beidem ist etwas dran: Wer nicht an das Konzept »Schnellere zweite Hälfte« glaubt, wird sich schwertun, motiviert zu bleiben, solange er hinter den geplanten Zwischenzeiten zurückbleibt. Aber wer sich tatsächlich überwindet und sich im nächsten Rennen auf den ersten Kilometern zurückhält, wird es nicht nur genießen, dass die Zwischenzeiten »hinten heraus« purzeln, sondern vor allem, dass er Läufer*in für Läufer*in einsammelt, nur noch überholt, aber niemals überholt wird. Da steigt übrigens vor lauter Hochgenuss auch der Spiegel des im Körper produzierten Leistungspushers Adrenalin.

Natürlich unterliegt eine sinnvolle Renneinteilung nicht nur dem Wunsch der Läufer*in, sondern auch der Streckenbeschaffenheit oder den Witterungsbedingungen. Ein Rennen, das auf der ersten Hälfte bergab und auf der zweiten Hälfte bergauf geht, wäre sicherlich kein gutes Experimentierfeld für eine schnellere zweite Hälfte. Dasselbe gilt für Veranstaltungen, bei denen der erste Streckenabschnitt mit Rückenwind und der zweite mit Gegenwind gelaufen wird. Oder für Wettkämpfe, die im Sommer frühmorgens bei angenehmer Kühle starten, wo aber zum Schluss die Sonne erbarmungslos brennt. Unter solchen Voraussetzungen muss man natürlich die günstigen Klimaverhältnisse nutzen, ansonsten verliert man tatsächlich unter guten Bedingungen Zeit, die man später unter sehr viel schlechteren Bedingungen nicht mehr aufholen kann.

Der Ehrlichkeit halber müssen wir ebenfalls zugeben: Die letzten Kilometer eines Marathons sind immer hart. Egal, ob Sie die erste Hälfte vorsichtig angegangen sind oder ob Sie überzogen haben. Auf den letzten Kilometern will man eben auch immer sein Letztes geben, das bringt natürlich mehr (und man kann es viel schneller tun), wenn man noch Energiereserven hat. Man spart die Energie auf der ersten Hälfte ja nicht auf, um locker-flockig über die Ziellinie zu traben, sondern um die Reserven für ein großartiges Finish zu behalten, das dann erst so richtige Zeitverbesserungen bringt.

Unter schweren äußeren Bedingungen (Hitze, hohe Luftfeuchtigkeit und so weiter) laufen Wettkämpfer*innen, die vorsichtiger als die Masse begonnen haben, tatsächlich meist gar nicht die zweite Hälfte schneller als die erste, aber sie müssen auf der zweiten Hälfte in der Regel den schweren Bedingungen weniger Tribut zollen als diejenigen, die den Lauf zu schnell angegangen sind. Und obwohl dann schlussendlich die vorsichtigen Starter natürlich auch auf der zweiten Hälfte langsamer sind als auf der ersten, überholen sie dennoch Läufer*in um Läufer*in.

### Jede*r kann es

Zugegeben, es ist wirklich nicht so einfach, auf einmal seine komplette Renntaktik umzuschmeißen. Also einfach mal so ins nächste Rennen gehen und sagen: »Heute halte ich mich auf der ersten Hälfte zurück und lass es auf der zweiten richtig knallen« – das geht natürlich nicht. Dies muss man ebenso trainieren wie alles andere auch. Wollen Sie im Rennen eine schnellere zweite Hälfte laufen, müssen Sie dies eben auch bei Ihren Trainingsläufen tun. Und mit der Zeit wird sich der Körper an diese Art der Energieeinteilung gewöhnen, und es wird Ihnen leichtfallen, sich auf den ersten Laufkilometern zurückzuhalten und Ihre Energie für den zweiten Teil zu sparen.

Diesen »Lernprozess« kann man durch ganz gezielte Trainingseinheiten beschleunigen. Nehmen wir zum Beispiel einen Tempodauerlauf. Damit bezeichnet man einen Trainingslauf von 20 bis 60 Minuten Dauer, der im Bereich der aerob-anaeroben Schwelle liegt, also in etwa dem Marathonrenntempo entspricht. Diese Trainingseinheit gehört in jede Woche einer sinnvollen Marathonvorbereitung. Teilen Sie sich diesen Tempodauerlauf ab und zu so ein, dass Sie etwas langsamer als das geplante Marathonrenntempo loslaufen, erst nach etwa einem Drittel der Zeit im Renntempo laufen und auf dem letzten Drittel aufdrehen und etwas schneller als das Marathonrenntempo unterwegs sind. Beispiel: Ein*e 4:00-Stunden-Marathonläufer*in braucht durchschnittlich etwa 5:40 Minuten pro Kilometer. Das ist das Marathonrenntempo. Absolviert er oder sie einen 40-minütigen Tempodauerlauf in der Vorbereitung auf den nächsten Marathon, sollte er oder sie die ersten 15 Minuten etwa im 5:50- bis 6:00-Minuten-Tempo laufen, dann zehn Minuten im 5:40er-Tempo und schließlich die letzte Viertelstunde im 5:30- bis 5:20er-Tempo.

Ambitionierte Läufer*innen, die in ihrer Wettkampfvorbereitung auch das Intervalltraining nutzen, also jene hochintensive Trainingseinheit, bei der sich sehr schnelle Belastungen mit kurzen Pausen abwechseln, können auch – in Vorbereitung auf ein Rennen mit einer schnelleren zweiten Hälfte – »hinten heraus« die Belastungen intensivieren. Was einem oder einer Weltklasseläufer*in nicht schadet, sollte Ihnen doch auch nicht schaden, oder? Weltklasseathlet*innen laufen oft die ersten Intervallbelastungen bewusst um einiges langsamer als die letzten. Beispiel: Eine Läuferin mit einer 10-Kilometer-Bestzeit von 50 Minuten (entspricht einem Tempo von fünf Minuten pro Kilometer) absolviert ein Intervalltraining von sechsmal 1000 Metern im 10-Kilometer-Wettkampftempo mit jeweils 400-Meter-Trabpause zwischen jeder Belastung. Die ersten zwei 1000-Meter-Intervalle läuft sie jeweils in 5:10 Minuten. Die zweiten zwei in 5:00 Minuten und die letzten zwei in 4:50 Minuten. Das ist machbar. Probieren Sie es aus.

Haben Sie schließlich das neue Trainingsprinzip in Ihrem Training verinnerlicht, wird es höchste Zeit, es jetzt auch in einem Wettkampf anzuwenden. Suchen Sie sich dazu unbedingt ein Rennen aus, bei dem Sie Kilometer für Kilometer Ihre Zeit überprüfen können. Mit anderen Worten: Informieren Sie sich beim Veranstalter, ob Kilometermarkierungen an der Laufstrecke vorhanden sind. Errechnen Sie aus Ihrer angestrebten Endzeit die durchschnittlichen Kilometerzeiten. Teilen Sie Ihr Rennen so ein, dass Sie auf dem ersten Drittel der Strecke circa 0,5 Prozent langsamer sind als das errechnete Durchschnittstempo. Versuchen Sie zur Streckenhälfte auf Durchschnittstempo zu liegen, und forcieren Sie auf dem letzten Drittel das Tempo bewusst mindestens auf

ein 0,5 Prozent schnelleres Tempo als das durchschnittlich errechnete.
Das hört sich eher nach Haarspalterei denn nach innovativer Renneinteilung an, meinen Sie? Dann lassen Sie sich von den folgenden Beispielzahlen überraschen. Beispiel: Wollen Sie den Marathon in 4:00 Stunden laufen, entspricht dies einem Kilometerschnitt von 5:40 Minuten. Laufen Sie die ersten 15 Kilometer also 0,5 Prozent langsamer, entspricht dies einem Kilometerschnitt von circa 6:00 Minuten pro Kilometer. Versuchen Sie, ab Kilometer 16 bis Kilometer 25 im durchschnittlichen Marathonrenntempo von 5:40 Minuten zu liegen. Forcieren Sie schließlich auf dem letzten Streckendrittel auf ein 0,5 Prozent schnelleres Tempo, was circa 5:25 Minuten pro Kilometer entspricht.
Wetten, dass die meisten von Ihnen, die diese Renneinteilung erstmals praktizieren, in diesem Rennen eine Bestzeit aufstellen? Einen Versuch ist es doch zumindest wert, oder?

### Zwingende Gründe für einen Ausstieg

Bei einem Marathon kommt es nicht darauf an, wie schnell Sie sind, sondern darum, die Distanz zu schaffen. Manchmal ist es aber besser aufzuhören. Und zwar wenn einer dieser sieben Fälle eintritt:

1. Sie haben Beschwerden, die eindeutig mit jedem Kilometer massiv zunehmen.
2. Sie müssen vor Schmerzen humpeln und Ihr Laufstil wird extrem einseitig und total unrund.
3. Es ist sehr warm (für Sie: heiß!) und Sie fühlen sich völlig dehydriert: Ihnen ist schwindlig und übel.
4. Sie bekommen so starke Muskelkrämpfe, dass Sie nicht mal mehr weitergehen können.
5. Sie sind gestürzt und haben offene, stark blutende Wunden.
6. Sie spüren Herzschmerzen und leiden auch bei reduziertem Tempo unter Atemnot.
7. Sie haben Konzentrations- und Orientierungsprobleme.

## Die wichtigsten Regeln zur Renn-Etikette

Es gibt da ein paar Dinge an einem Wettkampftag, auf die Sie auch das beste Intervalltraining nicht vorbereiten kann. Ganz einfache Benimmregeln sind das, zu denen zum Beispiel gehört, dass man Gelverpackungen oder Plastiktrinkbecher unterwegs nicht einfach auf die Straße wirft. Aber vor allem gehört zum guten Stil, wie man sich gegenüber Mitläufer*innen verhält. Eigentlich ist es bei einem Laufwettkampf wie mit dem Auto im Berufsverkehr. Dort nimmt man ja auch Rücksicht auf die anderen Verkehrsteilnehmer*innen und wechselt zum Beispiel nicht ständig die Fahrbahn. Ebendies sollte man auch bei einem Laufwettbewerb nicht tun. Und noch viele andere Dinge mehr ...

#### Start im Finisher-Shirt?

Tatsächlich gibt es Veranstaltungen, bei denen man das Finisher-Shirt schon mit der Anmeldung erhält. Aber was macht es für einen Eindruck, wenn man in etwas startet, das man sich eigentlich erst noch verdienen muss? Dann besser im Finisher-Shirt der Vorjahresveranstaltung starten, sagen wir. Damit zeigt man, dass man's kann – und eine gewisse Verbundenheit mit dem Event, die die Zuschauer sicher lautstark goutieren.

#### Startgeld sparen?

Sie haben kein Startgeld bezahlt, sich nicht offiziell angemeldet und laufen dennoch mit? Traurig. Sie schaden damit denen, die regulär zahlen, für die Streckenabsperrung, Verpflegung, medizinische Versorgung etc., also auch für Sie mitbezahlen. Sie erschleichen sich einen geldwerten Vorteil, und das ist Betrug.

#### Eine fremde Startnummer nutzen?

Natürlich ist es ärgerlich, wenn eine Startberechtigung verfällt. Doch nutzen Sie die Startnummer eines anderen, machen Sie damit ganz grundsätzlich Zeitmessungen, Ergebnislisten und Siegerehrungen überflüssig. In Extremfällen läuft ein Mann mit der Startnummer einer Frau und führt diese auf einen Spitzenplatz, oder ein 20-Jähriger läuft mit der Nummer eines 60-Jährigen. Das wäre doch richtig unfair. Und wir warnen: Wenn Ihnen etwas zustößt, hat der Veranstalter keine persönlichen Informationen.

#### Sich am Start nach vorn schmuggeln?

Alle Läufer*innen sind vor dem Start nervös, und natürlich will niemand am Start Zeit verlieren. Aber die

Startblöcke sind nach Leistungsvermögen eingeteilt, und Sie tun sich und den Mitläufer*innen keinen Gefallen, wenn Sie sich in einen falschen Startblock drängeln. Sie legen dann nur viel zu schnell los und sind für die mit Ihnen gestarteten Topläufer*innen ein Hindernis.

#### Mit Hund am Start?

Sie haben vielleicht viel Spaß daran, mit Ihrem Hund zu laufen, aber nicht unbedingt die anderen Teilnehmer*innen. Es soll sogar welche geben, die Angst vor Hunden haben! Außerdem ist es in einem Läuferfeld schon schwer genug, der Ideallinie zu folgen, mit einem Hund ist das oft unmöglich. Und haben Sie sich auch mal in Ihren Hund versetzt? Ob der es zwischen all den bedrohlich nahen und sich schnell bewegenden Läuferbeinen so schön findet?

#### Kopfhörer auf?

Kopfhörer sind zwar bei den meisten Rennen erlaubt, doch die Veranstalter empfehlen, darauf zu verzichten, da man mit Knopf im Ohr einfach nicht hört, was um einen herum passiert. Wir haben es schon oft erlebt, dass Läufer*innen ganz plötzlich stehen geblieben sind, und andere in sie hineinrannten. Die Stopper*innen hatten mit Kopfhörern kein Gefühl für die hinter ihnen Laufenden.

#### Im Tandem starten?

Unter Freunden kann man sich im Wettkampf gegenseitig unterstützen, klar doch. Das hat große Vorteile. Aber wenn Sie im Tandem laufen, dann achten Sie bitte darauf, dass andere noch an Ihnen vorbeikommen. Und mit mehr als zweien nebeneinander sollte man auf keinen Fall laufen, da versperrt man sonst ja die ganze Strecke.

#### Wasser, marsch!?

Kein Teilnehmer muss sich eigentlich Sorgen machen, dass er unterwegs nicht genug zu trinken bekommt. Die Menge der Verpflegung ist auf die Teilnehmerzahl abgestimmt. Es gibt also gar keinen Grund, sich an einer Verpflegungsstelle auf den ersten Becher zu stürzen, dabei vielleicht noch anderen den Weg abzuschneiden und fünf weitere Becher vom Tisch zu fegen. Behalten Sie an den Verpflegungsständen die Ruhe, halten Sie auch nach weiteren Tischen Ausschau, nehmen Sie ein Getränk und treten Sie dann wieder zurück.

#### Unterhaltung gefällig?

Niemand erwartet, dass Sie unterwegs still sind, aber lautes Geschwafel stört die Konzentration der anderen. Sparen Sie sich Ihre Puste. Anstatt sich lautstark zu unterhalten, sollten Sie lieber einen Schritt zulegen. Wozu nehmen Sie denn sonst an einem Wettkampf teil?

### Spucken erlaubt?

Manchmal muss es einfach raus, und das ist auch vollkommen legitim. Nein, Sie müssen unterwegs kein Taschentuch benutzen, das wäre reine Zeitverschwendung. Achten Sie aber auf Ihre Mitläufer*innen: Ein 360-Grad-Blick sollte dem Spucken vorausgehen. Am besten tun Sie es direkt vor Ihre Füße, da besteht die geringste Gefahr, dass andere betroffen sind. Wenn Sie nicht treffsicher sind, laufen Sie bitte zuerst an den Rand des Läuferfelds.

## Das Läuferhirn: Mental fit am Tag X

Wir Läufer*innen sind ganz schön harte Hunde. Viele von uns sehen die schwarzen Zehennägel, einen Muskelkater oder Hungerast mehr als Auszeichnung denn als Unglück. Physisch kann uns nichts umwerfen – sagen wir. Doch auch die Härtesten unter uns haben eines oft nicht im Griff: ihre Psyche. Das ist ja auch nicht so einfach. Egal, wie viele lange Läufe und wie intensive Intervalltrainings man gemacht hat, wie lange und wie schnell man unterwegs ist, oft ist es eine mangelnde mentale Vorbereitung, die uns am Wettkampftag, dem Tag, an dem eigentlich alles passen muss, einen Strich durch die Erfolgsrechnung macht. Man kann es aber auch so sehen: Das Gehirn ist eben eine Körperregion, die noch ganz viel Verbesserungspotenzial bietet. Fakt ist: Was Sie am Wettkampftag denken und fühlen, hat einen großen Einfluss darauf, wie gut oder schlecht Sie laufen.

Wir können Ihnen aber sagen: Die Mechanismen hinter den eigenen Gedanken und Emotionen zu verstehen, kann einem unmittelbar dabei helfen, besser und schneller zu laufen als je zuvor.

Wir stellen hier einmal dar, was am Wettkampftag in Ihrem Gehirn passiert und mit welchen Strategien Sie den Herausforderungen begegnen können. Das Ziel: mehr Spaß zu haben und bessere Leistungen zu erzielen, und zwar gerade dann, wenn es darauf ankommt.

## Nervosität vor dem Start

Sie haben sich einen Wettkampf ausgeguckt, haben den Tag im Kalender rot angestrichen und auf den Termin hin Ihr Training strukturiert. Alles ist nach Plan gelaufen. Doch am Starttag sind Sie so nervös, dass Sie das Gefühl haben, nahezu ohnmächtig zu werden. Es ist zwar nur ein ganz normaler Marathon, aber es fühlt sich für Sie wie das olympische Finale an.

### Das geht in Ihnen vor

Ihr sympathisches Nervensystem (der Sympathikus) kontrolliert Ihre Herztätigkeit, den Blutdruck und die Durchblutung. Der Grund für das Nervositätsgefühl, das sich bis zum Startschuss immer weiter steigert: Der Sympathikus pumpt mehr und mehr Adrenalin und andere Aufputschhormone in den Blutkreislauf, was die Herzfrequenz und den Blutdruck ansteigen lässt. Das ist ein Urreflex, der Sie in höchste Alarmbereitschaft versetzt: Sie sind bereit zu kämpfen – oder zu fliehen. Eigentlich genau der richtige Zustand, um eine maximale Laufleistung zu bringen. Es kommt allerdings vor, dass dieser Zustand Menschen überfordert. Die häufig zu beobachtende Folge: Sie stürmen mit dem Startschuss wie von der Tarantel gestochen los und verpulvern schon auf den ersten Metern all ihre Energie.

### So gehen Sie damit um: Erfolg visualisieren

Nehmen Sie sich in den Tagen vor dem Start und am Starttag etwas Zeit, in der Sie sich noch einmal Ihre Ziele für den Wettkampf klarmachen. Stellen Sie sich vor, wie Sie diese Ziele erreichen, glücklich die Ziellinie überqueren oder im Ziel auf Ihre Uhr schauen und eine neue Bestzeit sehen. Behalten Sie diese Bilder im Kopf und fügen Sie ihnen so viele Details wie möglich hinzu. Nutzen Sie dabei all Ihre Sinne. Sind da jubelnde Zuschauer? Wie fühlt sich Ihr Körper an? Welche Gefühle bewegen Sie? Sich auf diese Art und Weise auf das Rennen einzustellen, kann helfen, sich zu entspannen – und die Leistungsfähigkeit zu steigern. Zu visualisieren, dass man gut und erfolgreich läuft, setzt ganz ähnliche neurale Prozesse im Gehirn in Gang, wie sie ablaufen, wenn man tatsächlich körperlich aktiv ist. Die Visualisierung ist ein Bestandteil der Programmierung der Muskulatur und des Herz-Kreislauf-Systems auf ein spezielles Verhaltensmuster. Im Zusammenspiel mit einem umfassenden und systematischen Training sorgt sie dafür, dass Ihr Herz-Kreislauf-System und Ihre gesamte Motorik im entscheidenden Moment genau das tun, was Sie von ihnen erwarten. Kurz gesagt: Ein Ziel im Kopf zu erreichen hilft Ihnen dabei, es auch physisch zu bewältigen.

### So gehen Sie damit um: Positiv denken

Wenn mit dem flauen Gefühl im Magen sofort negative Gefühle hochkommen, heißt das, dass Sie Angst haben. Das ist schlecht, denn Angst wirkt sich auf alles negativ aus: auf das Tempogefühl und die Tempogestaltung und natürlich auch auf die Einteilung der Energiereserven. Angst frisst sogar Energie, denn sie geht mit einer übersteigerten Herz-Kreislauf-Tätigkeit einher. Angst provoziert also Wettkampfsituationen, in denen Sie Fehler machen. Aber Angst lässt sich ganz leicht kontrollieren: durch positive Gedanken. Entwickeln Sie Mantras: positive Leitsätze, die Sie immer wieder vor sich hin sprechen. Zum Beispiel diese Sätze: »Ich bin stark. Ich bin gut vorbereitet. Ich werde mein Ziel erreichen!« So banal dieser Ratschlag auch klingen mag, so ein Mantra wirkt sich sofort positiv auf Ihre emotionale Situation aus.

### So gehen Sie damit um: Abergläubisch sein

Am Wettkampftag ist es klug, sich an Routinen zu orientieren – essen Sie zum Beispiel nur das, was Sie auch schon vor harten Trainingseinheiten ausprobiert haben. Oder haben Sie Glücksbringer und Talismane wie Schuhbänder oder Sicherheitsnadeln für die Startnummer, die Ihnen bisher immer Glück gebracht haben? Gibt es vielleicht Rituale, die Sie vor erfolgreichen Wettkämpfen immer befolgt haben? Eine gute Portion Aberglaube kann helfen, die Emotionen zu beruhigen und die Vorstartnervosität routiniert zu überstehen.

## Angst vor dem Bergauf-Laufen

Für viele Läufer*innen sind Berge, Anstiege und Hügel der größte Feind. Sie sind für sie ein Hindernis auf dem Weg zu einer schnellen Zeit. Und sie sind ein allzu gut sichtbarer Hinweis darauf, dass es unterwegs schwer wird. Dazu möchte ich sagen, dass ich der psychologische Berater des Boston-Marathons bin, und der ist bekannt für seinen »Heartbreak Hill«, einen der gefürchtetsten Anstiege in der Welt des Laufens.

### Das geht in Ihnen vor

Schon bevor sie den Fuß eines Anstiegs erreichen, machen sich die meisten Läufer*innen im Vorfeld nur über eines Gedanken: wie schwer es wird, da hochzulaufen. Diese negativen Gedanken haben eine negative Rückkoppelung im Gehirn zur Folge: Die Schritte werden schwerer, dadurch verstärken sich wiederum die negativen Gedanken, es entsteht ein Teufelskreis.

### So gehen Sie damit um: Anstiege lieben lernen

Anstatt einen Anstieg zu verfluchen, bevor Sie ihn überhaupt in Angriff genommen haben, versuchen Sie sich doch einfach mal vom Gegenteil zu überzeugen: Man kann ihn auch lieben. Ja, ich meine es ernst. Sagen Sie sich, dass Anstiege das Größte überhaupt sind: Sie machen Sie stärker. Sie entlasten Sie vom Druck, eine neue Bestzeit laufen zu müssen. Wer sie meistert, kommt auch mit allem anderen klar. Wo es raufgeht, geht es auch wieder runter ... Selbst die abgedroschensten Klischees werden wahr, wenn man sie oft genug wiederholt.

### So gehen Sie damit um: Imagination nutzen

Die geistige Vorstellungskraft kann Ihnen helfen, Berge zu versetzen ... und erst recht, solche zu erklimmen. Eine Weltklasseläuferin berichtete uns mal, dass sie sich bei einem Wettkampf in Bergaufpassagen ein Lasso vorstellt, das sie um Bäume, Autos, Schilder schlingen kann, die in der Ferne am Wegesrand stehen, und an dem sie sich den Anstieg hinaufzieht. Mit einem anderen Profiläufer, den wir trainierten, entwickelten wir das Bild eines Pferdes mit Flügeln, auf das er sich am Fuße eines Berges schwingt. Finden Sie selbst auch solche Bilder, bleiben Sie ruhig und entspannt, wenn es dann tatsächlich hochgeht. Das sorgt auch dafür, dass Sie nicht unnötige Energie auf negative Gedanken verschwenden, Energie, die Sie besser in den Beinen gebrauchen können.

### So gehen Sie damit um: Auf andere Gedanken kommen

Manche Läufer*innen stellen sich auf schweren Laufpassagen vor, sie wären in einer anderen Welt. Sie denken zum Beispiel an schöne Urlaubsmomente oder schon an den umjubelten Zieleinlauf. Andere lassen sich voll auf die unangenehmen Gefühle ein. Sie assoziieren mit der Müdigkeit den Gedanken: »Genau so soll es sein. Das ist es, wofür ich trainiert habe.« Auf diese Weise schaffen sie es, beim Aufkommen von Müdigkeit und Schmerzen noch schneller zu laufen. Oder beginnen Sie, sich selbst zu coachen und Ihr Augenmerk auf Laufstil und Laufökonomie zu richten: »Entspann dich in den Schultern«, »Bleib aufrecht im Oberkörper«, auch das kann funktionieren. Es muss auch nicht immer dieselbe Strategie sein, die einen in den unangenehmen Momenten im Rennen hält. Man kann auch ruhig mal etwas Neues ausprobieren.

## Langeweile

Man könnte ja meinen, dass es einem während eines Rennens, bei dem einem vom Streckenrand her unzählige Zuschauer*innen zujubeln, bei dem alle paar Kilometer Bands für mächtig Stimmung sorgen und die Strecke selbst einige Highlights bietet, unterwegs niemals langweilig werden könnte. Doch das ist tatsächlich auch eine Typfrage. Die Teilnahme an einem Wettkampf kann für den*die eine*n Läufer*in aufregend, für den oder die andere aber langweilig und eintönig sein. Je länger die Renndistanz, je einsamer die Laufstrecke, je kleiner die Zahl der Teilnehmer*innen ist, desto größer ist diese Gefahr. Und je häufiger Sie schon mal so ein Lauferlebnis hatten, desto wahrscheinlicher wird, dass Sie sich langweilen.

### Das geht in Ihnen vor

Ihr Gehirn begrüßt jeden neuen Reiz, jede neue Erfahrung und jede Abwechslung, auch indem es mit der Ausschüttung des Hormons Dopamin reagiert, eines Neurotransmitters, der Glücks- und Begeisterungsgefühle auslöst. Es macht dabei auch keinen Unterschied, ob Sie nun auf einem Laufband oder zum ersten Mal durch die Straßen von Paris laufen. Aber – und das ist das Gemeine – wenn Sie dies zum wiederholten Mal tun, ist sofort eine geringere Ausschüttung dieser Wohlfühlhormone zu registrieren, bei dem einen Menschen mehr und bei dem anderen weniger.

### So gehen Sie damit um: Aufteilen

Nach Wochen oder Monaten des Trainings kann es passieren, dass Sie auf einen weiteren langen Lauf oder sogar auf das Rennen, auf das Sie sich so lange vorbereitet haben, keine Lust mehr haben. Was Abhilfe schaffen kann: Probieren Sie neue Methoden, um sich auf den Lauf einzustellen. Teilen Sie die Trainings- oder Wettkampfdistanz in kürzere, überschaubarere Abschnitte auf. Drei 40-Minuten-Abschnitte sind zum Beispiel mental leichter zu bewältigen als ein Lauf von zwei Stunden, vier 5-Kilometer-Abschnitte sind einfacher als die komplette Halbmarathondistanz.

### So gehen Sie damit um: Mit Gedanken spielen

Unterhalten Sie sich mit Gedankenspielen: Zählen Sie Radfahrer, rote Autos oder Kühe. Denken Sie sich zu jedem Menschen, dem Sie begegnen, eine Geschichte aus. Oder laufen Sie bewusst mit einem Lauffreund oder einer Lauffreundin oder mehreren Läufern in einer Gruppe. Oder schließen Sie sich einem oder mehreren anderen Läufer*innen an, denen Sie unterwegs begegnen und die ein ähnliches Tempo laufen wie Sie.

### So gehen Sie damit um: Langeweile nicht als etwas Negatives sehen

Wir sollten mal damit aufhören, Langeweile als etwas Negatives anzusehen. Vielleicht sollten wir lernen, einen solchen Zustand als eine wohltuende Abwechslung zum hektischen Alltag zu betrachten. Im 21. Jahrhundert, in Zeiten der dauernden Erreich- und Verfügbarkeit, der permanenten Kommunikationsbeanspruchung durch Smartphones und Internet, ist unser Gehirn daran gewöhnt, dass es permanent mit Reizen überflutet wird – und es scheint bei uns Panikgefühle auszulösen, wenn die externe Reizflut ausbleibt. Die Wissenschaft zeigt aber, dass die Gehirnaktivität in Phasen gefühlter Langeweile keineswegs stillsteht, sondern dass in dieser Zeit hochkomplexe neurale Prozesse zwischen verschiedenen Gehirnarealen ablaufen, die zum Beispiel kreative Gedanken und die Entwicklung von Problembewältigungsstrategien begünstigen. Nehmen Sie also die Langeweile an und lassen Sie Ihre Gedanken schweifen. Die Chance ist groß, dass Sie dabei ein Problem lösen oder Ihnen eine grandiose Idee kommt.

## Angst vor der Mauer

Das Phänomen ist unter vielen Namen bekannt: »gegen die Mauer laufen«, »den Mann mit dem Hammer treffen«, »einen Hungerast bekommen« ... Alle beschreiben das Gefühl, wenn in einem Rennen auf einmal die Energie komplett aufgebraucht zu sein scheint, die Beine schwer werden, nichts mehr geht außer Gehen und starke Zweifel in einem aufkommen, dass man das Ziel überhaupt erreichen wird.

### Das geht in Ihnen vor

Nach der gängigen Auffassung hat dieses Phänomen rein physische Ursachen: Die Muskeln werden nicht mehr ausreichend mit Energie versorgt, da die Glykogenvorräte fast vollständig aufgebraucht sind, weshalb auf die Verbrennung von Fetten umgestellt werden muss. Da diese aber vom Körper sehr viel langsamer in Energie umgesetzt werden, muss das Lauftempo deutlich reduziert werden. So weit, so bekannt. Doch neuerdings gibt es noch eine andere Theorie, die auch die Gehirnaktivitäten beim Sport berücksichtigt. Der in Läuferkreisen sehr angesehene Physiologe Timothy Noakes ist zwar auch der Meinung, dass Läufer*innen die »Mauer« physisch spüren, aber er sieht das, was dann folgt, nicht als ein rein physiologisches Phänomen. Er glaubt, dass der Körper in einer Situation, in der die Energielevel zu schnell eine bestimmte Grenze unterschreiten, Warnsignale aussendet, zum Beispiel in Form einer erhöhten Ausschüttung des Stresshormons Adrenalin. Dies führt dazu, dass das Gehirn die Aktivierung von Muskelfasern einschränkt, was wiederum das Gefühl der Müdigkeit verstärkt. Der erhöhte Adrenalinpegel sorgt also dafür, dass Ihnen eine innere Stimme einflüstert, Sie hätten schon alles gegeben, obwohl Sie energetisch eigentlich noch mehr leisten könnten.

#### So gehen Sie damit um: Ablenken

Bei unseren Problemforschungen zum Phänomen der »Mauer« haben wir uns auf die Frage konzentriert, welche Strategien Freizeitathleten verfolgen können, um diese Herausforderung zu meistern. Das Ergebnis: Dissoziation, also die Ablenkung durch äußere Einflüsse wie Konzentration auf die Landschaft, Umgebung, Zuschauer, auf Dinge, die nicht direkt etwas mit dem Rennen zu tun haben, scheint die beste Mentalstrategie zu sein, um dem »Mann mit dem Hammer« zu entkommen. Das funktioniert natürlich nur, wenn Sie dabei unterwegs auf eine ausreichende Energieversorgung, Hydrierung und die richtige Renneinteilung achten. Die Ablenkung sorgt nachweislich dafür, dass Athlet*innen das Gefühl einer nicht überwindbaren Ermüdung weit hinauszögern können. Eine jubelnde Menge, die abzuklatschenden Hände am Straßenrand oder eine Band am Horizont sind laut Noakes meist schon ausreichend, um das Gehirn von der Ausschüttung des Adrenalins abzuhalten.

#### So gehen Sie damit um: Vorbereitet sein

Positive Selbstgespräche und Visualisierungen spielen beim Erfolg im Sport eine große Rolle, und natürlich können Sie mit ihnen auch dem Phänomen der »Mauer« zu begegnen versuchen. Setzen Sie sich vor dem Rennen – meist geht es um einen Marathon oder längere Läufe, da die Glykogenspeicher des Körpers für die kürzeren Distanzen ausreichend groß sind – mit dem Phänomen auseinander. Stellen Sie sich ruhig mehrmals vor, wie Sie »gegen die Mauer rennen«. Und stellen Sie sich dann vor, wie Sie aus dem Tief wieder herauslaufen. Wie Sie souverän damit umgehen, keine Panik bekommen, sondern das Tempo leicht reduzieren und wieder neue Kraft schöpfen. Je öfter Sie in Gedanken dem »Mann mit dem Hammer« davongerannt sind, desto leichter fällt Ihnen der Umgang mit der Situation im tatsächlichen Rennen.

**So gehen Sie damit um: Realität annehmen**

Wenn er Sie schließlich doch erwischt, der »Hammer-Mann«, so verlangsamen Sie das Tempo, versuchen Sie, Glukose zu sich zu nehmen, zum Beispiel in Form eines Sportgetränks, und suchen Sie Unterstützung von Mitläufer*innen. Bedenken Sie, dass ein extremes Energiedefizit auch Ihre Entscheidungs- und Orientierungsfähigkeit einschränken kann. Wenn Sie sich wirr und nicht mehr bei Sinnen fühlen, wenden Sie sich an Sanitäter oder Zuschauer und bitten um Hilfe. Sie kennen den Rat sicherlich, aber er wird auch durch häufige Wiederholung nicht falsch: Manchmal gehört mehr dazu, ein Rennen vorzeitig zu beenden, als dazu, völlig überfordert ins Ziel zu kommen.

## 42 Tipps für 42 Kilometer

**Hier einmal zusammengefasst die 42 wichtigsten Tipps zu allen Aspekten rund um den Marathon.**

### Vor dem Start

**1.** Sie haben zwölf Wochen gut trainiert, aber auf einmal macht Ihnen eine Verletzung oder Krankheit einen Strich durch die Rechnung. Sollen Sie trotzdem beim Marathon an den Start gehen? Überlassen Sie dem Sportarzt die Entscheidung. Scheuen Sie sich nicht, Ihren Start zu verschieben. Bedenken Sie immer: Es gibt noch viele andere attraktive Marathonveranstaltungen.

**2.** Die Tage vor dem Wettkampf sind nicht die Zeit für Experimente. Das betrifft die Ernährung genauso wie den Lebenswandel. Finger weg von Getränken und Nahrungsmitteln, die Sie in der Trainingsphase nicht erfolgreich ausprobiert haben.

**3.** Ernähren Sie sich in der letzten Woche vor dem Marathon besonders kohlenhydratreich. Der Anteil der Kohlenhydrate sollte in dieser Phase 65 bis 70 Prozent der Gesamtenergiebilanz betragen. Stellen Sie Ihre Mahlzeiten im Zweifelsfall unter Zuhilfenahme einer Ernährungstabelle zusammen.

**4.** Achten Sie auf Ihre Füße, denn die müssen Sie schließlich 42 Kilometer weit tragen. Schneiden Sie Ihre Fußnägel. Schützen Sie kritische

Stellen durch ein gut klebendes Pflaster (Leukoplast) oder Hirschtalg vor Reibung beziehungsweise Blasen.

5. Tragen Sie beim Marathon keine neuen Schuhe. Die Schuhe, die Sie beim Wettkampf tragen, sollten ein-, aber nicht abgelaufen sein. Das Gleiche gilt für Ihre Socken. Tragen Sie Ihre Marathonsocken schon am Tag vor dem Wettkampf.

6. Setzen Sie sich ein realistisches Zeitziel. Bedenken Sie dabei unbedingt die Streckenbeschaffenheit, eventuelle Klima- und Zeitunterschiede. Der Marathon in Boston unterscheidet sich zum Beispiel ziemlich stark von dem in Berlin.

7. Marathonmessen sind interessant, sollten aber in den Tagen vor dem Marathon nicht zu Ihrem zweiten Zuhause werden. Die Messen sind wichtig, um sich auf den Marathon einzustellen, Freunde zu treffen und nicht zuletzt nach Schnäppchen zu jagen. Aber Vorsicht: Stundenlanges Herumlaufen ermüdet die Muskulatur. Das Gleiche gilt übrigens für Stadtbesichtigungen (machen Sie Pausen).

8. Bereiten Sie sich auf jedes Wetter beim Marathon vor. Ein Netzhemd für warme Tage, ein angenehmes T-Shirt für einen kühleren Tag sowie Mütze und Handschuhe für kalte Witterung. Ein Plastikumhang oder Ähnliches hält Sie bei Regen vor dem Start trocken (kurz vorher wegwerfen). Ebenso wie die Schuhe sollten Sie auch die Kleidung schon beim Training auf Marathontauglichkeit getestet haben.

9. Pasta-Partys am Vorabend eines Marathons sind weiter angesagt. Achten Sie aber darauf, dass Sie nicht zu spät zu viel essen. Lieber am späten Nachmittag der Erste bei der Party als am späten Abend der Letzte. Mit einem vollen Magen schlafen Sie schlecht.

10. Damit Sie gut hydriert an den Start gehen, sollten Sie am Vortag des Rennens viel trinken. Vier Liter Flüssigkeit sind bei wärmeren Temperaturen das Minimum. Das strapaziert zwar die Blase, beugt aber dem Leistungseinbruch durch Dehydration vor. Sie sind ausreichend hydriert, wenn Ihr Urin hell oder farblos ist. Stilles Wasser aus der Flasche ist der beste Durstlöscher und ist auch besonders magenverträglich.

11. Legen Sie sich am Vorabend des Marathons Ihre Kleidung für den Lauf zurecht. Befestigen Sie die Startnummer am Trikot. Marathonveranstaltungen, deren Start sich an einem anderen Ort als das Ziel befindet, garantieren in der Regel den Transport Ihrer Bekleidung zum Zielpunkt. Achtung: Bei solchen Marathons sollten Sie nicht den Kleiderbeutel vergessen, der mit Ihrer Startnummer gekennzeichnet ist und in dem Sie überflüssige Kleidungsstücke verstauen.

12. Kleben Sie Ihre Brustwarzen vor dem Lauf mit einem Stück Pflaster ab, um lästiges Aufscheuern zu ver-

meiden. Von Schweiß oder Regen durchtränkte Textilien können die Brustwarzen blutig scheuern.

**13.** Schlaflose Nächte vor einem Marathon sind nichts Besonderes. Beruhigen Sie sich: Die letzte Nacht vor einem Marathon ist nicht die wichtigste. Der Körper ist durch das stark reduzierte Training der letzten Tage ausgeruht genug und braucht nicht mehr so viel Schlaf wie in den harten Trainingsphasen. Wichtiger ist es, dass Sie in der vorletzten Nacht vor dem Marathon möglichst gut schlafen.

**14.** Die meisten Marathonläufe werden morgens gestartet. Stehen Sie mindestens drei bis vier Stunden vor dem Start auf. Wer die letzten Stunden vor dem Marathon verschläft, kommt auch die ersten Kilometer des Rennens nicht in die Gänge.

**15.** Gehen Sie vor dem Frühstück ein wenig an die frische Luft. Traben Sie fünf Minuten locker auf und ab. Das bringt den Kreislauf rechtzeitig in Schwung, lockert die Muskulatur und gibt Ihnen einen Eindruck von der Temperatur und dem Wetter, das Sie im Rennen erwartet.

**16.** Frühstücken Sie am Morgen des Wettkampfs, auch wenn Sie überhaupt keinen Appetit haben. Wer vor dem Rennen nichts isst, geht mit Glykogenspeichern an den Start, die nicht optimal gefüllt sind.

**17.** Sie sollten nicht nur körperlich auf den Marathon vorbereitet sein. Eine mentale Auseinandersetzung mit dem Wettkampf beugt vielen Schwierigkeiten vor: Lesen Sie alle Informationen, die Sie zum Verlauf des Marathons erhalten, in Ruhe durch (aber nicht erst drei Stunden vor dem Start). Schauen Sie sich Streckenplan und -profil gewissenhaft an. Überlegen Sie sich rechtzeitig, wie Sie am Wettkampftag den Start erreichen wollen. Achtung: Taxis sind meist nie da, wo man sie braucht, und erreichen auch selten den näheren Startbereich. Stellen Sie sich zeitlich auf einen Fußmarsch ein.

**18.** Suchen Sie am Wettkampftag rechtzeitig eine Toilette auf. Lange Schlangen vor öffentlichen Toiletten verursachen unnötige Hektik und forcieren die Vorstartnervosität.

**19.** Wärmen Sie vor dem Start die Muskulatur durch lockeres Traben und leichtes Stretching auf. Halten Sie die Muskulatur warm und trocken. Einreibungen mit Ölen oder Salben sind überflüssig und mehr altübernommenes Ritual als wirkungsvolle Leistungsunterstützung. Durchblutet wird dabei vor allem die Haut, nicht die Muskulatur.

**20.** Begeben Sie sich rechtzeitig in den Startbereich. Damit vermeiden Sie Schieben, Drängeln und Hektik in den Minuten vor dem Start.

**21.** Überprüfen Sie rechtzeitig vor dem Startschuss den Sitz von Socken und Schuhen. Achten Sie auf die Schnürung. Doppelt geschnürt hält besser.

## Während des Marathons

**22.** Bleiben Sie nach dem Startschuss ruhig. Verpuffen Sie nicht Ihre gesamte Energie damit, sich in dem engen Startbereich mit den Mitläufer*innen zu behakeln.

**23.** Denken Sie beim Startschuss daran, die Stoppfunktion Ihrer Uhr zu starten. Mit der Uhr am Handgelenk sind Sie unabhängig von der Zeitmessung entlang der Strecke. Nicht immer gehen die offiziellen Uhren an den Zwischenmarken richtig, manchmal funktionieren Sie gar nicht, und manchmal sind sie auch schlecht einsehbar.

**24.** Je nach Größe einer Veranstaltung entzerrt sich das Feld der Starter nach wenigen Metern oder erst nach einigen Kilometern. Unterliegen Sie nicht der Versuchung, bei freier Bahn das Tempo übermäßig zu forcieren. Versuchen Sie langsam, Ihr eigenes Tempo zu finden.

**25.** Überprüfen Sie das Tempo auf dem ersten Teil der Strecke gewissenhaft, Kilometer für Kilometer. Versuchen Sie nicht, auf Gedeih und Verderb am Start verloren gegangene Zeit auf den ersten fünf Kilometern wieder herauszuholen. Das rächt sich, spätestens ab Kilometer 35.

**26.** Schon mit den ersten Schritten fühlen Sie sich bärenstark. Schön für Sie, aber kein Grund, alle Vorsätze über Bord zu werfen. Halten Sie sich auf der ersten Streckenhälfte exakt an Ihr vorgeschriebenes Tempo; nur wer sich bei Kilometer 30 unterfordert fühlt, darf die Marschtabelle korrigieren. Und ab 35 Kilometern heißt es: Was interessiert mich die Zielzeit von heute morgen?

**27.** Beginnen Sie frühzeitig zu trinken, egal, ob es friert und schneit oder ob die Sonne scheint. Der Körper benötigt nicht nur bei Hitzemarathons viel Flüssigkeit. Körperliche Arbeit strengt auch im Winter an und fördert den Flüssigkeitsverlust. Nehmen Sie nur Getränke zu sich, von denen Sie wissen, dass Ihr Magen sie verträgt. Trinken Sie mindestens alle fünf Kilometer, auch wenn Sie keinen Durst verspüren. Lassen Sie sich Zeit beim Trinken, nehmen Sie kleine Schlucke und trinken Sie langsam. Besser ist es, eine Gehpause einzulegen, als sich zu verschlucken und zu wenig zu trinken.

**28.** Bei vielen Marathonläufen zeigt Ihnen eine Linie den schnellsten Weg ins Ziel. Versuchen Sie, dieser Ideallinie zu folgen. Laufen Sie nicht Ihren Mitläufer*innen in die Beine, nur um einige Zentimeter zu gewinnen.

**29.** Wenn Sie zunehmende Schmerzen in der Muskulatur spüren, dann bleiben Sie stehen. Lockern Sie die betroffenen Muskeln auf, massieren und dehnen Sie die schmerzhaften Bereiche vorsichtig. Versuchen Sie, anschließend zunächst langsam wieder zu gehen, dann erst zu traben beziehungsweise zu laufen.

Ein plötzlicher stechender Muskelschmerz sollte nicht auf die leichte Schulter genommen werden. Gehen oder traben Sie vorsichtig bis zur nächsten medizinischen Versorgungsstelle. Versuchen Sie nicht, mit stechenden Muskelschmerzen weiterzulaufen.

**30.** Keine Angst, Seitenstechen ist nicht der Anfang vom Ende eines Marathonlaufes, wie noch immer viele Läufer*innen meinen. Verlangsamen Sie das Tempo, drücken Sie die Hand in die schmerzhafte Stelle und lassen Sie beim Ausatmen wieder los. Sticht es Sie in der linken Seite, versuchen Sie einen Atemrhythmus zu finden, bei dem Sie immer laut und heftig ausatmen, wenn der linke Fuß den Boden berührt. Treten die Beschwerden rechts auf, atmen Sie im Rhythmus des rechten Fußes aus. Wenn alles nicht mehr hilft, machen Sie Gehpausen und atmen Sie ruhig und rhythmisch.

**31.** Versuchen Sie, positiv zu denken. Gewinnen Sie selbst schwierigsten Situationen immer etwas Positives ab. Verfallen Sie nie in Panik. Take it easy! Regen ab Kilometer 10: »Das erfrischt.« Seitenstechen ab Kilometer 20: »Die verschwinden auch wieder.« Muskelschmerzen bei Kilometer 35: »Ich scheine wirklich schon etwas geleistet zu haben.«

**32.** Mobilisieren Sie mit dem Ziel vor Augen ruhig noch einmal Ihre letzten Kräfte, aber genießen Sie trotzdem den Einlauf in den Zielkanal. Er ist das Tüpfelchen auf dem Marathon-i. Denken Sie gegebenenfalls an das Zielfoto: lächeln!

## Nach dem Marathon

**33.** Circa 170 Gramm Fett, 315 Gramm Kohlenhydrate und, wenn Sie nicht ausreichend getrunken hatten, bis zu drei Liter Wasser verlieren Marathonläufer*innen laut einer Untersuchung (beim London-Marathon 2014). Da heißt es, direkt im Ziel des Marathons die Energiespeicher wieder aufzufüllen. Essen Sie vor allem reife Bananen und andere Früchte und trinken Sie, soviel Sie mögen.

**34.** Gehen Sie lieber nach dem Zieleinlauf ein paar Schritte, als sich sofort zu setzen. Dehnen Sie die Muskulatur vorsichtig, aber achten Sie dabei auf Schmerzen (Warnsignale).

**35.** Suchen Sie schnellstmöglich Ihren Kleiderbeutel. Ziehen Sie die Wettkampfbekleidung aus und trockene Kleidung an. Gönnen Sie Ihren Füßen ein wenig Luft, bevor Sie trockene Schuhe anziehen.

**36.** Bei vielen Marathonläufen werden im Zielbereich Massagen angeboten. Nutzen Sie diese Möglichkeit und scheuen Sie sich nicht, auf eine Behandlung zu warten. Der Andrang ist zumeist groß, die Wartezeit können Sie mit einer vorsichtigen Selbstmassage überbrücken.

**37.** Gönnen Sie sich ein heißes Bad. Entspannende Badezusätze wirken zwar keine Wunder, steigern aber zumindest das Wohlgefühl und riechen außerdem gut.

**38.** Traben Sie am Tag nach dem Marathon einige Minuten, wenn Sie denn können. Das hilft, die Milchsäure aus den strapazierten Muskeln zu transportieren (Muskelkater).

**39.** Nehmen Sie sich nach dem Marathon ausreichend Zeit zur Regeneration. Ruhen Sie sich in der Woche nach dem Marathon aus und genießen Sie sieben Tage, ohne zu laufen.

**40.** Wer es partout nicht lassen kann, sollte alternative Trainingsmöglichkeiten suchen: Schwimmen oder Radfahren zum Beispiel, aber auf niedrigem Level.

**41.** Eine Regel lautet: Für jeden Wettkampfkilometer einen halben Tag stark reduziertes Training planen. In den Wochen 2 bis 4 nach dem Marathon sollte das Training auf 20 bis 30 Prozent des üblichen Umfangs beschränkt werden.

**42.** Lassen Sie sich zwischen zwei Marathonläufen mindestens drei Monate Zeit. Natürlich gibt es Läufer*innen, die alle zwei Wochen einen Marathon laufen, aber sein Optimum kann man pro Jahr höchstens in zwei bis drei Marathonläufen erreichen.

## Hinter der Ziellinie

Erfahrene Marathonläufer*innen kennen den Marathon-Blues, sie wissen, was sie in den Wochen nach einem Marathon erwartet. In den ersten Tagen danach geht man Treppen am liebsten rückwärts hinab, beim Gehen macht sich jede Muskelfaser bemerkbar, ans Laufen ist vorerst gar nicht zu denken. Nicht jeden trifft es gleich hart. Manche fühlen sich schon wenige Tage nach einem Marathon wieder hervorragend und planen tatendurstig die nächsten wichtigen Wettkämpfe.

Doch gemach: Auch wenn Sie sich subjektiv gut fühlen, heißt das noch lange nicht, dass sich Ihr Bewegungsapparat vollständig erholt hat. Und machen Sie es nicht manchen Spitzenläufer*innen nach, die eine Woche nach dem Marathon schon wieder ein hartes Rennen bestreiten. Solche »Doppelschläge« sind unter Fachleuten umstritten. Oft geht es nur darum, noch ein paar Mark extra zu verdienen.

Also: Nach dem Marathon muss erst mal Ruhe in Ihren Körper kommen, oder anders gesagt: müssen Lauf-Ruhetage sein!

## Warum regenerieren?

Sie glauben uns nicht? Wir sollen Sie mit unserem Gerede von »Ruhetagen etc.« in Ruhe lassen? Jetzt wollen wir Ihnen mal ein bisschen Angst machen – da wir Sie sonst voraussichtlich nie »zur Ruhe kriegen« – und Ihnen zeigen, was für Auswirkungen hohe Belastungen tatsächlich auf Ihren Körper haben. Diverse Studien belegen sehr eindrucksvoll, wie die Muskulatur und der Organismus durch harte und lang andauernde Belastungen (über-)beansprucht werden und welch lange Zeit sie brauchen, um wieder vollständig erholt zu sein.

Der Japaner Robert S. Hikida untersuchte im Rahmen einer aufwendigen Studie in den USA die Muskulatur einer Gruppe von Marathonläufer*innen vor, direkt nach und am dritten, fünften und siebten Tag nach einem Marathonlauf. Hikida stellte fest, dass die Muskelzellen aller Proband*innen starke Schäden aufwiesen, am auffälligsten waren diese am ersten und dritten Tag nach dem Marathon, aber grundsätzlich auch bei allen Läufer*innen noch sieben Tage nach dem Marathon deutlich nachweisbar. Und so ganz nebenbei stellte sich heraus, dass bei 25 Prozent der Marathonläufer*innen die Muskulatur schon am Tag vor dem Start eindeutige Hinweise für eine Überbeanspruchung aufwies. Was nichts anderes bedeutete, als dass diese Läufer*innen ganz einfach nur eines getan hatten: zu hart trainiert. In einer begleitenden Studie injizierte der Wissenschaftler Peter Martin Ultramarathonläufer*innen (so nennt man Läufer*innen, die an Wettbewerben teilnehmen, die länger als die üblichen 42,195 Marathon-Kilometer sind) eine radioaktive Substanz ins Blut. Die Substanz mit dem komplizierten Namen »Technetium 99m pyrophosphate« wird speziell von beschädigten Körperzellen aufgenommen, im Herz-Kreislauf, in der Muskulatur und in den Knochen.

In einem speziellen Verfahren konnte Martin beobachten, wo sich die Substanzen bei den Ultraläufer*innen häuften: Dies war vor allem die Muskulatur der unteren Extremitäten. Und das Wichtigste: Die Läufer*innen, die über die größten Muskelschmerzen nach dem Wettkampf klagten, hatten auch die schwersten Muskelschäden. Schlussfolgerung: Je größer die Muskelbeschwerden nach einer Trainingsbelastung oder einem Wettkampf sind, desto länger sollte die anschließende Ruhephase sein.

Am interessantesten scheinen aber die Ergebnisse des Amerikaners M. J. Warhol zu sein, die er 1985 im *American Journal of Pathology* veröffentlichte. Warhol untersuchte die Muskeln einer Gruppe von 40 Marathonläufer*innen über einen Zeitraum von zwölf Wochen nach der

Teilnahme an einem Marathon. Die Muskeluntersuchungen, die er 48 Stunden nach dem Rennen vornahm, zeigten Schädigungen – Achtung, jetzt wird es hochwissenschaftlich – der Myofibrillen (Untereinheit der Muskelfasern), Mitochondrien (Kraftwerke der Zellen zur Umwandlung von Substraten in Energie) und des sarkoplasmatischen Retikulums (Kanälchensystem in den Muskelfasern, welches der Übertragung der nervösen Erregungen von der Zellmembran auf die Muskelfasern dient). Die Schädigungen waren individuell sehr unterschiedlich stark ausgeprägt, aber bei manchen Läufer*innen betrafen sie bis zu 25 Prozent aller Muskelfasern. Erst ab dem siebten Tag nach der Extrembelastung zeigten die betroffenen Muskeln regenerative Veränderungen. Einen Monat nach dem Ultramarathon gab es zwar kaum noch Hinweise auf Muskelzellschädigungen, aber klare Anzeichen für weitere Regenerationsprozesse in der Muskulatur, die sich sogar noch bis in die zehnte Woche nach der Höchstbelastung nachweisen ließen.

Glauben Sie uns, die Liste derartiger Untersuchungen mit ähnlichen Ergebnissen ließe sich noch weit fortsetzen, aber wir wollen Ihnen ja nicht den Spaß an Marathonläufen oder sonstigen Belastungen nehmen, sondern einfach nur eines: Sie darauf hinweisen, dass jedem Sportler Erholungsphasen nicht nur guttun, sondern diese für eine sinnvolle Leistungssteigerung unbedingt notwendig sind.

## Der Wiedereinstieg

Körperlich wie mental bedeuten gerade die Wochen nach einem Marathonlauf also eine ebenso schwierige Herausforderung wie das vorausgegangene Training und der Wettkampf selbst. Manche brauchen gar einen ganzen Monat, bis sich die rechte Freude am Laufen wieder einstellt. Wer die Wettkampf-Nachbereitung jedoch richtig gestaltet, zum Beispiel mit einem ausgewogenen Verhältnis zwischen Ruhe und gut dosiertem, abwechslungsreichem Training, der kommt auch wieder in Form.

Deshalb zeigen wir Ihnen nachfolgend, wie die Wochen nach einem Marathon aussehen sollten. Sie werden überrascht sein, wie wenig anspruchsvoll diese sind, aber machen Sie sich einfach einmal klar, dass die besten afrikanischen Marathonläufer*innen nach der Saison durchaus bis zu vier Wochen haben, in denen Sie gar nicht laufen. Ja, überhaupt nicht. Und da kommen Sie mit unseren Regenerationsplänen noch gut weg.

## Regeneration: Marathonfreizeitläufer*innen (Finisherzeit: über 4:00 Stunden)

### 1. Woche nach dem Marathon

Montag ................................ 10–20 min zügiges Spazierengehen
Dienstag ................................ Ruhe
Mittwoch ................................ Ruhe
Donnerstag ................................ Ruhe
Freitag ................................ Ruhe
Samstag ................................ 40 min Radfahren
Sonntag ................................ Ruhe

### 2. Woche nach dem Marathon

Montag ................................ 30 min Schwimmen
Dienstag ................................ Ruhe
Mittwoch ................................ Ruhe
Donnerstag ................................ 60 min Radfahren
Freitag ................................ Ruhe
Samstag ................................ Ruhe
Sonntag ................................ 30 min Schwimmen

*Freizeitläufer*innen kopieren Woche 2 mindestens noch in Woche 3 und Woche 4 nach dem Marathon und beginnen mit einem Lauftraining erst, wenn sie wieder Lust verspüren.*

## Regeneration: Engagierte Marathonläufer*innen (Finisherzeit: 3:00–4:00 Stunden)

### 1. Woche nach dem Marathon

Montag ................................ 10 min langsamer Dauerlauf, Stretching
Dienstag ................................ Ruhe
Mittwoch ................................ Ruhe
Donnerstag ................................ Ruhe
Freitag ................................ Ruhe
Samstag ................................ 30 min Schwimmen
Sonntag ................................ Ruhe

**2. Woche nach dem Marathon**

Montag ................................ 60 min Radfahren
Dienstag ................................ Ruhe
Mittwoch ................................ 40 min Schwimmen
Donnerstag ................................ Ruhe
Freitag ................................ 20–30 min langsamer Dauerlauf
Samstag ................................ Ruhe
Sonntag ................................ 30 min lockerer Dauerlauf

*Engagierte Läufer*innen kopieren Woche 2 noch einmal in Woche 3 nach dem Marathon und beginnen erst in Woche 4 wieder mit einem regelmäßigen Lauftraining.*

## Regeneration: Ambitionierte Marathonläufer*innen (Finisherzeit: unter 3:00 Stunden)

**1. Woche nach dem Marathon**

Montag ................................ 10–20 min langsamer Dauerlauf, Stretching
Dienstag ................................ Ruhe
Mittwoch ................................ 30 min Schwimmen
Donnerstag ................................ Ruhe
Freitag ................................ 60 min Radfahren
Samstag ................................ Ruhe
Sonntag ................................ 40 min Schwimmen

**2. Woche nach dem Marathon**

Montag ................................ Ruhe
Dienstag ................................ 30 min langsamer Dauerlauf, Stretching
Mittwoch ................................ Ruhe
Donnerstag ................................ 30 min lockerer Dauerlauf, Stretching
Freitag ................................ 30 min Schwimmen
Samstag ................................ 40 min lockerer Dauerlauf, Stretching
Sonntag ................................ 60 min Radfahren

*Ambitionierte Läufer*innen beginnen in Woche 3 nach dem Marathon wieder mit einem regelmäßigen Lauftraining.*

# KAPITEL 5

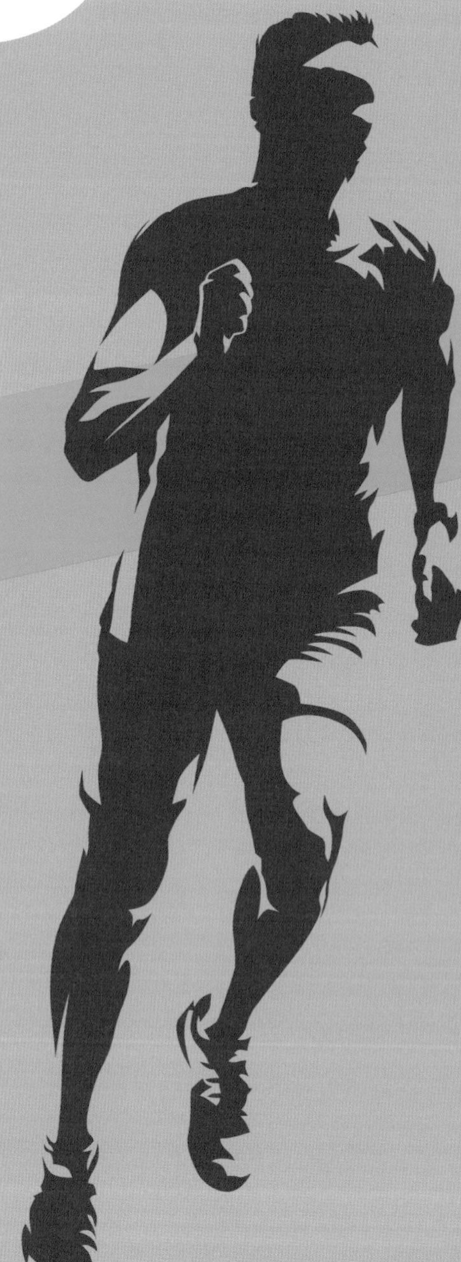

# Die optimale Ernährung für Dauerläufer*innen

Die einen Läufer*innen laufen, um danach bedenkenlos essen zu können. Die anderen Läufer*innen essen, um danach optimal laufen zu können. Fakt ist: Wer läuft, macht sich meist auch Gedanken über seine Ernährung. Manche Läufer*innen mehr, andere weniger. Wer allerdings einen Marathon laufen möchte, der ist gut beraten, sich mit dem Thema Ernährung etwas ausführlicher auseinanderzusetzen, um Stoffwechselvorgänge, Energiebedarf und Energiebereitstellung besser zu verstehen und optimal im Training und vor allem dann auch im Wettkampf nutzen zu können. Es sind grundlegende physikalische Gesetze, die zum Tragen kommen, wenn es um die Ernährung von Läufer*innen geht, zum Beispiel dieses: keine Leistung ohne Energie! Denn der menschli-

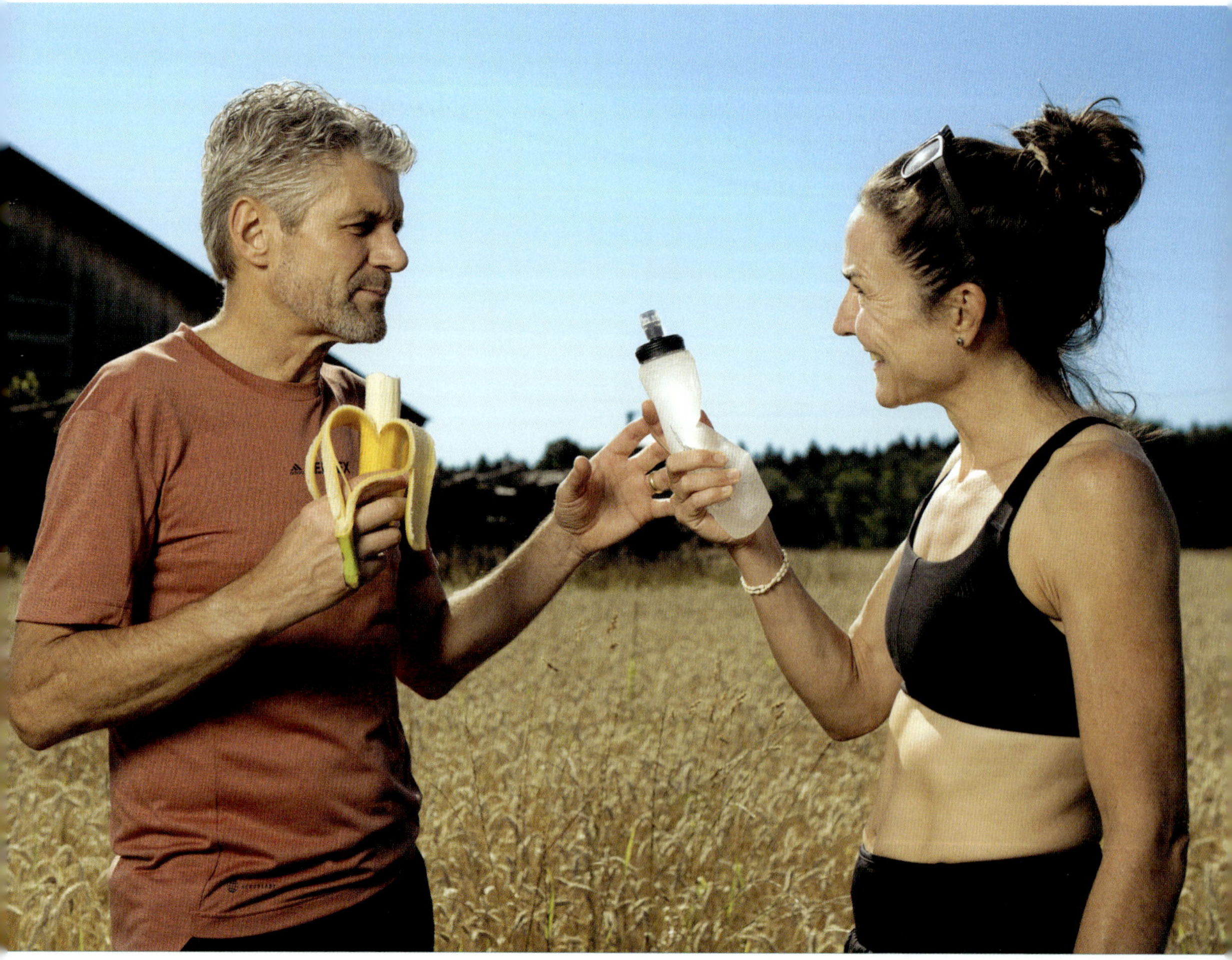

che Körper kann sich nur bewegen, wenn Energie bereitgestellt wird. Und Marathonläufer*innen verlangen vom Körper eine durchgängige Energiebereitstellung, und das über einen außergewöhnlich langen Zeitraum. Unermüdlich müssen die an der Laufbewegung beteiligten Muskelzellen mit Energie versorgt und Abfallprodukte des Energieumsatzes zugleich abtransportiert werden. An diesem Prozess ist beispielsweise die Lunge als wichtiger Sauerstofflieferant genauso beteiligt wie das Herz als Motor, der Blutkreislauf als Transportmittel, die Leber als großes Energiedepot und schließlich das Gehirn als Motivator.

### Unser Energiesystem als Kleiderschrank

Der Körper verfügt also über ein perfekt arbeitendes System, das durch Training und die richtige Ernährung optimiert werden kann. Das komplexe Energiesystem stellen wir uns hier vereinfacht wie einen Kleiderschrank vor. Energie wird in Form von Kohlenhydraten, Fetten und Eiweißen täglich eingelagert und je nach Bedarf wieder ausgelagert. Das Bild des Kleiderschranks kann wunderbar dabei helfen, die Qualitäten und Verfügbarkeiten dieser einzelnen Makronährstoffe zu verstehen.

## Die wichtigsten Energielieferanten

### Marathonläufer*innen brauchen Kohlenhydrate

Marathonläufer*innen brauchen Kohlenhydrate, viele Kohlenhydrate. Kohlenhydrate haben nämlich den großen Vorteil, dass sie, um der Muskelzelle als verwertbare Energie zur Verfügung zu stehen, sehr schnell verarbeitet werden können. Kohlenhydrate sind nichts anderes als aneinandergekettete Zuckermoleküle. Einfachzucker, wie sie in Süßigkeiten vorkommen, sind besonders schnell verfügbar, geben aber nicht lange Energie. Mehrfachzucker, wie sie zum Beispiel in Kartoffeln stecken, weisen langkettige Moleküle auf und liefern dadurch sehr viel lang anhaltender der Muskelzelle Energie. Um das Bild des Kleiderschranks zu nutzen: Die Kohlenhydrate hängen ganz vorne im Schrank, um immer möglichst schnell greifbar, sprich verfügbar zu sein. Nennen wir sie die »Hängeschränke«, auf die man besonders einfach und schnell zugreifen kann. Das Beste wäre also, Marathonläufer*innen hätten jede Menge »Hängeschränke«, in denen nur gut verfügbare Kohlenhydratkleider hängen. Dann könnten Marathonläufer*innen auch in größten Stresssituationen, wenn der Puls rast, die Muskeln im Akkord arbeiten und unentwegt Energie benötigt wird, ein Kleid nach dem anderen dem Schrank entnehmen. Aber leider ist dem nicht ganz so, denn unter Sauerstoffmangel sieht es im Kleiderschrank bald aus wie im Backstagebereich einer unorganisierten Modenschau, die Kleiderständer sind leer ... doch die Marathonläufer*in hätte gerne viel mehr davon. Mehr gibt es aber nicht. Leider! Das ist nämlich der Haken an der Sache: Die »Hängeschränke«, im Fachjargon »Glykogenspeicher« genannt, sind begrenzt. Denn ein weiterer wichtiger Fakt ist: Sind die Kohlenhydratspeicher voll, kann der Körper kein weiters Glykogen mehr einlagern, also keine weiteren »Hängeschränke« anbauen.

Aber Achtung, jetzt wird es noch etwas kniffeliger: Da dem Körper keine zugeführte Energie verloren gehen soll, wandelt der Körper die Kohlenhydrate, die trotz voller Speicher zugeführt werden, einfach in Fett um. Um im Bild unseres Kleiderschranks zu bleiben: Es werden keine weiteren Kleider aufgehängt, sondern die Energie als Socken in die Sockenschubladen gesteckt, denn die kann man unbegrenzt vollpacken.
Warum das so ist? Das ist eine genetische Programmierung des Körpers aus der Steinzeit. Ja, tatsächlich: Unsere Vorfahren hatten kein regelmäßiges Jagdglück, aber wenn sie es hatten, dann ein paar wenige Tage viel zu essen, dafür aber auch tagelang nur sehr wenig zu essen. Also durfte auch die Energie, die dem Körper bei vollen Kohlenhydratspeichern zugeführt wurde, nicht verloren gehen, und nur die Umwandlung in den Nährstoff Fett machte das möglich, denn dessen Speicherkapazitäten waren und sind nicht begrenzt.

## Wie viel Kohlenhydrate brauchen Sie?

Welche Menge an Kohlenhydraten ist nun aber richtig und wichtig für Marathonläufer*innen? Für jeden Kilometer, den man während eines Marathontrainings mehr läuft als sonst, benötigt man sehr grob geschätzt 60 Kilokalorien extra. Wer also 60 statt 40 Kilometer pro Woche läuft, braucht pro Woche rund 1200 Kilokalorien mehr, das sind täglich 170 Kilokalorien zusätzlich. Diese Extrakalorien sollten Läufer*innen unmittelbar nach ihrem Training zuführen, und zwar spätes-

tens in den folgenden zwei Stunden. Denn das ist der Zeitraum, in dem die Muskulatur die meisten Kohlenhydrate einlagert.
Die größte Bedeutung kommt den Kohlenhydraten aber vor Belastungen zu, damit unsere »Hängeschränke« ausreichend gefüllt werden und das Energiesystem optimal arbeiten kann. Die Ernährung von Marathonläufer*innen sollte zu 60 Prozent aus Kohlenhydraten bestehen, der Eiweißanteil bei 25 Prozent liegen und die restlichen 15 Prozent fallen auf das Fett. Das nennt man dann die 60-25-15-Ausdauerdiät.

## Die 60-25-15-Ausdauerdiät

Die 60-25-15-Ausdauerdiät steht also für nichts anderes als jede Menge Kohlenhydrate, die helfen, die gut zu erreichenden »Hängeschränke«, also unsere Glykogenspeicher, aufzufüllen. Gerade weil der Kohlenhydratanteil in der Ernährung von Marathonläufer*innen extrem hoch ist, sollte auf die Qualität der Kohlenhydrate geachtet werden. Dabei werden die unterschiedlichen Zusammensetzungen des Zuckers wichtig. Die Einfachzucker werden auch Monosaccharide genannt und sind als Traubenzucker oder Fruchtzucker extrem schnell verfügbar. Zweifachzucker oder Disaccharide nennt man den klassischen Kristallzucker oder den Milchzucker. Mehrfachzucker, genannt Oligosaccharide, kommen zum Beispiel in sämtlichen Obstsorten vor. All diese Zuckerarten sind wasserlöslich und haben einen süßen Geschmack. Die Vielfachzucker sind die sogenannten Polysaccharide und sind in der Stärke oder Zellulose enthalten. Sie sind hingegen oftmals schlecht oder gar nicht in Wasser löslich und geschmacksneutral.

Getreide, Kartoffeln, aber auch viele Gemüsesorten bestehen aus letztgenannten Vielfachzuckern. Je länger die Zuckerketten sind, desto länger ist die Energieversorgung gesichert. Der Traubenzucker vor dem Start des Marathons hält also kaum bis zur ersten Kilometermarkierung. Wer clever ist, füllt seinen Kleiderschrank mit den Kohlenhydraten aus Obst und Gemüse. Das hat nämlich mehrere Vorteile: Obst und Gemüse liefern neben den Kohlenhydraten jede Menge Vitamine und Mineralstoffe, die das Immunsystem stärken. Der süße Geschmack des Obstes befriedigt das Gehirn und die Ballaststoffe helfen dem Verdauungstrakt, seine Arbeit zu verrichten. Außerdem wirken fast alle Obst- und Gemüsesorten basisch im Körper, im Gegensatz zu sämtlichen Getreideprodukten, die die Übersäuerung des Organismus begünstigen. (siehe Seite 148)

## Der Kohlenhydratgehalt entscheidet

Marathonläufer*innen müssen sich also merken, dass der Körper nur richtig Leistung bringen kann, wenn die Kohlenhydratspeicher möglichst gut gefüllt sind. Vor einem hochintensiven Training oder gar einem Wettkampf sollten Läufer*innen darauf achten, dass sie bis zu 4 Gramm Kohlenhydrate pro Kilogramm Körpergewicht zu sich nehmen. Bei einer Läuferin, die 60 Kilogramm wiegt, wären das 240 Gramm. Die folgende Tabelle gibt Aufschluss darüber, wie viele Kohlenhydrate in jeweils 100 Gramm eines bestimmten Lebensmittels stecken.

| Lebensmittel | Kohlenhydratgehalt / 100 g | Lebensmittel | Kohlenhydratgehalt / 100 g | Lebensmittel | Kohlenhydratgehalt / 100 g |
|---|---|---|---|---|---|
| Ananas | 12 g | Johannisbeeren | 5 g | Paprika, grün | 3 g |
| Äpfel | 11 g | Kartoffeln, gekocht | 15 g | Pommes | 33 g |
| Baguette | 56 g | Käse | 0 g | Pumpernickel | 36 g |
| Bananen | 20 g | Kichererbsen | 44 g | Quark | 3 g |
| Brokkoli | 3 g | Kirschen | 10 g | Quinoa | 62 g |
| Brombeeren | 6 g | Kopfsalat | 1 g | Roggenvollkornbrot | 39 g |
| Chips | 45 g | Kürbiskerne | 3 g | Rote Bete | 9 g |
| Cornflakes | 80 g | Lakritz | 86 g | Sonnenblumenkerne | 12 g |
| Croissants | 45 g | Leinsamen | 0 g | Spinat | 1 g |
| Eiscreme | 21 g | Linsen | 41 g | Süßkartoffeln | 23 g |
| Erbsen | 12 g | Mandeln | 5 g | Toastbrot | 49 g |
| Erdbeeren | 6 g | Marzipan | 57 g | Tomate | 3 g |
| Erdnüsse | 7 g | Meeresfrüchte | 0–5 g | Trauben | 15 g |
| Fisch | 0 g | Mehrkornvollkornbrot | 43 g | Trockenfrüchte | 40–70 g |
| Fleisch | 0 g | Melone | 8 g | Vollkornknäckebrot | 68 g |
| Fruchtgummi | 78 g | Milch | 5 g | Vollkornspaghetti, roh | 60 g |
| Fruchtjoghurt | 16 g | Milchschokolade | 54 g | Walnüsse | 11 g |
| Gnocchi, gekocht | 26 g | Möhren, gekocht | 5 g | Weißbrot | 49 g |
| Gurke | 2 g | Naturjoghurt | 4 g | Zucchini | 2 g |
| Haferflocken | 59 g | Naturreis, gekocht | 27 g | Zucker | 100 g |
| Himbeeren | 5 g | Orangen | 8 g | | |

## Fett ist besser als sein Ruf

Okay, wir haben gelernt, dass unsere »Hängeschränke«, die Kohlenhydratspeicher, begrenzt sind, aber der Körper hat weitere Möglichkeiten, Energie einzulagern, damit ihm bloß nichts von der zugeführten Nahrung abhandenkommt. Unser »Kleiderschrank« verfügt also noch über viele kleine Fächer und Schubladen, in die dann auch unendlich viel reinpasst. Unendlich viel deshalb, weil der Körper diese Fächer nahezu endlos anbauen kann. Nennen wir diese Fächer die »Sockenschubladen« – und bei denen verhält es sich also so: Ist ein Fach voll, wird einfach ein neues Fach angebaut, um die vielen, vielen »Kleider«, die da geliefert werden, irgendwo unterzubringen.

Die »Sockenschubladen« sind also die Fettzellen und wer neben seinem Bauchnabel mit Daumen und Zeigefinger einmal zukneift, kann sehr schön überprüfen, wie viele dieser Schubladen sein Kleiderschrank gerade in Gebrauch hat. Frauen haben naturgemäß davon ein paar mehr, Männer in der Regel eher ein paar weniger. Fakt ist aber, dass selbst bei sehr schlanken Personen so viel Energie in diesen Schubladen lagert, dass sie für mehrere Tausend Laufkilometer reichen würde. Nur leider, leider kann man die »Kleider« aus den Schubladen nicht so einfach herausholen wie aus den Hängeschränken – wir bleiben beim Bild des Kleiderschranks: Sie müssen erst auseinandergefaltet und auf den Kleiderbügel gehängt werden, bevor man sie anziehen kann. Dieser Vorgang ist kompliziert, braucht Zeit und Geduld und je mehr Stress wir haben, desto schlechter klappt das. Diesen Vorgang nennt man im wissenschaftlichen Jargon Fettverbrennung, und die kann geübt und trainiert werden. Denn jeder Fettstoffwechsel wird durch gezieltes Ernährungsverhalten und sportliche Aktivität optimiert.

Fett ist viel wichtiger und besser als sein Ruf. Es gilt nämlich, das ungeliebte Körperfett, dass als scheinbar lästige Masse an den Hüften klebt und beim Laufen mitgeschleppt werden muss, und das gesunde Nahrungsfett als Energielieferant zu unterscheiden. Der Körper kann zum Beispiel die fettlöslichen Vitamine A, D, E und K nur mithilfe von Fett aufnehmen und benötigt die sogenannten essenziellen Fettsäuren für lebenswichtige Körpervorgänge. Fett in Maßen ist also keinesfalls ungesund. Allerdings enthält Fett mit 9 Kilokalorien pro Gramm mehr als doppelt so viele Kalorien wie Kohlenhydrate und Eiweiße, deren Brennwert bei 4 Kilokalorien pro Gramm liegt.

### Gesättigte und ungesättigte Fettsäuren

Sie haben sicher schon von den gesättigten und den ungesättigten Fettsäuren gehört, aber wissen Sie auch, was es damit auf sich hat? Um es einfach zu erklären: Die Fettsäuren sind vergleichbar mit kleinen Würmchen mit Ärmchen. Die gesättigten Fettsäuren haben ihre Ärmchen verschränkt. Sie sind satt und träge, geraten in Form von Wurst, Butter und Käse in den Körper, verstopfen dort im schlimmsten Fall sogar Blutgefäße und richten mehr Schaden als Gutes an. Die ungesättigten Fettsäuren hingegen haben ihre Ärmchen offen. Offene Ärmchen signalisieren, dass sie hungrig sind, also nicht satt. Deshalb sagt man: ungesättigt. Mehrfach ungesättigte Fettsäuren wie die Omega-3-Säuren haben sogar mehrere offene Ärmchen. Sie kommen in den Blutkreislauf über Fisch, Leinsamen oder Nüsse und docken an den »schlechten«, den gesättigten Fettsäuren, an, um sie abzutransportieren. Anders gesagt: Mehrfach ungesättigte Fettsäuren verbessern die Blutfettwerte und damit die Gesundheit. Sie beschleunigen die Regeneration und helfen dem Verdauungstrakt bei seiner Arbeit. Die meisten Fettsäuren sind essenziell, das heißt, sie müssen mit der Nahrung zugeführt werden, andernfalls treten Krankheiten und Mangelerscheinungen auf.

### Transfette meiden

Abzuraten ist vom Konsum gesundheitsschädlicher Transfette. Das sind zwar ungesättigte Fettsäuren, also eigentlich gute Würmchen mit hungrigen Ärmchen, aber sie entstehen, wenn ursprünglich gesundes Pflanzenöl industriell gehärtet wird – und das ist nicht gesund. Dabei wird aus flüssigem Öl ein schmierfähiges Fett. Transfette entstehen auch, wenn Öl über längere Zeit sehr stark oder mehrmals erhitzt wird, zum Beispiel in der Fritteuse. Dadurch erhöhen Transfette den Gehalt des »schlechten« Cholesterins (LDL) im Blut. Diese sogenannten Lipoproteine geringer Dichte führen zu Ablagerungen in den Gefäßwänden, der sogenannten Arteriosklerose.

Beim Kochen, Braten und Frittieren mit Fetten und Ölen können hohe Temperaturen die molekularen Strukturen des Fettes verändern. Entscheidend sind dabei die Dauer und Temperatur. Wie lange ein Fett der Hitze standhält, hängt von seiner Zusammensetzung ab: Je mehr gesättigte Fettsäuren es enthält, desto höher liegt der sogenannte Rauchpunkt. Pflanzliche Öle mit einem hohen Gehalt an ungesättigten Fettsäuren können bereits durch Temperaturen ab 130 Grad Celsius in Transfette umgewandelt werden.

Transfette sind vor allem enthalten in Backwaren wie Croissants, Berlinern und Keksen, Fast Food und Fertiggerichten, zum Beispiel Pommes, Pizza und Burger, Knabbereien wie Chips, Flips und Popcorn. Im Durchschnitt sollte ein Mensch nicht mehr als 2,6 Gramm Transfette pro Tag zu sich nehmen. Ein einzelnes Croissant enthält aber schon bis zu 1 Gramm Transfette, ein Berliner sogar bis zu 2 Gramm und eine kleine Portion Pommes auch schon circa 1 Gramm.

Zum Braten und Kochen ist die Verwendung von raffinierten, hitzestabilen Pflanzenölen und Fetten empfohlen. Der Rauchpunkt sollte über 160 Grad Celsius liegen. Die Pfanne sollte nicht zu heiß werden, das Öl darin nicht zu qualmen beginnen.

Gut geeignet für hohes Erhitzen sind folgende Fette: Butterschmalz, Ghee (geklärte Butter), natives Olivenöl extra vergine (höhere Rauchpunkte zwischen circa 180 und 205 Grad Celsius), raffinierte Öle aus Maiskeimen, Sonnenblumen, Erdnuss, Soja und Raps (Rauchpunkt: über 160 bis 180 Grad Celsius), Kokosfett (Rauchpunkt: 185 bis 205 Grad Celsius).

Olivenöl extra vergine ist sowohl für die kalte als auch warme Küche bestens als Universalöl geeignet. Butter sollte beim Erhitzen nicht braun werden, das ist ein Zeichen für eine Oxidation, die gesundheitsschädlich ist.

## Der richtige Umgang mit Fetten

Fette sind wichtig, um manche Mikronährstoffe überhaupt erst löslich zu machen, damit der Körper sie aufnehmen kann, und Fette helfen, die Zellwände aufzubauen. Wer Fette einsparen will, sollte die versteckten Fette meiden, die sich in Milchprodukten, Käse, Wurst, Backwaren, Fertiggerichten oder Frittiertem verbergen. Die Empfehlung der Deutschen Gesellschaft für Ernährung lautet:

- Pflanzliche Fette und Öle bevorzugen, da sie reich an ungesättigten Fettsäuren sind.
- Tierische Fette reduzieren, denn sie enthalten viele gesättigte Fettsäuren. Ausnahme: fettreicher Fisch, zum Beispiel aus kalten Gewässern.
- Faustregel: Je flüssiger ein Fett ist, desto höher ist der Anteil an ungesättigten Fettsäuren.
- Mit sichtbaren Fetten, zum Beispiel Butter, Margarine oder Ölen, sparsam umgehen. In 40 Gramm Butter (2 Esslöffel) stecken bereits 320 Kilokalorien, die gleiche Menge Pflanzenöl enthält 360 Kilokalorien!
- Auf »versteckte« Fette in Wurst, Käse, Kuchen und Soßen achten.
- Speisen fettarm zubereiten. Ideal sind Zubereitungsarten, bei denen kein zusätzliches Fett nötig ist, zum Beispiel Grillen oder Garen.

## Proteine sind nicht zu unterschätzen

Der dritte Energielieferant neben Kohlenhydraten und Fetten sind die Proteine, das Eiweiß. Sie sind – wir bleiben im Bild des Kleiderschranks – die Schrauben, Scharniere, sagen wir alle Teile, die den Schrank zusammenhalten. Je mehr der Befestigungsteile es gibt, desto stärker ist der Schrank! Das Spannende: Auch die Eiweiße können, wie Kohlenhydrate und Fette, verbrannt werden – das wissen nur die wenigsten Läufer*innen –, stehen dem Schrank dann aber nicht mehr als stützende Elemente zur Verfügung, klar. Um Proteine zur Energiegewinnung zu nutzen, muss der Körper sie – ähnlich wie die Fette aus den »Sockenschubladen« – erst in Glukose umwandeln, was weitaus komplizierter ist, als einfach die Kohlenhydrate aus den »Hängeschränken« zu nehmen. Wer schon mal eine strenge Diät gemacht oder gar gefastet hat, der kennt das Phänomen, dass der Körper mit der Zeit anfängt, die körpereigenen Proteine zu verstoffwechseln. Muskulatur wird abgebaut und umgewandelt, um als Glukose dem Körper Energie zu geben, die er zum Überleben braucht. Es ist also auch möglich, ausschließlich auf der Basis von Fetten und Eiweißen ausreichend Energie zu beziehen, um seinen – ja sogar sportlichen – Alltag zu bestreiten. Das nennt sich dann »Low-Carb-Ernährung« (*Low Carb* ist englisch für »wenig Kohlenhydrate«). Aber sinnvoll ist das sogenannte Low Carb nicht, wenn man möchte, dass der Körper die bestmögliche Leistung bringt.

### Aminosäuren wollen keinen Stress

Das Gesamteiweiß des menschlichen Körpers setzt sich aus Aminosäuren zusammen. Wenn mehrere Aminosäuren zusammengeknüpft werden, entstehen Proteine. Es gibt 25 verschiedene Arten von Aminosäuren und acht davon müssen mit der Nahrung extra zugeführt werden, können also vom eigenen Stoffwechsel nicht selbst hergestellt werden. Wie viele Vitamine und Spurenelemente müssen auch Marathonläufer*innen diese Aminosäuren gezielt mit der Nahrung zuführen, sonst treten Beschwerden auf. Mediziner*innen unterscheiden zwischen Aminosäuren, die speziell für die Muskeln wichtig sind, Aminosäuren für das Bindegewebe und solchen, die für die Bildung von beispielsweise Glückshormonen zuständig sind, sogenannte psychoaktive Eiweißbausteine. Der Ersatz fehlender Aminosäuren kann sehr schnell belebend wirken oder von Befindlichkeitsstörungen befreien.

Was Körperzellen grundsätzlich nicht gut vertragen und die Aminosäuren schon mal gar nicht, sind Stress, Unregelmäßigkeiten im Lebensstil und ständige Zickzackkurse bei der Ernährung. Mal eine Phase, in der man viel zu viel isst, dann eine Drei-Tage-Diät, um schließlich wieder der Völlerei zu verfallen. So entsteht Stress im Körper. Stress entsteht aber auch durch Training. In einer Marathonvorbereitung nahezu jeden Tag. Dieser Stress plündert die Aminosäurereserven in Blut und Gewebe aus und das Auffüllen des Eiweißhaushaltes ist unumgänglich, um die Regeneration in Gang zu setzen, die Muskelfasern schnell zu reparieren und um die hormonelle Erholung zu fördern.

Es ist für Marathonläufer*innen sehr sinnvoll, dem Körper Aminosäuren (und das Spurenelement Zink) zuzuführen. Speziell sind das die essenziellen Proteinbausteine Lysin, Arginin, Glutamin und Asparaginsäure, die der Organismus nicht selbst herstellen kann. Lysin hält Haut, Bindegewebe, Knochen, Sehnen und Knorpel zusammen. Durch jedes Training werden diese Strukturen angegriffen. Ist genügend Lysin und Vitamin C vorhanden, läuft die Regeneration um Stunden schneller ab. Fehlen wichtige Aminosäuren im Haushalt von Läufer*innen, sind Leistungsabfall, Erschöpfung, Stimmungsschwankungen und ein schlechtes Immunsystem vorprogrammiert. Eine ausgewogene Ernährung mit regelmäßigen Eiweißanteilen wirkt dem gefürchteten Defizit am besten entgegen. Aber, nein, um einen gesunden Eiweißanteil aus der Nahrung zu generieren, müssen Sie nicht viel Fleisch essen. Das ist ein weitverbreiteter Irrtum!

In den westlichen Industrienationen wird doppelt so viel Eiweiß verzehrt, wie der Organismus benötigt. Und dennoch leiden viele Menschen an Eiweißmangel. Dieses Paradox resultiert aus der schlechten Verwertbarkeit verschiedener Proteine. Das meiste des Eiweißes aus Seelachs wird mit dem Stuhl wieder ausgeschieden. Ein wirkungsvoller, einfacher Trick ist, vor der Hauptmahlzeit den Saft einer halben Zitrone oder einen Esslöffel Apfelessig in Wasser verdünnt zu trinken. Das stimuliert die Magenschleimhaut und fördert nicht nur die Produktion der Magensäure, sondern führt auch dazu, dass das Eiweiß aus der Nahrung besser verwertet werden kann. Das Problem bei tierischen Lebensmitteln, die für den menschlichen Körper eigentlich sehr gut verwertbare Proteine liefern, liegt im hohen Fettgehalt. Durch das geschickte Kombinieren von pflanzlichen Lebensmitteln erhält man allerdings qualitativ sehr hochwertige Eiweißlieferanten. Eier mit Kartoffeln oder Milch mit Weizenmehl kombiniert haben eine besonders hohe biologische Wertigkeit. Es muss nicht viel Nahrung davon aufgenommen werden, um körpereigenes Protein zu schaffen.

Wichtig: Proteine brauchen Wasser und ein paar Fette, um die Muskelmasse, die Gelenke, Organe und anderes Gewebe aufzubauen. Nicht nur der Muskelaufbau und das Immunsystem werden gestärkt, es trägt zur geistigen und körperlichen Energieversorgung bei und macht statt. Die tägliche Aufnahme von Eiweiß sollte zwischen 10 und 15 Prozent liegen. Dies ist besonders wichtig für die Muskelbildung. In der Nacht kann der Körper das Eiweiß zum Muskelaufbau am besten verarbeiten. Die allgemeine Empfehlung für die Aufnahme von Eiweiß liegt pro Kilogramm Körpergewicht bei circa 0,8 Gramm Eiweiß.

Weil Aminosäuren so besonders wichtig sind, um das Wachstum und die Leistung zu steigern, sind sie ein wichtiger Baustein in der Vorbereitung auf einen Marathon. Schließlich werden mit jeder intensiven Trainingseinheit Reize gesetzt, die der Körper verarbeiten muss. Das gelingt ihm nur, wenn genug Baustoff in Form von Eiweiß verfügbar ist.

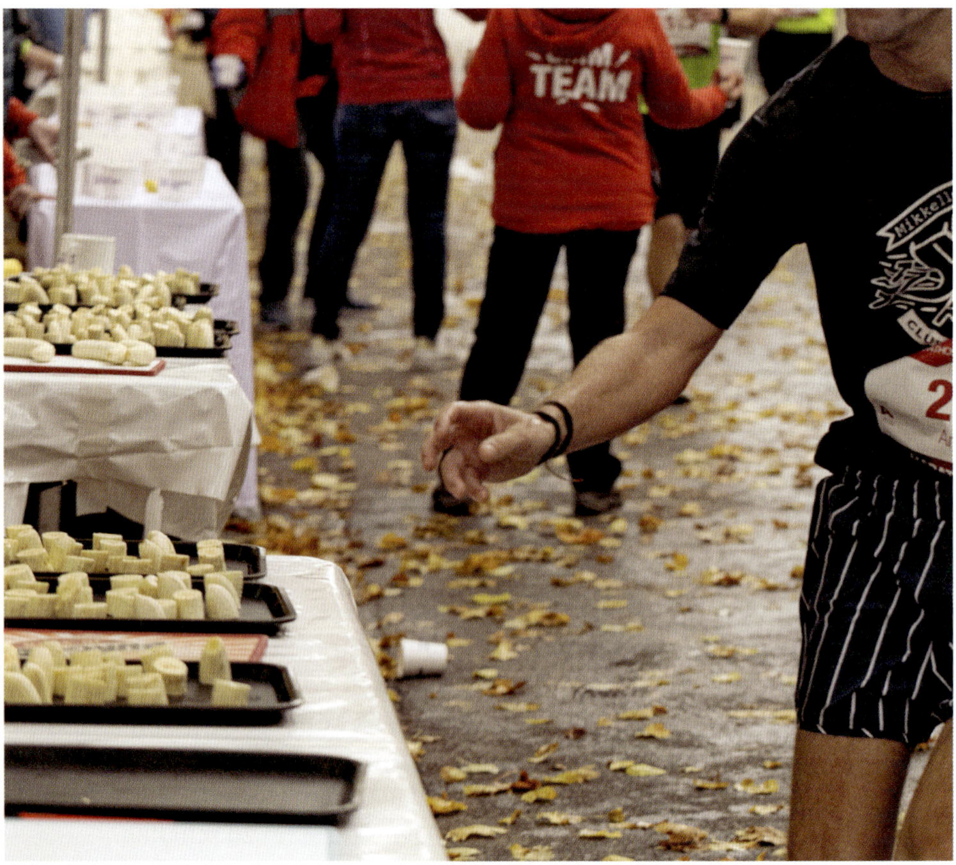

# Die perfekte Ausdauerdiät: »Slot Food« – besser nur zwei Mahlzeiten am Tag

Ein erfolgreiches Marathontraining gelingt nur, wenn der Kleiderschrank komplett und gut gefüllt und stabil ist. Um schnelle Tempoläufe zu schaffen, um den spezifischen Tempodauerlauf im Marathonrenntempo über eine längere Strecke durchhalten zu können oder den langen Lauf erstmals über eine Distanz von 30 Kilometern zu bringen, müssen ausreichend Kohlenhydrate zur Verfügung stehen. Da diese aber unweigerlich irgendwann zur Neige gehen, ist es auch wichtig, einen gut funktionierenden Fettstoffwechsel zu haben, denn die Fette retten Sie über die letzten harten Kilometer. Je mehr auf die Zufuhr von mehrfach ungesättigten Fettsäuren geachtet wird, desto mehr profitiert der Organismus von diesem energiegeladenen Makronährstoff, dessen Verbrennung vor allem dann gut funktioniert, wenn der Puls eher niedrig, also der Energiebedarf gerade nicht sehr hoch ist. Dirigiert und begleitet werden all diese Prozesse von den Aminosäuren, die dabei helfen, die gewünschten Anpassungsvorgänge im Organismus, das Stärken des Herzmuskels, das Wachsen der Mitochondrien in den Zellen oder den Kraftanstieg in der am Laufen beteiligten Muskulatur in Gang zu setzen.

## Blutzuckerspiegel stabil halten

Jetzt gibt es aber einen Trick, wie Sie die eben genannten Energieprozesse auch neben dem Training noch optimieren können. Sie ahnten es schon: Das lässt sich über Ihre Ernährungsgewohnheiten steuern. Denn Sie wissen inzwischen: Für Marathonläufer*innen ist es erstrebenswert, die Fähigkeit zu verbessern, bei leeren Kohlenhydratspeichern möglichst lange von den Fetten, unseren stets gefüllten »Sockenschubladen«, zehren zu können. Und das bringt man dem Körper am besten bei, indem man ihn schon im Alltag darauf trainiert, auch ohne Energiezufuhr leistungsfähig zu bleiben.

Ein stabiler Blutzuckerspiegel ist hier das A und O. Dazu ist wichtig zu wissen, dass immer dann, wenn etwas gegessen wird, der Blutzuckerspiegel steigt. Bei manchen Lebensmitteln nur wenig, bei anderen schnellt er in die Höhe, aber er steigt bei jeder Nahrungsaufnahme. Steigt der Blutzuckerspiegel, wird Insulin ausgeschüttet. Wird Insulin ausgeschüttet, kann kein Fett verbrannt werden! Das müssen Sie wissen, wenn Sie den Fettstoffwechsel ankurbeln möchten.

Wer keine Schwankungen im Blutzucker provoziert, der wird auch nicht von Heißhungerattacken heimgesucht, der kann problemlos drei, vier, fünf Stunden am Stück konzentriert, dynamisch und energiegeladen arbeiten, Sport treiben. Um einen stabilen Blutzuckerspiegel zu erreichen, sollte man nur in wenigen Stunden des Tages Nahrung aufnehmen. Wir nennen diese Stunden unseren »Slot«. Gegessen wird also nur, wenn das Nahrungsfenster offen steht, und es gibt maximal drei solcher Slots am Tag. Erstrebenswert wären sogar nur zwei Slots: ein reichhaltiges Frühstück und ein satt machendes Abendessen und dazwischen gibt es nichts. Keine Kalorie. Nur Wasser, Tee, schwarzer Kaffee, aber nicht mal Saft oder Schorle, denn die bringen den Blutzuckerspiegel wieder in die Höhe. Kein Mensch verhungert, wenn er sich drei- oder sogar nur zweimal am Tag richtig satt isst, schon gar nicht, wenn die Mahlzeiten aus Kohlenhydraten, Eiweißen und Fetten im ausgewogenen Verhältnis bestehen. Für manche Körpertypen macht es Sinn, in der ersten Mahlzeit des Tages den Schwerpunkt auf Kohlenhydrate zu setzen, um die »Hängeschränke« für das Tagewerk und das Training ordentlich zu füllen, um dann in der zweiten Mahlzeit eher auf Kohlenhydrate zu verzichten, dafür aber mehr Proteine für die Regeneration zu sich zu nehmen.

## Auf Zucker, Weißmehl, Alkohol verzichten

Zusätzlich zur »Slot Food«-Ernährung macht es für diejenigen, die Gewichtsmanagement betreiben wollen oder oft Probleme mit Entzündungen haben, durchaus Sinn, auf Zucker, Weißmehl und Alkohol zu verzichten. Wir nennen sie die »Kohlenhydrat-Gangster«. Sie liefern zwar die gerade bei Läufer*innen so beliebte schnelle Energie in Form von kurzkettigen Zuckern, allerdings richten sie durch die extremen Blutzuckerschwankungen, die sie verursachen, auch Schaden im Körper an. Erlaubt ist in dem Fall alles, in dem kein künstlicher Zucker steckt und was nicht aus Mehl gebacken wird: Obst, Haferflocken, Nüsse, Kartoffeln, Reis, ja sogar Nudeln, am besten aber Vollkornnudeln, und wenn Brot, dann möglichst auch in der Vollkorn-Variante oder noch besser mit alternativen Getreidesorten wie Dinkel oder zumindest Roggen. Alles ist erlaubt und somit steht keiner Essenseinladung, keinem Familienbrunch, keinem Dinner mit Geschäftskollegen etwas im Wege. Man lässt halt einfach das Brot weg, trinkt Wasser und nascht beim Nachtisch maximal Obst. Klingt freudlos? Ja, vielleicht ist es das, aber wer einen Marathon laufen möchte, der zieht für einige Wochen im Leben seine Freude eh aus anderen Dingen.

## Mikronährstoffe: Das gesunde Extra bei der Ernährung

Läufer*innen essen gerne und deshalb sollte das Essen auch eine gewisse Qualität besitzen, um nicht nur dem Körper, sondern auch der Seele etwas Gutes zu tun. Wer selbst kocht, der weiß genau, was er zu sich nimmt. Und das gesündeste Essen ist immer noch das, was am wenigstens behandelt und am frischesten zubereitet ist. Die Deutsche Gesellschaft für Ernährung spricht die Empfehlung aus, am Tag fünf Portionen Obst und Gemüse zu sich zu nehmen. Wer selbst kocht, erreicht diesen Wert leichter als diejenigen, die sich nur vom Bäcker und im Restaurant ernähren. Zum Frühstück einen Apfel, ein Glas Orangensaft und zwei Radieschen mit Kresse auf dem Brot machen schon knapp drei Portionen. Zum Abendessen gibt es eine kleine Schüssel Salat zur Pasta und vorweg Tomaten mit Mozzarella und der Tag mit den »Big Five« ist erledigt. Beim Einkaufen sollten übrigens nicht nur Marathonläufer*innen stets darauf achten, dass sie möglichst »bunte« und regionale Lebensmittel in ihren Einkaufskorb legen. Haben wir zuvor die ganze Zeit von den Makronährstoffen gesprochen, also den Kohlenhydraten, Eiweißen und Fetten, geht es nun um die Mikronährstoffe. Mineralstoffe, Vitamine und Spurenelemente sind die unsichtbaren Zauberstoffe, die jeder Organismus braucht, um gesund und leistungsfähig zu sein. Wobei, so unsichtbar sind sie gar nicht.

Jede Farbe in einem natürlichen Lebensmittel, ob das Rot der Tomate oder das Orange der Karotte, das Grün des Brokkoli oder das Blau der Beere, steht für Flavonoide, die wichtige antioxidative Wirkungen haben. Antioxidantien helfen, freie Radikale im Körper zu neutralisieren. Das sind Sauerstoffradikale, die Zellen zerstören können. Jede*r kennt den Apfel, der sich, wenn er aufgeschnitten wird, an der Oberfläche braun färbt. Der Sauerstoff zerstört die Apfelzelle, er lässt sie quasi »rosten«. Wer den antioxidativen Saft der Zitrone auf den Apfel träufelt, kann diesen Prozess verhindern. Das Gleiche geschieht mit den Zellen im Körper, die zu viel Sauerstoff ausgesetzt sind. Gerade Marathonläufer*innen, die ihre Körperzellen sehr viel Sauerstoff aussetzen, sind auf die Hilfestellung der Flavonoide angewiesen.

## Kleine Helfer: Chili, Zimt und Co.

Wer selbst kocht, der kann seine Nahrung schonender zubereiten und dadurch wichtige Vitamine und Mineralstoffe erhalten. Wer kocht, kann mit Kräutern und Gewürzen sein Essen nicht nur schmackhafter machen, er kann dadurch auch den Stoffwechsel ankurbeln. Kräuter und Gewürze stärken das Immunsystem, heizen den Fettstoffwechsel an, senken Entzündungen im Körper und unterstützen die Regeneration. Auch gibt es Kräuter und Gewürze, die direkt auf die Leistungsfähigkeit Einfluss haben. Chili enthält den Stoff Capsaicin. Dieser Stoff erhöht den Fettstoffwechsel und aktiviert die körpereigene Produktion von Endorphinen. Ingwer, der gerne als Tee getrunken wird, verdünnt das Blut, wodurch sich das Risiko von Blutgefäßverschlüssen und Arteriosklerose deutlich verringert. Darüber hinaus wirkt er schmerzlindernd und gilt als eines der hilfreichsten Mittel gegen Übelkeit, Blähungen und Krämpfe im Darmbereich. Zimt hält den Blutzuckerspiegel konstant und unterstützt die Einlagerung von Glykogen in der Leber. Ein konstanter Blutzuckerspiegel und ein gefüllter Glykogenspeicher sind wichtig für die mentale und physische Leistungsfähigkeit. Wer kocht, kann all diese sinnvollen Gewürze und Kräuter in seine Nahrung integrieren.

## Der beste Snack: Nüsse

Bei allen Ratschlägen über Blutzuckerspiegel und »Slot Food«: Marathonläufer*innen haben einen erhöhten Energiebedarf und manchmal muss dann ganz schnell eine Portion Nahrung her. Die allerbesten Snacks für Läufer*innen sind Nüsse. Nüsse enthalten das für Marathonläufer*innen so wertvolle Vitamin $B_1$, das im Körper für den Kohlenhydratstoffwechsel verantwortlich ist. Weitere Inhaltsstoffe sind ungesättigte Fettsäuren (die mit den offenen Ärmchen), hochwertige pflanzliche Eiweiße, Fette, leicht verwertbare Kohlenhydrate, Ballaststoffe, Natrium, Kalium, Kalzium, Phosphor, Niacin, Eiweiß, essenzielle Aminosäuren, Fluor, Proteine, Eisen, Kupfer, Magnesium, diverse B-Vitamine sowie die Vitamine A, C, D und E – ein ganzer Blumenstrauß an guten Dingen, die Läufer*innen brauchen, um ihren Körper optimal zu versorgen. Aber man muss beachten, dass Nüsse sehr kalorienreich sind. Deshalb sollten sie eher als Ersatz für andere gehaltvolle Nahrungsmittel oder wenigstens in kleinen Mengen verzehrt werden. Am besten werden Nüsse nicht geröstet und gesalzen, sondern in ihrem ursprünglichen Rohzustand gegessen, wie etwa in Müsli, Salat oder Studentenfutter. Ein weiterer Snack für zwischendurch kann Trockenobst sein.

## Ein weiterer Snack für Zwischendurch: Trockenobst

Getrockneten Früchte sind nicht nur dann eine gute Alternative, wenn frisches Obst Mangelware ist. Sie lassen sich nämlich leicht überall mit hinnehmen, sind gut zu verzehren und leicht verdaulich. Sie enthalten sämtliche Vitamine und sind ein wahrer Mineralstoffquell: Kalzium, Eisen, Kalium, Magnesium, Phosphor, Natrium, Kupfer und Mangan finden sich in den meisten Sorten. Der Zucker in Trockenobst geht im Gegensatz zu klassischen Süßigkeiten weniger schnell ins Blut, belastet dadurch den Stoffwechsel nicht zusätzlich und macht länger satt.

## Nahrungsergänzung: Manchmal muss sie sein

Energieriegel, die für Sportler für alle Phasen des Trainings angeboten werden, haben den Nachteil, dass sie oft sehr viel Zucker enthalten. Und die enthaltene Menge an Vitaminen und Mineralstoffen finden sich ebenso in einer Banane, die günstiger ist und sich sehr viel besser als Snack für zwischendurch eignet. Statt künstlicher Energieriegel sollten sich Marathonläufer*innen doch lieber ein richtiges Stück Kuchen gönnen oder ein großes Eis essen gehen, wenn der lange Lauf erfolgreich war!

Manchmal gelingt es Läufer*innen allerdings nicht, den Mehrbedarf an Mikronährstoffen über die normale Nahrung zu decken, und es wird zu sogenannten Nahrungsergänzungsmitteln gegriffen. Das kann in intensiven Trainingsphasen tatsächlich sinnvoll sein, allerdings raten wir dringend, sich damit auseinanderzusetzen, was und zu welcher Zeit man an Tabletten und Pulvern zu sich nimmt. Wer Nahrungsergänzungsmittel einnimmt, sollte grundsätzlich auf deren Qualität und Herkunft achten, die Wechselwirkung mit anderen Mitteln beachten und den Zeitraum der Einnahme klug wählen. Eisen sollte man zum Beispiel nicht in Kombination mit Kaffee einnehmen, wer es aber abends nimmt, kämpft eventuell mit Schlafstörungen. Ideal wäre in diesem Fall die Einnahme morgens zum Aufstehen mit ein wenig Orangensaft, denn Vitamin C begünstigt die Aufnahme des Eisens und erst eine gute Stunde nachdem das Eisenpräparat eingenommen wurde, darf dann der erste Kaffee konsumiert werden. Daher der dringende Ratschlag, sich stets ausführlich über die geplante Nahrungsmittelergänzung zu informieren.

### Antioxidantien

In unserem Körper laufen ständig Prozesse ab, bei denen Fett, Kohlenhydrate und Proteine in Verbindung mit Sauerstoff reagieren, um Energie zu gewinnen. Dabei entstehen freie Radikale, die die Zellwände und DNA angreifen. Antioxidantien sind Verbindungen, die die freien Radikale abfangen und unschädlich machen. Sie schützen also unsere Körperzellen, stärken die Immunabwehr und reparieren die Muskeln. Durch hohe Belastungen bildet der Körper vermehrt freie Radikale, Läufer*innen profitieren deshalb von einer erhöhten Zufuhr.

**Tipp:** Durch die Kombination aus den Vitaminen A, C und E, Mineralien und sekundären Pflanzenstoffen wird der Körper optimal versorgt.

### Eisen

Eisen unterstützt die Bildung des roten Blutfarbstoffs Hämoglobin und ist auch Bestandteil des Muskeleiweißstoffs Myoglobin. Außerdem ist es in verschiedenen Enzymen und Proteinen enthalten und darüber an diversen Stoffwechselfunktionen und der Signalübertragung zwischen Nervenzellen beteiligt. Wichtig ist Eisen vor allem für den Sauerstofftransport zu den Zellen. Ein Eisen- beziehungsweise Ferritinmangel wird im Blutbild festgestellt und sollte in Absprache mit einem Arzt oder einer Ärztin aufgefüllt werden.

**Übrigens:** Eine ärztlich diagnostizierte Eisenmangelanämie ist ein anerkanntes behandlungsbedürftiges Krankheitsbild. Die Kosten für hoch dosiertes Eisen in Tablettenform oder als Infusion werden in diesem Fall von den Krankenkassen übernommen.

### Glucosamin und Chondroitin

Glucosamin ist ein Grundbaustoff des Gelenkknorpels, es sorgt für eine ausreichende Schmierbildung im Gelenk, Chondroitin ist der Hauptbestandteil des Knorpelgewebes. Beides sind natürliche Substanzen, die den Wiederaufbau geschädigter Gelenke unterstützen, Knorpel vor Verschleiß schützen, Abhilfe bei Knieschmerzen schaffen und eine antientzündliche Wirkung haben.

**Tipp:** Studien haben ergeben, dass bei Knieosteoarthritis 1500 Milligramm Glucosamin am Tag wirkungsvoller als Schmerzmittel sind.

### Kalzium und Vitamin D

Obwohl Laufen eine Belastung ist, die die Knochen stärkt, neigen manche Läufer*innen zu sogenannten Stressfrakturen. Kalzium und Vitamin D helfen, die Knochen zu schützen: Die Knochendichte wird erhöht und das Risiko von Knochenfrakturen vermindert. Vitamin D kann außerdem das Risiko senken, einen Herzinfarkt zu erleiden. Wichtig: Vitamin D sollte stets in Kombination mit Vitamin $K_2$ aufgenommen werden.

**Tipp:** Speziell für Frauen mit niedrigem BMI ist der Schutz vor Osteoporose wichtig.

**Achtung:** Sowohl Kalzium als auch Vitamin D können überdosiert zu körperlichen Beschwerden wie Beeinträchtigungen des Herzens und der Nieren führen. Die Einnahme dieser Präparate sollte daher mit einem Arzt oder einer Ärztin abgestimmt werden.

### Koffein

Koffein hat einen direkten Einfluss auf das Empfinden von Leistung und Ermüdung. Es kann daher helfen, schneller und länger zu laufen. Außerdem bewirkt Koffein, dass der Körper eher Fett als Energielieferant nutzt, die Kohlenhydratspeicher länger voll hält, und dass die Ermüdung verspätet einsetzt. Experimentieren Sie aber lieber nicht erst am Renntag mit Koffein, sensible Läufer*innen könnten dann zu aufgeregt sein, um ein richtig gutes Rennen zu laufen. Ein Zuviel an Koffein führt in den meisten Fällen zu vorübergehenden Magen-Darm-Beschwerden. Und: Nicht alle Läufer*innen vertragen jedes Kaffeepulver.

### Kollagen

Der Eiweißstoff, der die Haut elastisch, die Gelenke flexibel und die Knochen stabil macht, gilt als wahres Wundermittel. Laut Forschungsergebnissen kann die Aufnahme von Kollagen Knorpel, Gelenke, Sehnen, Knochen und Bänder stärken und sowohl Gelenkschmerzen als auch die Verletzungsgefahr reduzieren. Auch bei der Wundheilung und einer beschleunigten Regeneration nach Verletzungen spielt Kollagen demnach eine Rolle. Die in Kollagen am häufigsten vorkommende Aminosäure Glycin ist vor allem in tierischen Lebensmitteln wie Fleisch, Fisch, Eiern und Milch, aber auch in Soja, Nüssen und Hülsenfrüchten enthalten. Aus einer normalen Ernährung beziehen wir etwa 1,5 bis 3 Gramm Glycin pro Tag. Für die Kollagensynthese benötigt der Körper täglich aber rund 10 bis 12 Gramm. Daraus ergibt sich ein durchschnittliches Defizit von 10 Gramm Glycin oder rund 30 Gramm Kollagen pro Tag. Es kann also durchaus sinnvoll sein, den Stoff als Nahrungsergänzungsmittel zu sich zu nehmen, zumal ein Marathontraining den Bedarf erhöht. Mischt man das Pulver in ein Glas Wasser, ergibt sich eine milchige, neutral schmeckende Flüssigkeit. Kollagen als Nahrungsergänzungsmittel wird aus tierischer Haut und Knochen hergestellt. Für Veganer ist dies eine schlechte Nachricht: Veganes Kollagen gibt es nicht.

### Kreatin

Kreatin, eine im Körper natürlich vorkommende Substanz, ist vor allem in der Skelett- und Herzmuskulatur, dem Gehirn und den Immunzellen zu finden. Der Körper produziert täglich rund 1 Gramm Kreatin in Leber, Niere und Bauchspeicheldrüse. Es ist maßgeblich an der muskulären Bewegung und am Energiestoffwechsel beteiligt. Durch Kreatin wird ATP (Adenosintriphosphat) synthetisiert, das den Muskel mit Energie versorgt. Sind die Kreatinspeicher voll, wird schneller ATP gebildet, wodurch ein intensiveres und ausdauernderes Training möglich ist. Eine Substitution empfiehlt sich vor allem bei fleischreduzierter oder vegetarischer Ernährung.

**Wichtig:** Mehr als 20 Gramm Kreatin pro Tag sollten Sie nicht ergänzen. Und: Kreatin ist nicht für eine langfristige Einnahme geeignet.

### L-Carnitin, Coenzym Q10 und Ubiquinol

L-Carnitin, eine vitaminähnliche Substanz, spielt beim Transport von langkettigen Fettsäuren in die Zellkraftwerke, die Mitochondrien, eine wichtige Rolle. Dort wird Fett in Energie umgewandelt. Coenzym Q10 kommt in jeder Körperzelle vor, ist an der Sauerstoffaufnahme und der Energieproduktion der Zellen beteiligt. Verwerten kann der Körper Q10 nur als bioaktive Form, als Ubiquinol. L-Carnitin und Q10 in Kombination liefern Energie, verzögern die Ermüdung und ermöglichen eine schnelle Erholung dank der antioxidativen Wirkung, die die Muskelregeneration beschleunigt. Ubiquinol oder Ubichinol ist die biologisch aktive Version des Coenzym Q10. Es wird sehr schnell vom Körper absorbiert und hat eine starke antioxidative Wirkung. Die körpereigene Produktion von Coenzym Q10 und Ubiquinol nimmt im Alter ab.

**Wichtig:** Eine Überdosierung von Q10 und Ubiquinol kann Schlaflosigkeit und Magen-Darm-Probleme begünstigen.

### Magnesium

Die wichtigsten Funktionen, an denen Magnesium beteiligt ist, sind die Muskelkontraktion, die Kommunikation zwischen den Nerven- und Muskelzellen, die Herztätigkeit, die Stressregulierung, der Aufbau von Knochen und Zähnen und zu guter Letzt spielt Magnesium im Energiestoffwechsel eine wichtige Rolle. Die Verzehrsempfehlung für Magnesium liegt je nach Alter und Geschlecht bei 300 bis 400 Milligramm pro Tag.

### Omega-3-Fettsäuren

Omega-3-Fettsäuren, speziell die längerkettigen EPA- und DHA-Säuren, sind mehrfach ungesättigte Fettsäuren, die der Körper nicht selbst herstellen kann. Sie sind Allroundtalente: Sie schützen die Gefäße, haben gerinnungshemmende Eigenschaften, senken den Cholesterinspiegel, beschleunigen den Sauerstofftransport zu den Muskeln und kurbeln die Fettverbrennung an.

**Tipp:** Omega-3-Fettsäuren aus Fischöl haben den größten Nutzen, da sie die biologisch aktivsten EPA- und DHA-Säuren enthalten. 1,3 Gramm pro Tag reichen aus.

### Rhodiola

Der Extrakt der Rhodiola rosea, einer Heilpflanze, die vorwiegend in Russland und Skandinavien bekannt ist, hat einen positiven Effekt auf das allgemeine Wohlbefinden und die körperliche Fitness. zudem wirkt sie dem Stress für das Immunsystem entgegen, das ein Training auslöst. Klinische Studien zeigen, dass Rhodiola die Ausdauer steigern und die Regeneration beschleunigen kann.

**Tipp:** Rhodiola reduziert auch Angst- und Nervositätsgefühle, eignet sich also gut gegen die Unruhe vor dem Rennen. 600 Milligramm reichen aus, um entspannt zu starten.

### Vitamin B

Der B-Vitamin-Komplex verbessert die Eisenaufnahme aus der Nahrung und ist wichtig für die Bildung und Erhaltung des Bindegewebes und der Knochen. Außerdem sind B-Vitamine an vielen Stoffwechselprozessen beteiligt.

**Achtung:** Vitamin B kann überdosiert zu einer Beeinträchtigung der Lungenfunktion führen. Die Einnahme sollte daher mit einem Arzt oder einer Ärztin abgesprochen werden.

### Vitamin C

Vitamin C schützt als Radikalfänger das Immunsystem und beugt Atemwegserkrankungen vor, ist gut für die Seele, sorgt für positive Stimmung und unterstützt die Stressbewältigung. Die tägliche Einnahme an Extra-Vitaminen ist bei hohen körperlichen Belastungen sinnvoll. Grundsätzlich reicht der Vitamin-C-Anteil in der täglichen Ernährung aus, um den notwendigen Tagesbedarf zu decken.

### Zink

Zink kommt im menschlichen Körper in der Haut, den Knochen, unseren Augen und der Leber vor. Es ist wichtig für Zellwachstum, das Immunsystem und die Regulation unseres Blutzuckerspiegels. Außerdem beeinflusst es die Wundheilung und es hat eine antioxidative Wirkung. Da unser Körper das Spurenelement nicht selbst produzieren und nur eine geringe Menge über einen längeren Zeitraum speichern kann, müssen wir den notwendigen Tagesbedarf von circa 11 bis 16 Milligramm pro Tag regelmäßig über die Ernährung aufnehmen. Laut der Deutschen Gesellschaft für Ernährung (DGE) unterscheiden sich die Referenzwerte der Zinkzufuhr nach Alter und Geschlecht. Bei Erwachsenen ist auch die tägliche Phytatzufuhr durch Nahrungsmittel zu beachten. Einen hohen Phytatanteil haben zum Beispiel Hülsenfrüchte und Vollkorngetreide. Isst man diese parallel zu zinkhaltigen Nahrungsmitteln, kann der Körper das Zink nicht optimal aufnehmen.

## Mikronährstoffe: So viel muss sein

Die empfohlene tägliche Mikronährstoffzufuhr ausgewählter Nährstoffe für Erwachsene mittleren Alters, die keinen intensiven Sport treiben, ist wie folgt festgelegt.

| Nährstoff | Zufuhr pro Tag Männer | Zufuhr pro Tag Frauen |
|---|---|---|
| Kalzium | 1000 mg | 1000 mg |
| Eisen | 10 mg | 15 mg |
| Folsäure | 400 µg | 400 µg |
| Jod | 200 µg | 200 µg |
| Kalium | 2000 mg | 2000 m |
| Magnesium | 350 mg | 300 mg |
| Selen | 20–100 µg | 20–100 µg |
| Vitamin A | 1 mg | 0,8 mg |
| Vitamin $B_1$ | 1,2 mg | 1 mg |
| Vitamin $B_{12}$ | 3 µg | 3 µg |
| Vitamin $B_2$ | 1,4 mg | 1,2 mg |
| Vitamin $B_6$ | 1,5 mg | 1,2 mg |
| Vitamin C | 100 mg | 100 mg |
| Vitamin E | 14–15 mg | 14–15 mg |
| Zink | 15 mg | 12 mg |

Achtung: Für Marathonläufer*innen kann der individuelle Bedarf höher liegen.

## Richtig trinken

Während eines Marathontrainings, vor allem wenn es im Sommerhalbjahr durchgeführt wird, muss man deutlich mehr Flüssigkeit zu sich nehmen als gewohnt. Als Faustformel gilt: Jede Stunde benötigt man 0,2 Liter Flüssigkeit, und dabei zählen schwarzer Tee, Kaffee und Alkohol nicht beziehungsweise nur bedingt. Diese drei Getränke haben einen Einfluss auf das Nervensystem und sind als Genussmittel zu betrachten.

Wichtig zu wissen ist: Ein Getränk zum Wiederauffüllen des Flüssigkeitshaushaltes nach dem Laufen sollte isoton sein. Als isoton bezeichnet man eine Flüssigkeit, die die gleiche Osmolarität wie Blutplasma hat. Das heißt, dass in der Flüssigkeit gleich viele Teilchen in Form von Zucker enthalten sind wie die Dichte des Blutplasmas. Der Körper kann diese Flüssigkeit schnell resorbieren, also in das Zellsystem aufnehmen. Im Gegensatz dazu bezeichnet man Flüssigkeit als hyperton, wenn sie eine höhere Osmolarität als Blutplasma hat. Saft ist dementsprechend hyperton, weil mehr Teilchen in der Flüssigkeit enthalten sind als im Blutplasma. Der Körper tut sich schwerer, die Flüssigkeit aus Saft oder Milch in seine Zellen aufzunehmen. Als hypoton bezeichnet man eine Flüssigkeit, die eine niedrigere Osmolarität als Blutplasma hat, was eine sehr schnelle Resorption bedeutet. Wasser hat diese Eigenschaft, weil es logischerweise weniger Teilchen aufweist als das Blutplasma. Ein Sportgetränk sollte also für die optimale Flüssigkeitsaufnahme mit ungefähr 5 Prozent Kohlenhydraten immer isoton bis leicht hypoton sein, damit ausreichend Nährstoffe vorhanden sind, diese jedoch auch schnell genug aufgenommen werden können. Man kann sehr einfach das perfekte isotonische Getränk herstellen, indem man ein Drittel Apfelsaft mit zwei Dritteln Wasser mischt: die klassische Apfelschorle. Fertig gemischte Regenerationsgetränke zeichnen sich oft durch einen überdurchschnittlich hohen Energiegehalt und Kohlenhydratanteil aus. Daher Vorsicht vor zu viel Zucker in gekauften Regenerationsgetränken! Optimalerweise ist der Anteil an Eiweiß moderat und das Getränk enthält eine Mischung aus mehreren Proteinquellen wie Molke-, Milch- und Sojaprotein.

Gerade wer sich für die Ernährung nach dem »Slot Food«-Prinzip entscheidet, der sollte natürlich in den Zeiten, in denen nicht gegessen wird, auch keine kohlenhydratreichen Getränke trinken. Die Grundversorgung an Flüssigkeit leistet hier das Wasser. Wasser allgemein ist für das Funktionieren des Organismus unverzichtbar: Es sorgt für die Ernährung der Zellen, ist ein Transportmittel für die Nahrung, leitet Abfallstoffe ab und reguliert die Körpertemperatur. Es polstert die Gelenke und versorgt sie mit Feuchtigkeit, hält die Blutmenge aufrecht und sorgt für einen gleichmäßigen Blutdruck. Mit 50 bis 80 Prozent der gesamten Körpermasse ist es auch der Hauptbestandteil des Körpers. Trotzdem kann man keine Wasserreserven bilden, das heißt, jeder Flüssigkeitsverlust muss ständig ausgeglichen werden.

## Das ideale Maß beim Trinken

Jeden Tag wird vom menschlichen Körper Wasser durch Urin, Atem und Haut abgegeben. Diese Menge gilt es also täglich zu sich zu nehmen, um den Wasserhaushalt im Gleichgewicht zu halten. Die empfohlene Trinkmenge orientiert sich dabei am Körpergewicht: Als Richtwert sollte jede*r Erwachsene ungefähr 30 bis 40 Milliliter Flüssigkeit pro Kilogramm Körpergewicht zu sich nehmen. Eine 50 Kilogramm schwere Läuferin hat also einen Wasserbedarf von 1,5 bis 2 Liter, ein 80 Kilogramm schwerer Läufer 2,4 bis 3,2 Liter. Die weitverbreitete »2-Liter-Regel« trifft also nicht auf jeden zu. Tatsächlich getrunken werden muss davon aber nicht die ganze Menge, denn etwa ein Drittel der Flüssigkeit nimmt der Mensch bei ausgewogener Ernährung täglich über die Nahrung auf.

Wassermangel hat, besonders beim Laufen, gravierende Auswirkungen auf den Organismus. Bereits bei einem Flüssigkeitsverlust von 2 Prozent des Körpergewichts ist der Sauerstofftransport in die Muskelzellen vermindert. Die Folge: Der Muskel übersäuert und ermüdet frühzeitig. Weitere Folgen von nicht ausgeglichenen Wasserverlusten sind die Reduktion des Herzschlagvolumens und ein Absinken des Blutdrucks. Außerdem wird der Wärmetransport auf der Hautoberfläche gebremst, was zu einem Anstieg der Körpertemperatur führt. Der Bedarf an Flüssigkeit erhöht sich vor allem durch Schwitzen bei körperlicher Aktivität. Als Faustregel gilt hier, dass je Kilokalorie zusätzlichem Energiebedarf durch Sport 1 Milliliter Flüssigkeit zugeführt werden sollte. Dabei gilt, dass man ungefähr 1 Kalorie pro Kilogramm Körpergewicht und Kilometer verbraucht. Ein 70 Kilogramm schwerer Läufer verbraucht also in einer Stunde moderaten Trainings auf 10 Kilometern beispielsweise 700 Kilokalorien. Zusätzlich zu seinem normalen Tagesbedarf sollte er also 700 Milliliter zusätzlich trinken. Diese Werte variieren allerdings abhängig von Lufttemperatur, Lauf-

tempo, Trainingszustand und individuellen Veranlagungen.
Ein trainierter Körper ist durchaus in der Lage, eine Dreiviertelstunde Joggen ohne Getränkeaufnahme problemlos und ohne Einschränkung von Leistung oder Gesundheit zu überstehen.
**Tipp:** vor dem Loslaufen zehn Schluck Wasser trinken! Das hydriert den Körper für eine gute Laufstunde. Die Empfehlungen, für welches Getränk sich Läufer*innen nach einem Trainingslauf entscheiden sollten, sind abhängig von der Distanz, die gelaufen wurde, der Außentemperatur und dem Lauftempo. Ein paar Schlucke sind nach einer 30- bis 45-minütigen Trainingseinheit sicherlich ausreichend, aber nach einem Dauerlauf über 60 Minuten ist eine Mischung aus Wasser, Kohlenhydraten und Elektrolyten die bessere Wahl.

## Beim Marathon kann man auch zu viel trinken!

Bei einem Marathon ist es für schnellere Läufer*innen nur schwer möglich, während des Laufes annähernd die Menge an Flüssigkeit aufzunehmen, die sie ausschwitzen. Der Flüssigkeitshaushalt gerät also ins Ungleichgewicht, eine Dehydration entsteht. Infolgedessen sinkt die Leistung, da sich das Blut verdickt, das Herz weniger effizient arbeitet, schneller schlägt und die Körpertemperatur steigt. Dennoch hat ein vorübergehendes Flüssigkeitsdefizit keine dramatischen Folgen, solange die Außentemperaturen nicht zu hoch sind und der Sportler eine Mindestmenge trinkt sowie auftretende Symptome nicht vernachlässigt (Desorientierung, Schwindelgefühl). Es gilt nun, die leeren Depots so schnell wie möglich wieder aufzufüllen. Immer wieder gibt es Meldungen von Todesfällen bei Marathonveranstaltungen. Neben Herzerkrankungen kann tatsächlich aber auch eine zu hohe Flüssigkeitsaufnahme die Ursache sein. So war es etwa 2015 bei einem 30-jährigen Starter des Frankfurt Ironmans der Fall. Er kollabierte während des Wettkampfes und starb anschließend an einer sogenannten belastungsbedingten Hyponatriämie. Bei diesem, auch Wasservergiftung genannten, Phänomen wird das Blut durch die zu hohe Flüssigkeitszufuhr verdünnt, der Natriumgehalt pro Milliliter Blut sinkt stark und die Zellen schwellen an – ein erhöhter Hirndruck ist die Folge. Symptome sind Kopfschmerzen, Verwirrungszustände, Muskelschwäche, Krämpfe und im Extremfall Bewusstlosigkeit oder Koma.
Beim Training und besonders bei Wettkämpfen sollte man die Flüssigkeitsdepots also nicht überfüllen. Die Herausforderung besteht darin,

das richtige Maß zwischen zu wenig und zu viel Trinken zu finden. Wichtig ist zunächst, bereits in den Tagen vor dem Marathon bis circa anderthalb Stunden vor dem Start ausreichend zu trinken und so das Rennen nicht schon dehydriert zu beginnen. Welche Mengen das konkret sind, ist individuell unterschiedlich, sollte sich aber an der gemeinhin empfohlenen Trinkmenge für den Alltag orientieren.

Im Wettkampf selbst sollten dann 600 bis 800 Milliliter pro Stunde an Flüssigkeit aufgenommen werden. Das entspricht ein bis zwei Bechern von den Getränkeständen alle fünf Kilometer. Wer den Marathon in unter vier Stunden läuft, wird sich entsprechend weniger Zeit zum Trinken nehmen, da schnelles Laufen und reichlich Trinken nicht gut zusammenpassen. Für alle, die viereinhalb Stunden oder länger unterwegs sind, gilt dagegen: Trinken Sie in aller Ruhe und greifen Sie an den Verpflegungsständen dann sowohl zu Wasser als auch zu Elektrolytgetränken, um die Mineralstoffverluste durch das Schwitzen auszugleichen.

**Wichtiger Tipp:** Die Farbe des Urins ist übrigens der sicherste Indikator einer ausreichenden Flüssigkeitsversorgung. Ist er hell bis farblos, stimmt der Pegel, ist er dunkel, sollten Läufer*innen unbedingt mehr trinken, bis die Farbe stimmt.

## Energiekrise vermeiden

Was man im Training leidet, bleibt einem im Wettkampf erspart. Dieser Satz gilt für die sportlichen Einheiten, aber auch für die Ernährung. Im Training dürfen Athlet*innen gerne den härtesten Weg gehen: schwere Schuhe, Gegenwind, sparsam mit der Nahrung, wenn nicht sogar immer mal einen Lauf im nüchternen Zustand, um den Stoffwechsel zu reizen. Apropos: Als »nüchtern« gilt man, wenn man in den zurückliegenden 16 Stunden keinerlei Kalorien zu sich genommen hat. Wer also am Abend um 19:00 Uhr einen Teller Nudeln isst, um dann morgens um 7:00 Uhr vor dem Frühstück zu laufen, der ist nicht nüchtern. Wer allerdings erst um 11:00 Uhr losläuft und seit dem abendlichen Nudelteller noch nichts gegessen hat, der gilt als nüchtern. Vorsicht: Um auf leeren Speichern zu trainieren, damit der Stoffwechsel und insbesondere der Fettstoffwechsel sich optimieren, empfehlen sich nur ruhige Dauerläufe und keine intensiven Trainingseinheiten. Hier greift der Grundsatz: Herz-Kreislauf-Training vor Fettstoffwechsel-Training! Es ist immer wichtiger, dass man das geforderte Training aus dem eigenen Trainingsplan in den vorgegebenen Zeiten schafft, als sich krampfhaft nüchtern durch ein Training zu quälen und im schlimmsten Fall sogar abbrechen zu müssen, weil der Körper seinen Dienst aufgrund von zu leeren Kohlenhydratspeichern quittiert. Wer sich aber sicher ist, dass er den regenerativen Dauerlauf über 40 Minuten im nüchternen Zustand schafft, der kann mit dieser Maßnahme tatsächlich sein System optimieren.

## Fasten ist gefährlich

Experimente mit dem Nahrungsentzug bedeuten immer Stress für den Körper und sollten nur mit höchster Vorsicht durchgeführt werden. Das Immunsystem wird geschwächt, wenn Leistung gefordert wird, ohne den Zellen ausreichend Energie vorher zuzuführen. Der menschliche Körper hält zwar mehr aus, als man denkt, allerdings vergisst er auch nichts und wird früher oder später dem Stress Tribut zollen, dem er da ausgesetzt war. Jede und jeder, der schon mal durch eine Fastenkur viele Kilogramm Körpergewicht verloren hat, kennt das Phänomen. Nach dem Fastenbrechen dauert es gar nicht lange, bis der Körper alle Kilos wieder zugenommen hat. Der berühmte Jo-Jo-Effekt ist nichts anderes als das kluge Nach- beziehungsweise Vorsorgen des Körpers bei Ausnahmesituationen. Vielleicht sind Sie in der Lage, einen langen Lauf in der Mittagshitze ohne Flüssigkeits- und Energiezufuhr durchzuziehen, vielleicht können Sie Tempoläufe auf leeren Speichern schaffen und ja, es gibt Läufer*innen, die die Erfahrung gemacht haben, dass selbst am vierten Fastentag noch Energie für einen lockeren Dauerlauf da war. All das schafft der menschliche Körper, weil er ein perfektes Krisenmanagement betreibt. Bevor wir in Ausnahmesituationen wie zum Beispiel bei einem Hitzemarathon kollabieren, versucht das System, die Situation durch »Notfallmaßnahmen« zu retten, und sendet jede Menge Signale: Kopfschmerz, Schwindel, Desorientierung. Lebenswichtige Funktionen bleiben noch lange erhalten, aber mit diesen Warnhinweisen signalisiert der Körper, dass er so nicht mehr lange weiterarbeiten kann.

## Die Saltin-Diät

Jede Ausnahmesituation bedeutet Stress für den Körper und will man solche Situation im Sinne einer Leistungssteigerung provozieren, muss man da mit viel Fingerspitzengefühl herangehen, um seine Gesundheit nicht zu gefährden und um wirklich nur die gewünschten Anpassungsvorgänge zu provozieren.

Eine dieser Methoden, die zwar leistungsfördernd ist, aber auch Risiken birgt und Stress verursacht, ist die sogenannte Saltin-Diät, die unter Marathonläufer*innen sehr populär geworden ist. Der skandinavische Wissenschaftler Bengt Saltin hat diese Ernährungsform entwickelt. Dem Körper werden in der letzten Woche vor dem Marathon zunächst die Kohlenhydrate komplett vorenthalten, die »Hängeschränke« werden also bewusst maximal geleert, um sie anschließend übermäßig auffüllen zu können. Laut Saltin ist der Schrank in dieser Phase nämlich – entgegen allem, was wir bisher sagten – in der Lage, mehr Platz in den Hängeschränken zu schaffen. Saltins Untersuchungen zeigten, dass die Muskelzellen so bis zu 25 Prozent mehr Glykogen speichern. Die Tatsache, dass die Speicherkapazität der Kohlenhydratspeicher begrenzt ist, wird hier also kurzfristig verändert.

## Die Saltin-Diät in der Praxis

Marathonläufer*innen beginnen sieben Tage vor dem Wettkampf mit der Diät. An den ersten drei Tagen wird extrem fett- und eiweißreich gegessen, das heißt, es sind nur Lebensmittel erlaubt, die keinerlei Kohlenhydrate enthalten. Kein Obst, kein Gemüse, auch keine Milch oder Joghurt, denn selbst darin stecken Kohlenhydrate. Sowieso sind in diesen Tagen kein Brot, kein Reis, keine Kartoffeln und keine Nudeln erlaubt. Gegessen werden darf Fleisch, Fisch, Käse, das Weiße vom Ei, Tofu, vielleicht in kleinen Mengen etwas Hüttenkäse, Krabben und ein paar Kräuter. Nur die Lebensmittel, die in der Lebensmitteltabelle in der Spalte der Kohlenhydrate pro 100 Gramm weniger als 2 Gramm Kohlenhydrate aufweisen, dürfen in diesen drei Tagen verzehrt werden (siehe die Tabelle Seite 140). Die Tageszufuhr an Kohlenhydraten sollte weit unter 50 Gramm, besser unter 20 Gramm liegen. Wer die Diät nicht ganz so streng durchführen und doch mal ausprobieren möchte, der kann aber die Kohlenhydratmenge pro Tag auf rund 100 Gramm erhöhen. Das macht beispielsweise den Verzehr von Gemüse möglich, und durch die Zufuhr von wichtigen Ballaststoffen kann der Magen-Darm-Trakt seine Arbeit sehr viel besser fortsetzen.

Durch die drei Fett-und-Eiweiß-Tage entzieht man dem Körper und insbesondere den Muskelzellen sämtliches Glykogen. Wichtig ist: Das Lauftraining findet weiter statt, wohldosiert eben, wie man es in der letzten Woche vor dem Marathon tut. Durch das Training verbrennt man aber fast alle restlichen Kohlenhydrate, insbesondere durch einen finalen »Renntempo-Check« über 5 Kilometer fünf Tage vor dem Marathon (also am dritten Eiweiß-Fett-reichen Tag). Das gefällt dem Körper gar nicht und man fühlt sich grauenvoll. Man bekommt Schwierigkeiten, klar zu denken, fühlt sich vermutlich schlapp und gereizt. Worauf Sie allerdings unbedingt achten müssen, ist die ausreichende Flüssigkeitszufuhr in den Fett-und-Eiweiß-Tagen. Nicht nur wegen der Diät, auch in Hinblick auf den Marathon benötigt der Körper in diesen Tagen sehr viel Wasser, um wichtige Stoffwechselvorgänge in Gang zu bringen.

Und dann, nach drei schwierigen Tagen, kommt vier Tage vor dem Marathon endlich das ersehnte Gold: Kohlenhydrate. Die ersten Kohlenhydrate sollte man in Form von Obst zu sich nehmen, am besten ein gedünsteter Apfel, um vor allem den Verdauungstrakt, der durch die Fett- und-Eiweiß-Tage leicht gestört sein kann, in Schwung zu bringen. Jetzt »lachen« die Zellen des Körpers und freuen sich über den Zucker und die Energie, die zurückkehrt. Spätestens hier begreifen alle Läufer*innen, wie lebenswichtig Kohlenhydrate als Makronährstoffe sind. Und der Muskel? Was macht der? Der speichert wie ein ausgetrockneter Schwamm die Kohlenhydrate. Die Muskelzellen haben schwer gelitten in den letzten Tagen und möchte so eine Durststrecke nicht noch einmal erleben. Wie Saltin sagt: Bis zu 25 Prozent mehr Glykogen speichert der Körper nun in seinen Depots, in den Hängekleiderschränken, in die normalerweise gar nicht so viel reinpasst. Die folgenden drei Tage (= Tage 3, 2 und 1 vor dem Marathon) muss die Nahrung nun zum Großteil aus Kohlenhydraten bestehen. Wichtig ist hierbei die Qualität der Kohlenhydrate: möglichst komplex sollten sie sein. Da das Training im Vergleich zu den letzten Wochen drastisch reduziert ist, hält sich der Kalorienbedarf eher in Grenzen, aber der Schwerpunkt sollte deutlich auf den zuvor gemiedenen Getreideprodukten liegen: Müsli, Brot, Vollkornnudeln, Kartoffeln und Reis sollten jetzt auf dem Speiseplan stehen. Die Portionen müssen nicht besonders groß sein, der Körper wird ohnehin alles speichern, was ihm angeboten wird. Und am Wettkampftag stehen die tapferen Läufer*innen, die die Diät durchgezogen haben, im besten Fall dann mit prall gefüllten Glykogenspeichern an der Startlinie.

Aber auch diejenigen, die die Diät nicht eisern durchziehen, sind gut

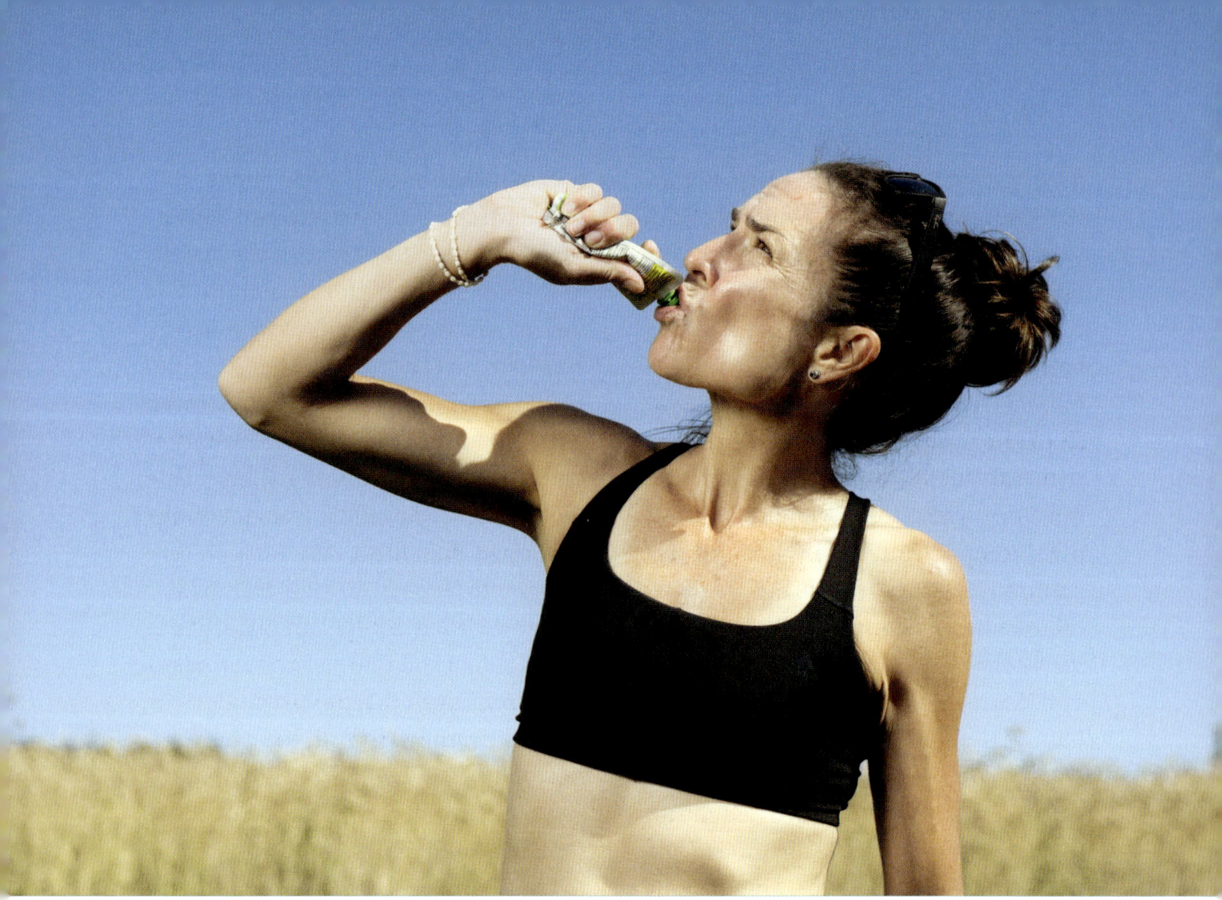

beraten, in den Tagen vor dem Marathon fast ausschließlich komplexe Kohlenhydrate zu verzehren. Wichtig ist: Die Energie, die man im Marathon verbrennt, wird nicht am letzten Tag bei der Pasta-Party am Abend vor dem Marathon eingelagert, sondern bereits in den Tagen davor.

## Die Verpflegung im Rennen

Die Ernährung vor dem Marathon ist wichtig, fast noch wichtiger ist aber die Ernährung während des Marathons. Das Wichtigste vorweg: Das, was Sie am Tag X im Marathon zu sich nehmen, sollten Sie zuvor im Training auch schon mal auf seine Magenverträglichkeit getestet haben. Der lange Lauf eignet sich dazu am besten, weil der Körper, ähnlich wie beim Marathon, an die Grenzen der Energieversorgung gerät. Alternativ empfiehlt sich auch einer der längsten Tempodauerläufe, die im Trainingsplan stehen, zum Testen der Wettkampfverpflegung, denn hier befinden Läufer*innen sich vom Puls und vom Kraftaufwand her exakt in dem Bereich, in dem sie auch lange Zeit im Marathon sein werden.

### Energie-Gels haben sich etabliert

Da Energie-Gels praktisch verpackt den Läufer*innen schnellstmöglich eine gut dosierte Menge Kohlenhydraten liefern, haben sie sich als Wettkampfverpflegung im Marathon etabliert. Gels enthalten verschiedene Zuckerarten, also Kohlenhydrate, die vom Körper unterschiedlich schnell aufgenommen werden. Das können beispielsweise Glukose (Traubenzucker), Fruktose (Fruchtzucker) oder Maltodextrin sein. Je nach Zusammensetzung und Kombination der Zuckerarten wird die Aufnahmegeschwindigkeit der Kohlenhydrate im Körper beeinflusst. So fördert Glukose zum Beispiel die Aufnahme von Fruktose, wodurch die Energie noch schneller verfügbar ist. Damit der Körper jedoch nicht nur schnell sehr viel Energie bekommt, sondern diese auch etwas länger vorhält, werden zudem Zuckerarten eingesetzt, die langsamer Energie freisetzen. Das funktioniert zum Beispiel mit Isomaltulose. Dieser Zweifachzucker lässt den Blutzuckerspiegel nicht ganz so rasch in die Höhe schnellen und ergänzt damit die hochglykämisch wirkenden Einfachzucker wie etwa Glukose und Maltodextrin. Insgesamt muss aber bezüglich der Zusammensetzung beachtet werden, dass jeder Mensch anders auf die verschiedenen Zuckerarten reagiert. So kann ein Gel bei der einen Läuferin besonders schnell wirken, bei einem anderen Läufer gar nicht. Das gilt auch für die anderen Bestandteile eines Gels: Denn neben Energie in Form von Kohlenhydraten enthalten Energie-Gels oft verschiedene Mineralstoffe, um den Mineralstoffverlust während eines Laufs auszugleichen, der durch das Schwitzen entstehen kann. Außerdem kann Koffein enthalten sein, was die Leistungsfähigkeit zusätzlich fördern soll.

Energie-Gels allein geben zwar Energie, doch der Körper braucht auch Flüssigkeit, um diese schnell aufnehmen zu können. So sollten Läufer*innen während eines langen Laufs und sowieso während des Marathons alle 30 Minuten 25 Gramm Energie-Gel mit rund 200 Millilitern Flüssigkeit zu sich nehmen, um die Leistungsfähigkeit aufrechtzuerhalten. Eine Menge von 50 Gramm Energie-Gel pro Stunde sollte nicht überschritten werden, denn insbesondere die Fruktose-Aufnahmekapazität des Körpers ist begrenzt. So können fruktosereiche Gels Verdauungsbeschwerden bis hin zu Durchfällen verursachen, wenn zu viel eingenommen wird. Zudem wird Fruktose von manchen Läufer*innen unter körperlicher Anstrengung schlechter vertragen. Nichtsdestotrotz sind Gels die praktischste Möglichkeit, den Körper schnell mit Energie zu versorgen. Die kleinen Beutel sind leicht zu verstauen und wiegen kaum etwas. Das ist vor allem für Läufer*innen praktisch, die lieber auf die Streckenverpflegung verzichten möchten. Bei einem 10-Kilometer-Lauf braucht der Körper normalerweise keine zusätzliche Energie in Form von Energie-Gels. Bei einem Marathon ist eine Zufuhr von Kohlenhydraten aber nahezu unumgänglich und auch bei einem Halbmarathon können Energie-Gels sinnvoll eingesetzt werden.

Häufig gibt es bei der Streckenverpflegung Bananenstücke oder anderes Obst. Doch gerade beim Laufen besteht die Gefahr, sich zu verschlucken, und viele Läufer*innen wollen an der Verpflegungsstation auch keine Zeit verlieren oder Pausen machen. Wer kein Energie-Gel mag, der kann es mal mit Fruchtmus probieren, das es meist als Babynahrung zu kaufen gibt. Im Fruchtmus stecken viele Kohlenhydrate und Mineralstoffe, der Kaloriengehalt der Fruchtmuse ist dabei meist deutlich geringer als der eines Energie-Gels. Außerdem schmecken die Fruchtmuse aufgrund der natürlichen Zutaten fruchtig und weniger süß als die meisten Energie-Gels.

### 1 Gramm Kohlenhydrate pro Kilogramm Körpergewicht

Für den Marathon empfehlen wir pro Stunde eine Kohlenhydratzufuhr von rund 1 Gramm pro Kilogramm Körpergewicht. Das entspricht für eine Läuferin, die 60 Kilogramm wiegt, eine Zufuhr von 60 Gramm Kohlenhydrate. Handelsübliche Energie-Gels liefern bei einem Gesamtgewicht von etwa 40 Gramm pro Beutel um die 25 Gramm Kohlenhydrate. Daher ist es ratsam, im Marathon pro Stunde zwei Gels zu sich zu nehmen. Wer also den Marathon in vier Stunden läuft, ist mit insgesamt acht Gels gut beraten und bestens versorgt. Allerdings ist das eine sehr theoretische Annahme. In der Praxis sieht es meist so aus, dass man zwar bis Kilometer 30 alle fünf Kilometer sein geplantes Gel zu sich nimmt, hintenraus dann aber nicht selten aufgrund von Magenproblemen oder einem Überdruss an Gels lieber mal zur Cola greift, die der Veranstalter reicht.

Wichtig ist: Jedes Gel, das man während des Marathons zu sich nimmt, sollte man mit Wasser nachspülen. Daher macht es Sinn, die Einnahme der Gels an die Verpflegungsstellen zu koppeln. Wer sich im Vorfeld informiert, wo Wasser auf der Strecke gereicht wird, kann sich anhand dessen den perfekten Verpflegungsplan ausarbeiten. In diesem Fall wird am besten immer 200 Meter vor der Wasserstelle das Gel konsumiert, um gleich anschließend trinken zu können.

Wasser sollten Läufer*innen beim Marathon an jeder Verpflegungsstelle zu sich nehmen. Es reicht, wenn man einen Becher greift, sich diesen – vor allem an heißen Tagen – ins Gesicht kippt. Im Mund landet dann in der Regel nur ein großer Schluck und der Rest dient der Kühlung. Geht man davon aus, dass man mit einem Schluck Wasser 20 Milliliter aufnimmt, so kommt man bei jeder Wasserstelle, die bei großen Stadt-Marathons alle 2,5 Kilometer aufgestellt werden, auf rund 340 Milliliter im gesamten Rennen. Das ist ein absoluter Minimalwert, aber die Flüssigkeitsaufnahme wird mit dieser Strategie zumindest schon mal gut über das gesamte Rennen verteilt. Die allgemeine Empfehlung der Flüssigkeitszufuhr während eines Marathons liegt bei etwa 600 bis 800 Milliliter pro Stunde, was sehr viel mehr als der eine Schluck pro Verpflegungsstelle ist. Diesen Wert sollten Marathonläufer*innen im Hinterkopf behalten, um tatsächlich frühzeitig und ausreichend im Rennen zu trinken.

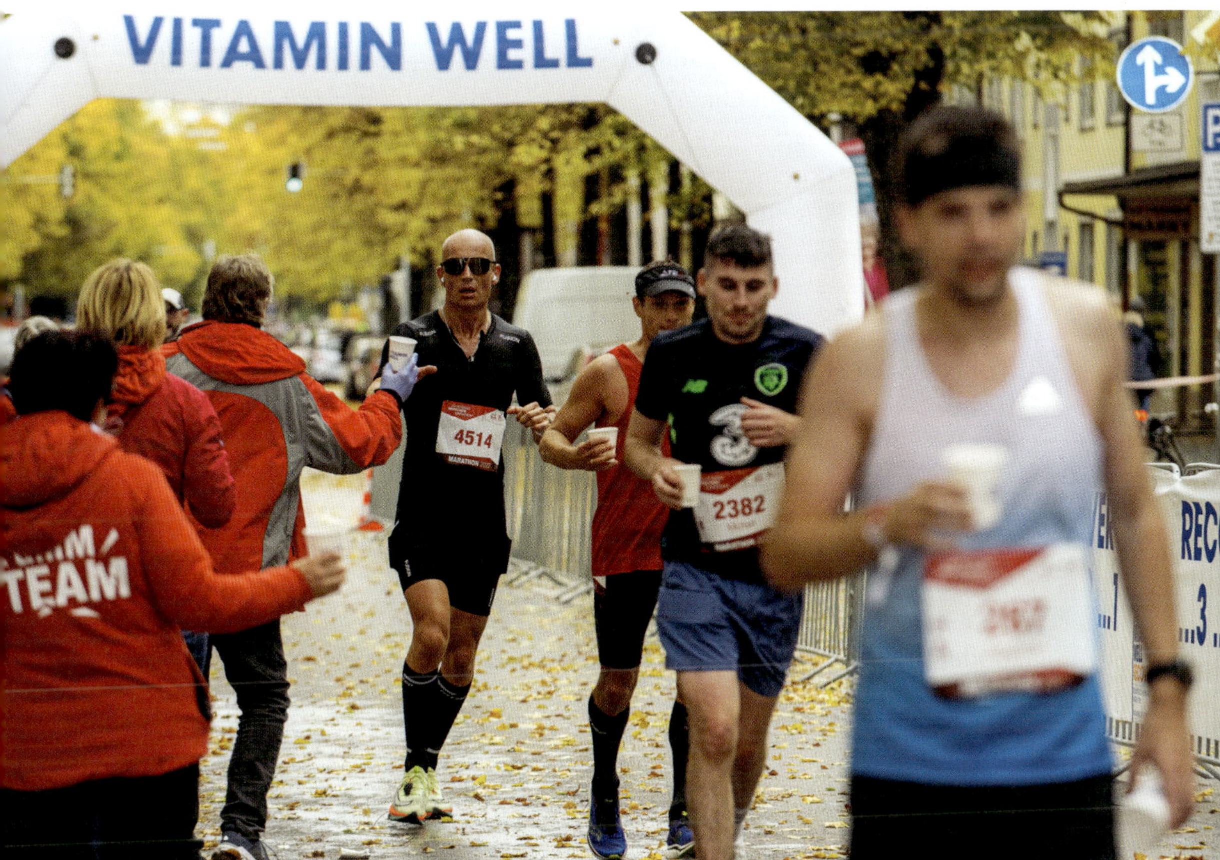

## Energie tanken - aber richtig

### Laufen mit hoher Intensität

Betrifft: Intervalltraining, Tempodauerläufe und Bergläufe von bis zu 60 Minuten

Eine ausreichende Energiezufuhr in den 24 bis 36 Stunden vor einem harten Training oder einem Wettkampf sorgt dafür, dass Sie mit vollen Glykogenspeichern starten. Allerdings können diese Depots bei intensiver Belastung schon nach 45 Minuten wieder leer sein. Um dem vorzubeugen, sollten Sie während harter Einheiten 20 bis 30 Minuten nach dem Start und dann alle 20 Minuten Energie zu sich nehmen. Ideal sind dafür handlich verpackte Gels, die viel Energie liefern. Wichtig: Man sollte sie stets mit Wasser zu sich nehmen. Eine Alternative zu Gels sind Sport- beziehungsweise Kohlenhydratgetränke, die Energie, Flüssigkeit und oft auch Mineralstoffe in einem liefern. Nachteil: Man muss sie mitschleppen - beim Intervalltraining auf der Bahn ist das natürlich kein Problem. Auch Koffein, das in vielen Gels und Getränken enthalten ist, erhöht die Ausdauerleistungsfähigkeit nachweislich.

### Längere Läufe mit mäßiger Intensität

Betrifft: Läufe mit einer Dauer bis zu drei Stunden.
Selbst bei Läufen, bei denen Sie nicht schnell unterwegs sind, sollten Sie sich verpflegen – auch wenn Sie das Gefühl haben, Sie bräuchten dies nicht. Wieso?

1. Mit ausreichend Energie und Flüssigkeit können Sie länger eine konstante Leistung bringen.
2. Wenn Sie beim Laufen die Energiespeicher nicht komplett entleeren, sind die negativen Auswirkungen auf den Körper nicht so groß. Dadurch können Sie nach dem Training rascher regenerieren.

3. Sie trainieren damit auch Ihre Verdauung und die Energieaufnahme aus Magen und Darm, sodass Sie darauf vertrauen können, dass beides auch am Wettkampftag mitspielt. Pro Stunde sollten Sie etwa 60 bis 90 Gramm Kohlenhydrate und 300 bis 750 Milliliter Flüssigkeit aufnehmen. In Kohlenhydratgetränken steckt beides, doch oft ist es unpraktisch, eine Flasche mit sich herumzuschleppen. Gels und Gel-Blocks, eine Art Gummibärchen, liefern viel Energie und benötigen wenig Platz.

**Tipp:** Drink-Gels – dünnflüssige Gels – liefern Energie und Flüssigkeit.

### Stundenlange (Trail-)Läufe

Betrifft: Dauer über drei Stunden.

Auch wenn die Intensität bei langen Wettkämpfen gering ist und Sie daher einen großen Teil der Energie aus dem Fettstoffwechsel beziehen, sollten Sie unbedingt vermeiden, die Glykogenspeicher zu entleeren. Was die Energiezufuhr angeht, sollten Sie rund 90 Gramm Kohlenhydrate pro Stunde anstreben. Probieren Sie aus, ob Sie ohne negative Folgen auf die Verdauung mehr zu sich nehmen können. Je länger ein Rennen dauert, desto mehr Läuferinnen und Läufer setzen hierbei auf »echte Lebensmittel« anstelle von spezieller Sportnahrung. Grund: Viele bekommen nach ein paar Stunden einfach keine süßen Gels und Getränke mehr herunter. Auch wenn die Aufnahme der Energie aus ihnen meist langsamer ist als bei Gels und Co., ist es besser, solche natürlichen Lebensmittel zu sich zu nehmen, als gar keine. Wenn Ihre Glykogenspeicher leer sind und Sie der »Mann mit dem Hammer« erwischt, kann Ihnen der Weg bis ins Ziel plötzlich unendlich lang vorkommen. Generell gut verträgliche und energiereiche Lebensmittel sind gekochte Salzkartoffeln, Nudelsuppe, Brezeln, Müsliriegel, gesalzene Erdnüsse – solche Sachen finden Sie oft auch an den Verpflegungspunkten von Rennen. Neben dem Nachschub an Kohlenhydraten ist es übrigens auch wichtig, den Flüssigkeitsverlust angemessen auszugleichen. Beim Schwitzen werden neben Wasser nämlich auch Harnstoffe, Mineralien und vor allem Natriumchlorid ausgeschieden. Um in der Folge Krämpfe zu vermeiden, können Salztabletten hilfreich sein.

KAPITEL 6

# Verletzungen vorbeugen und behandeln

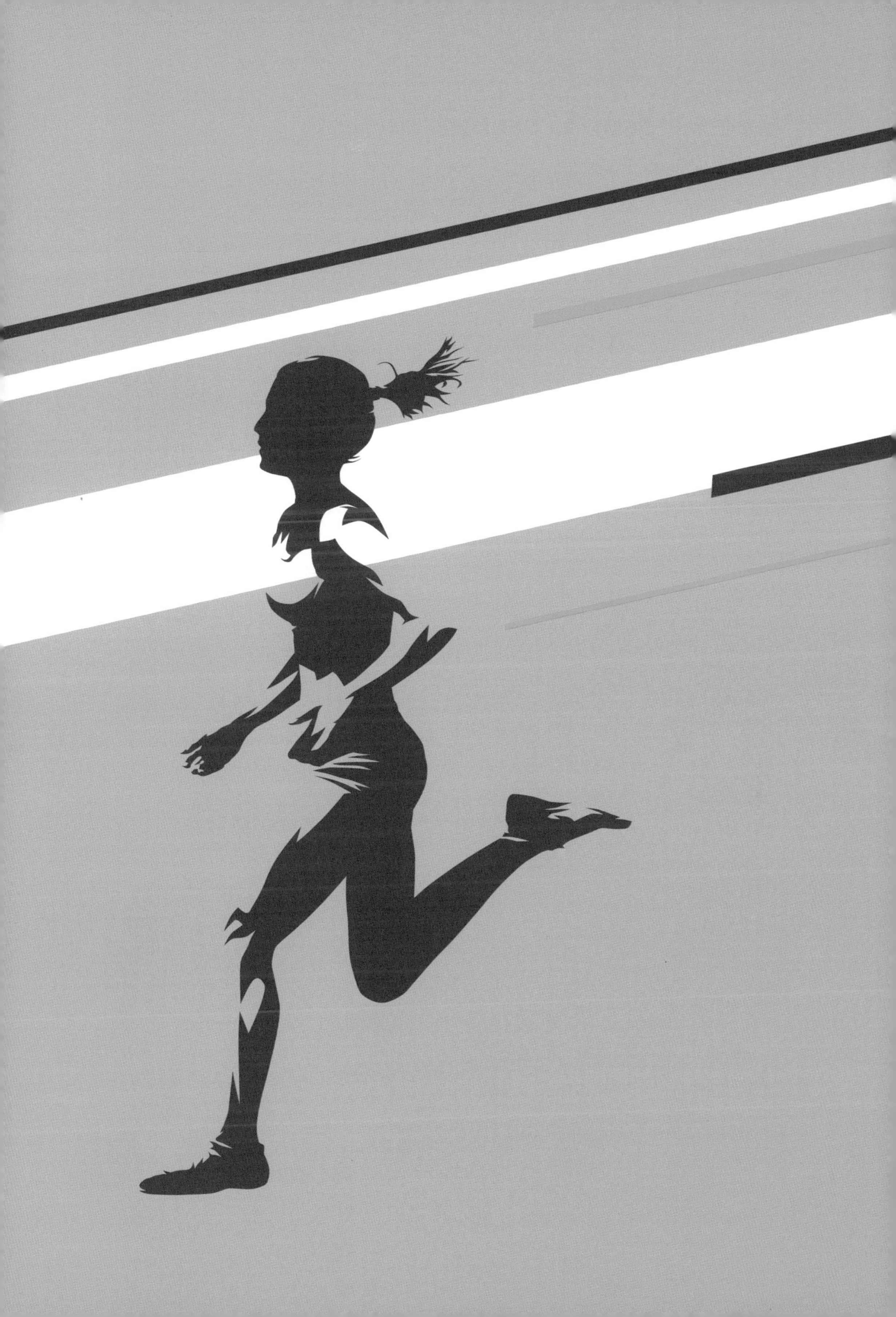

## Verletzungsrisiko senken: Ein Test

Ob schnell oder langsam, jung oder alt, ein gemeinsames Ziel haben alle Läufer*innen: verletzungsfrei zu bleiben. Mit diesem Test bestimmen Sie Ihr Verletzungsrisiko ... und erfahren, wie Sie es senken können. Denn sind wir mal ganz ehrlich: Unter Läufer*innen heißen verletzungsfreie Marathonläufer*innen »goldene Einhörner«. Denn sie sind tatsächlich schwer zu finden. Studien zeigen leider, dass nicht weniger als 80 Prozent der Marathonläufer*innen irgendwann auch mal laufbezogene Beschwerden entwickeln. Das große Ziel ist es also eigentlich, den Lebensstil und die Biomechanik der goldenen Einhörner zu entschlüsseln und dadurch zu einem Leitbild einer gesunden Läuferin, eines gesunden Läufers zu gelangen, an der oder dem sich andere Läufer*innen orientieren können.

Manche Faktoren wie den eigenen Körperbau kann man nicht beeinflussen, aber andere Risikofaktoren sind vorhersehbar und lassen sich minimieren. Daher haben wir verbreitete Schwachstellen am Körper, im Training und im Lebensstil von Läufer*innen identifiziert und daraus den folgenden Test entwickelt, mit dem Sie Ihr individuelles Verletzungsrisiko bestimmen können. Zudem finden Sie zu jedem Risikofaktor eine Strategie, um Ihr Risiko zu senken. So können Sie sich ein maßgeschneidertes Programm zusammenstellen, um verletzungsfrei zu bleiben und eines Tages selbst zu den goldenen Einhörnern zu zählen.

### 1. Laufen Sie mehr als 70 Kilometer in der Woche?

Ja. 1 Punkt
Nein. 0 Punkte

**Warum das zählt:** Je mehr Sie laufen, desto größeren Belastungen sind Ihre Knochen und Gelenke ausgesetzt; auch andere Risikofaktoren wiegen schwerer. Auch wenn viele Läufer*innen höhere Umfänge ohne Probleme wegstecken, zeigt die Forschung ein Ansteigen des Verletzungsrisikos ab 70 Wochenkilometern.

**Das Risiko senken:** Wenn Sie gesund und verletzungsresistent sind, bewältigen Sie auch höhere Kilometerumfänge. Falls nicht, übertreiben Sie es nicht mit dem Laufen und ergänzen Sie es durch Alternativtraining.

### 2. An wie vielen Tagen pro Woche laufen Sie?

**7 Tage. 2 Punkte**
**1–2 Tage. 1 Punkt**
**3–6 Tage. 0 Punkte**

**Warum das zählt:** Ohne Ruhetage geben Sie Ihrem Körper nicht die Möglichkeit, ausreichend zu regenerieren. So kann selbst aus einem kleinen Zipperlein eine Verletzung werden, die Sie zur Pause zwingt. Wenn Sie hingegen nur ein- oder zweimal pro Woche laufen, wird sich Ihr Körper nicht optimal an das Training anpassen, um verletzungsresistenter zu werden.

**Das Risiko senken:** Trainieren Sie in regelmäßigem Wechsel von Belastung und Erholung. Nutzen Sie ein Trainingstagebuch oder eine Lauf-App, um aufzuzeichnen, wie lange und wie schnell Sie laufen – und wie Sie sich dabei fühlen. So bekommen Sie eine gute Übersicht über Training, Form und Verletzungsrisiken, da Sie Muster erkennen können: »Ich habe mich gut gefühlt, wenn ich so trainiert habe, und schlecht, wenn ich so gelaufen bin.« Checken Sie, ob Sie zu hart trainiert haben oder zu viele Ruhetage hatten. Bremsen Sie Verletzungen aus, indem Sie das Training zurückfahren, wenn Sie Beschwerden haben.

### 3. Machen Sie mindestens zweimal pro Woche Krafttraining?

**Ja. 0 Punkte**
**Nein. 1 Punkt**

**Warum das zählt:** Krafttraining verringert Studien zufolge das Risiko von Überlastungsbeschwerden um rund die Hälfte. Und ein Krafttrainingsprogramm hilft Ihnen, eine gute Form zu erhalten, wenn Sie erschöpft sind. Außerdem bilden Sie durch ein regelmäßiges Krafttraining starke Muskeln aus, die die Aufprallkräfte beim Laufen besser aufnehmen und abfedern und so die Sehnen und Gelenke entlasten.

**Das Risiko senken:** Integrieren Sie Krafttraining in Ihren Trainingsplan (siehe Kapitel »Die besten Übungen für Läufer*innen: Krafttraining« ab Seite 213).

### 4. Wie viele Marathons laufen Sie pro Jahr?

(Nur die auf Zeit; lockere Marathons, die Sie zum Spaß laufen, zählen nicht.)

**3 oder mehr. 1 Punkt**
**Maximal 2. 0 Punkte**

**Warum das zählt:** Wettkämpfe gehören zu den härtesten Belastungen, die Sie Ihrem Körper zumuten können, und Marathons sind besonders herausfordernd.

**Das Risiko senken:** Achten Sie auf Ihre Grenzen. Natürlich können viele Sportler auch häufiger lange Distanzen laufen. Aber diejenigen, die aus gesundheitlichen Gründen laufen und ihr Verletzungsrisiko minimieren wollen, sollten die Zahl langer, harter Rennen beschränken.

### 5. Haben Sie letztes Jahr den Trainingsumfang wegen einer Verletzung reduzieren müssen oder waren Sie in Behandlung?

**Ja. 1 Punkt**

**Nein. 0 Punkte**

**Warum das zählt:** Wenn man die Ursachen einer Verletzung nicht erkennt, werden Rückfälle wahrscheinlicher. Außerdem hinterlässt jede Verletzung kleine Schäden. Verbleibende Dysfunktionalitäten erhöhen das Risiko einer neuen Verletzung.

**Das Risiko senken:** Krafttraining (siehe Kapitel »Die besten Übungen für Läufer*innen: Krafttraining« ab Seite 213)! Und holen Sie sich Rat von einem*einer Sportarzt*Sportärztin, wenn Sie in den letzten drei Jahren häufiger verletzt waren.

### 6. Machen Sie zu lange Schritte?

Bitten Sie einen Freund, ein 10-Sekunden-Video von der Seite zu machen, während Sie auf einem Laufband laufen. Stoppen Sie den Film im Moment des Fußaufsatzes und ziehen Sie eine senkrechte Linie vom Kopf bis zum Boden.

**Ihr Fuß setzt weit vor der gedachten Linie auf. 1 Punkt**

**Ihr Fuß setzt etwa auf der gedachten Linie auf. 0 Punkte**

**Warum das zählt:** Wenn Ihr Fuß zu weit vor Ihrem Körperschwerpunkt auf dem Boden aufkommt, wirken beim Aufprall höhere Kräfte. Über Ihren Fuß und das Bein werden diese Aufprallkräfte nach oben weitergeleitet. Dadurch steigt das Risiko von Ermüdungsbrüchen, einer Plantarfasziitis, Knieproblemen wie dem patellofemoralen Schmerzsyndrom oder Achillessehnenentzündungen.

**Das Risiko senken:** Läufer*innen, die den Fuß weit vor dem Körper aufsetzen, machen oft lange Schritte und haben eine niedrige Schrittfrequenz von unter 160 pro Minute. Wenn Sie Ihre Schrittfrequenz um etwa 10 Prozent steigern, reduzieren Sie aktuellen wissenschaftlichen Studien zufolge die Aufprallkräfte, die auf Hüften, Knie und Fußgelenke wirken. Dadurch wiederum senken Sie Ihr Verletzungsrisiko. Wenn Sie also beispielsweise mit einer Frequenz von nur 160 Schritten pro Minute laufen und den Fuß weit vorn aufsetzen, versuchen Sie, die Frequenz sukzessive auf 160 + 10 Prozent = 176 zu erhöhen.

### 7. Ist Ihre Hüfte zu schwach?

Stellen Sie sich vor einem Spiegel auf eine 10 bis 15 Zentimeter hohe Stufe. Steigen Sie mit einem Bein herunter, berühren Sie mit der Ferse den Boden, und steigen Sie wieder hoch. Drei Wiederholungen pro Seite.

| |
|---|
| **Ihr Becken gerät dabei in Schieflage.** |
| **1 Punkt** |
| **Ihr Knie weicht nach innen aus.** |
| **1 Punkt** |
| **Alles bleibt »hübsch« gerade.** |
| **0 Punkte** |

**Warum das zählt:** Muskuläre Schwäche oder ein fehlerhaftes Bewegungsmuster lassen Ihre Hüfte kippen und Ihre Knie nach innen ausweichen. Diese schlechte Ausrichtung könnte ein Läuferknie oder ein Iliotibialband-Syndrom verursachen. Andere Muskeln, wie Ihr Hüftbeuger oder die hinteren Oberschenkelmuskeln, müssen diese Schwächen kompensieren. Dadurch werden Sie wiederum anfälliger für Verletzungen in diesen Bereichen.

**Das Risiko senken:** Absolvieren Sie zwei- bis dreimal pro Woche ein Krafttraining wie in Kapitel »Die besten Übungen für Läufer*innen: Krafttraining« ab Seite 213. Die »Mallorca-Rolle« sollten Sie täglich berücksichtigen. So können Sie Ihr Kraftdefizit in der Hüfte ausgleichen. Überprüfen Sie sich nach einer Weile mit dem oben beschriebenen Test.

### 8. Hatten Sie kürzlich eine schwierige Lebensphase? Haben Sie Stress bei der Arbeit oder privat?

| |
|---|
| **Ja. 1 Punkt** |
| **Nein. 0 Punkte** |

**Warum das zählt:** Stress erhöht die Spannungen in Ihren Muskeln und verschlechtert die Koordination. Das erhöht einerseits das Risiko einer Verletzung und behindert andererseits die optimale Regeneration.

**Das Risiko senken:** Gehen Sie ambitionierte läuferische Ziele dann an, wenn beruflich und privat alles läuft. Wenn Sie Stress haben: einfach easy laufen.

### 9. Schlafen Sie weniger als sieben Stunden pro Nacht?

| |
|---|
| **Ja. 1 Punkt** |
| **Nein. 0 Punkte** |

**Warum das zählt:** Läufer*innen, die nicht ausreichend schlafen, riskieren auf Dauer einen Mangel an menschlichen Wachstumshormonen, die dazu benötigt werden, Muskeln und Knochen zu reparieren.

**Das Risiko senken:** Gönnen Sie sich mindestens sieben Stunden Schlaf pro Nacht und mehr in Phasen, in denen Sie hart trainieren. Schalten Sie eine Stunde, bevor Sie ins Bett gehen, Smartphone, Fernseher und Tablet aus.

**10. Haben Sie vor Kurzem Ihre Schuhmarke oder den Laufschuhtyp gewechselt?**

**Ja. 1 Punkt**
**Nein. 0 Punkte**

**Warum das zählt:** Änderungen bei den Laufschuhen beeinflussen Ihren Laufstil und erhöhen so das Risiko einer Verletzung.
**Das Risiko senken:** Probieren Sie neue Schuhe aus, aber fallen Sie nicht von einem Extrem ins andere (zum Beispiel Minimal- statt Stabilschuh). Wählen Sie unterschiedliche Schuhe und wechseln Sie sie zwischen jedem Lauf. Tragen Sie neue Schuhe zunächst bei kurzen, ruhigen Läufen.

**11. Haben Sie hohe Ziele und sind unflexibel, sie eventuell anzupassen?**

**Ja. 1 Punkt**
**Nein. 0 Punkte**

**Warum das zählt:** Wenn Sie ein großes Ziel vor Augen haben, besteht die Gefahr, dass Sie zu intensiv trainieren oder Warnzeichen missachten.
**Das Risiko senken:** Läufer*innen mit langfristigen Zielen sollten sich nicht nur auf das Ergebnis fokussieren, sondern auch auf den Weg dorthin. Sprich: Setzen Sie sich Zwischenziele, um die Laufleistung von Tag zu Tag zu steigern.

**PUNKTE insgesamt:**

**EXTRAPUNKTE!**
Die folgenden Verhaltensweisen reduzieren Ihr Verletzungsrisiko. Subtrahieren Sie für jedes Ja einen halben Punkt.

Wenn Sie schlapp sind, pausieren Sie einen Tag oder laufen nur locker.
**Ja/Nein**

Sie bearbeiten Ihre Schwachstellen regelmäßig mit einer Massagerolle.
**Ja/Nein**

Vor dem Lauftraining absolvieren Sie eine dynamische Warm-up-Einheit.
**Ja/Nein**

Innerhalb von 30 Minuten nach einem Lauf gibt es Kohlenhydrate und Eiweiß.
**Ja/Nein**

Sie bewegen sich im Job oder stehen jede Stunde für ein paar Minuten auf.
**Ja/Nein**

Sie tauschen Ihre Laufschuhe nach 500 bis 800 Kilometern aus.
**Ja/Nein**

**EXTRAPUNKTE insgesamt:**

## Auswertung

Wie verletzungsanfällig sind Sie?
PUNKTE minus EXTRAPUNKTE

**Gesamtsumme:**

**3 Punkte oder mehr**
**Rote Zone**
Die wenigsten Überlastungsbeschwerden haben nur eine einzige Ursache, vermuten Experten. In den meisten Fällen gibt es mehrere Faktoren, die gemeinsam zu einer Verletzung führen. Beherzigen Sie vor allem die entsprechenden Tipps zu den Fragen, bei denen Sie Ihre Punkte gesammelt haben.

**1 bis 2 Punkte**
**Rosa Zone**
Wahrscheinlich sind Sie zurzeit verletzungsfrei. Dennoch können Sie einige Verbesserungen machen, um in Zukunft dauerhaft gesund zu bleiben. Befolgen Sie die Tipps zur Risikosenkung aus den Bereichen, in denen Sie Punkte bekommen haben.

**0 Punkte oder weniger**
**Grüne Zone**
Stark! Sie machen offenbar schon alles richtig, um Überlastungsbeschwerden in Schach zu halten. Machen Sie weiter wie bisher, behalten Sie aber mögliche Risiken im Auge.

# Die häufigsten Laufverletzungen

In der idealen Läuferwelt ist jeder einzelne Schritt beschwerdefrei. Man spürt kein Zwicken, kein Ziehen und keine Schmerzen. Die Wirklichkeit sieht allerdings manchmal anders aus. Manche Läufer*innen wissen gar nicht mehr, wie es sich ohne Beschwerden anfühlt: Der Fuß ist empfindlich, der hintere Oberschenkel zieht, im Knie macht sich ein stechender Schmerz bemerkbar. Für sich genommen machen diese Einzelbeschwerden vielleicht keine längere Laufpause nötig, aber sie zehren an der Substanz und lassen kein stringentes Aufbautraining zu. Außerdem vermiesen sie einem die Lauflaune. Laufbeschwerden lassen sich auf einer Skala darstellen, an deren einem Ende, der roten Zone, ernst zu nehmende Verletzungen wie etwa ein Ermüdungsbruch stehen. Am anderen Ende liegt die grüne Zone: Sie sind in Topform und haben höchstens leichte Beschwerden, die kommen und gehen. Leider stecken viele ambitionierte Läufer*innen irgendwo in der Mitte fest, sozusagen in der gelben Zone: Sie sind nicht so richtig verletzt, aber eben auch nicht völlig beschwerdefrei.
Wo Sie selbst sich auf dieser Skala einordnen können, hängt hauptsächlich davon ab, wie Sie reagieren,

wenn die ersten Symptome auftreten. Meistens reicht eine Reduzierung von Umfang und Intensität des Trainingsprogramms oder eine Laufpause von wenigen Tagen aus, um eine längere Zwangspause zu vermeiden. Die wird dann unumgänglich, wenn man die ersten Zeichen nicht beachtet. Zusätzlich zu den oben genannten Sofortmaßnahmen ist es ratsam, Behandlungsmaßnahmen einzuleiten sowie ein Präventionsprogramm zu absolvieren, etwa Kräftigungsübungen für bestimmte Körperregionen und Stretchingprogramme. Mit solchen regelmäßig durchgeführten Begleitmaßnahmen lassen sich Überlastungsbeschwerden vermeiden.
Wir beschreiben sieben läufertypische Beschwerdebereiche und geben Ihnen Tipps, wie Sie vorbeugend tätig werden können, um möglichst in der grünen Zone zu bleiben und Verletzungen zu vermeiden.

## Läuferknie

Auch deutsche Orthopäden nennen es »Runner's Knee« – oder »patellofemorales Schmerzsyndrom« (PFSS). Damit wird ein Schmerz bezeichnet, der durch Reizung des Knorpelgewebes unterhalb der Patellasehne oder Kniescheibe auftritt. Rund 40 Prozent der Läuferbeschwerden betreffen das Knie. Nach einer Onlineumfrage von *Runner's World* unter 4500 Läufer*innen hatten 13 Prozent dort im vergangenen Jahr Schmerzen. Das PFSS tritt meist bei oder nach längeren Läufen auf, aber auch nach langem Sitzen, beim Bergablaufen oder Hinuntergehen von Treppen.

### Risikogruppe

Gefährdet sind alle Menschen mit bestimmten biomechanischen Risikofaktoren. Zu diesen gehören zum Beispiel Überpronation (das übermäßige Einknicken des Fußes nach innen) sowie eine zu schwache Oberschenkel-, Hüft- oder Gesäßmuskulatur.

### Weitertrainieren?

Ja, aber Sie sollten unbedingt Trainingsumfang und -intensität verringern und Ruhetage einlegen. Laufen Sie lediglich jeden zweiten Tag und pausieren Sie, wenn Sie Schmerzen haben. Manche Läufer*innen berichten, dass sie beim Bergauflaufen keine Beschwerden haben – was Sie zum Beispiel im entsprechenden Modus auf dem Laufband ausprobieren können. Außerdem werden dabei die Gesäßmuskeln gekräftigt. Ein kräftiger Glutaeus maximus sorgt für kontrollierte Bewegungen von Hüfte und Oberschenkeln, wodurch verhindert wird, dass das Knie nach innen dreht.

Vermeiden Sie Abwärtslaufen, denn das verschlimmert das Problem. Radfahren ist ein probates Mittel, die Genesung zu verkürzen, denn dadurch werden die Oberschenkel gekräftigt. Weitere sportliche Betätigungen, die statt Laufen sinnvoll sind: Ellipsentrainer (im Studio) und Schwimmen (Kraulen, nicht Brustschwimmen).

### Behandlung

Die Gesäß- und Hüftmuskulatur kräftigen Sie mit einer Übung, bei der Sie breitbeinig stehen und ein Gummiband als Widerstand oberhalb der Knöchel oder oberhalb der Knie anbringen. Dabei gehen Sie leicht in die Knie, halten diese Position und gehen so 10 bis 15 Schritte seitwärts. Die Füße bleiben dabei gerade, der Oberkörper ruhig. Dann die gleiche Übung in die andere Richtung. Die Herausforderung besteht darin, das Band ständig auf Spannung zu halten. Falls Ihnen diese Übung zu leichtfällt, gehen Sie dabei in den Zehenstand. Wenn das Problem mit dem Stand Ihrer Kniescheibe zusammenhängt, kann ein spezielles Taping helfen. Eine Eisbehandlung direkt nach dem Lauf kann vor allem in einem frühen Stadium der Beschwerden helfen. Wärme hingegen sollte als begleitende Maßnahme erst angewendet werden, wenn die Verletzung schon auf dem Wege der Besserung ist.

### Rückfall vermeiden

Experten empfehlen eine Verkürzung des Laufschritts. Das Knie sollte bei der Landung leicht gebeugt sein, dadurch wird das Gelenk bis zu 30 Prozent entlastet. Zählen Sie Ihre Schritte pro Minute und erhöhen Sie diese Zahl um 5 bis 10 Prozent. Die Stabilität Ihrer Knie wird verbessert, wenn Sie die Muskeln kräftigen, die das Knie unterstützen, also die vordere Oberschenkelmuskulatur (Quadrizeps) und den Glutaeus maximus (Gesäßmuskel). Die besten Übungen sind Seitwärtsschritte gegen Widerstand (siehe Behandlung), Kniebeugen, im fortgeschrittenen Stadium mit Gewicht auf der Schulter und Dehnübungen für die Hüftbeuger.

### Knieschmerzen: Was tun?

- Stopp! Schmerzen an der Innen- oder Außenseite des Knies, die morgens beim Aufstehen zu spüren sind und den ganzen Tag hindurch nicht verschwinden.
- Vorsicht! Nach dem Loslaufen ist ein Stechen im Knie zu spüren, das verschwindet, aber später wiederkommt. Schmerzen treten auch nach langem Sitzen auf.
- Weiterlaufen! Beschwerdefreiheit auch nach zwei Stunden Sitzen im Kino oder nach einem längeren Lauf durch hügeliges Laufterrain.

## Achillessehnenentzündung

Die Achillessehne verbindet die beiden wichtigsten Wadenmuskeln mit der Ferse. Bei zu starker Belastung entzündet sie sich (Tendinitis). In der Umfrage von *Runner's World* gaben 8 Prozent der Befragten an, dass sie während des vergangenen Jahres darunter gelitten hätten.

### Risikogruppe

Für Achillessehnenentzündungen sind alle Läufer*innen anfällig, die Trainingsumfang und -intensität zu schnell steigern. Vor allem nach Bergauf- und Tempoläufen können Probleme auftreten, außerdem bei schwacher und unzureichend gedehnter Wadenmuskulatur.

### Weitertrainieren?

Bei Achillessehnenbeschwerden führt Weitertrainieren zur Verschlimmerung des Problems und kann zu einer Laufpause von mehreren Monaten zwingen. Bei den ersten Beschwerden konsequent eine Pause von mehreren Tagen einlegen.

### Behandlung

Fünfmal am Tag mit Eis behandeln. Exzentrische Übungen zur Dehnung der Wadenmuskulatur ausführen: Stellen Sie sich auf eine Treppenstufe, wobei nur die Fußballen auf der Stufe aufliegen. Dann in den Zehenstand gehen und ein Bein nach hinten anheben, sodass Sie nur noch auf einem Fuß stehen. Diesen Fuß bis unter Stufenniveau absenken, dann wieder in den Zehenstand gehen und wieder den Fuß absenken. Diese Übung drei- bis sechs-mal am Tag jeweils 15-mal wiederholen. Weitere Maßnahmen: Aquajogging, Ellipsentrainer, Schwimmen.

### Rückfall vermeiden

Mit einer kräftigen und flexiblen Wadenmuskulatur lassen sich Achillessehnenbeschwerden vermeiden. Tägliche Kräftigungsübungen für die Wadenmuskulatur sind nach Abklingen der Beschwerden sinnvoll. Vermeiden Sie allerdings übermäßiges und vor allem ein aggressives Dehnen der Wadenmuskulatur, tragen Sie keine Flip-Flops oder High Heels, denn beides trägt zu einer übermäßigen Belastung der Sehne bei.

### Fersenalarm: Was tun?

- Stopp! Starke Schmerzen und Anschwellen der Achillessehne oberhalb der Ferse, auch nach dem Laufen. Schmerzen im Zehenstand.
- Vorsicht! Dumpfer Schmerz an der Ferse nach dem Lauf, der nicht gleich verschwindet, aber dann nach einer Eisbehandlung nicht mehr zu spüren ist.

- Weiterlaufen! Keine Schmerzen, auch nicht, wenn Sie mit zwei Fingern fest auf die Sehne drücken und von der Ferse bis zur Wadenmuskulatur entlangstreichen.

## Hinterer Oberschenkelmuskel

Dieser Muskel, im Englischen mit dem Wort »Hamstring« bezeichnet, ist für das Beugen der Knie und die Streckung des Beins zuständig und somit für einen kraftvollen Schritt. Ist er zu schwach, fängt er schnell an zu schmerzen. 7 Prozent der von *Runner's World* Befragten hatten im vergangenen Jahr Probleme mit dem hinteren Oberschenkelmuskel.

### Risikogruppe

Hauptursache für Probleme im hinteren Oberschenkel ist eine zu schwache Muskulatur. In der Regel ist der Muskel verkürzt, hervorgerufen durch völligen Verzicht auf Dehnübungen oder zu langes Sitzen. Beim Vorbeugen mit durchgestreckten Knien erreichen die Fingerspitzen gerade mal den oberen Schienbeinbereich. Verkürzte Muskeln stehen unter großer Spannung. Ein weiterer Faktor für Probleme in diesem Bereich ist die muskuläre Disbalance zwischen vorderer und hinterer Oberschenkelmuskulatur.

### Weitertrainieren?

Wenn der Schmerz plötzlich und heftig auftritt, der Muskel sich gar blau verfärbt, dann handelt es sich vermutlich um einen Muskelriss. Dies muss eine mehrwöchige Laufpause zur Folge haben. In weniger akuten Fällen, in denen lediglich Schmerzen auftreten, handelt es sich meist um eine typische Überlastungsverletzung, die aber auch eine gewisse Behandlungszeit braucht, bevor man sich wieder in der grünen Zone befindet. Als wirksam erwiesen haben sich eine Reduzierung des Laufumfangs, ganz langsames Laufen, das Vermeiden von Tempotrainings und Bergaufläufen sowie gelegentliches Aquajogging und Schwimmen (Kraulen, nicht Brustschwimmen) anstelle einer Laufeinheit.

### Behandlung

Dazu eignen sich Kräftigungsübungen, zum Beispiel einbeiniges Beinbeugen (liegend, an einer entsprechend ausgestatteten Maschine mit je einem Widerstand pro Bein): Beide Beine beugen und dann mehrmals jeweils ein Bein absenken und wieder anwinkeln. Oder einbeinige Kniebeugen im Stehen. Auch Übungen mit einer Faszienrolle vor und nach dem Laufen können schmerzlindernd wirken: Sie legen die Rolle auf den Boden, setzen sich darauf und bewegen sich so vor und zurück, dass sich die Rolle unter dem hinteren Oberschenkel hin- und herbewegt. Bei chronischen Fällen kann auch intensive Massage hilfreich sein, zum Beispiel eine spezielle Triggerpunkt-Massage, die schwerpunktmäßig im Bereich des Glutaeus maximus ansetzt.

#### Rückfall vermeiden

Die sogenannte einbeinige halbe Brücke am Fitball oder an einem Stuhl ist eine effektive Übung zur Kräftigung der hinteren Oberschenkelmuskulatur: Auf dem Rücken liegend platzieren Sie beide Beine auf einem Fitball oder Stuhl. Dann heben Sie die Hüfte an und gleichzeitig ein Bein. Senken Sie langsam die Hüfte wieder ab, bis sie den Boden erreicht hat. Das freie Bein ebenfalls absenken und absetzen, dann mit dem anderen Bein fortfahren. Auch Kompressions-Tights können vorbeugend positiv wirken.

#### Hamstring-Probleme: Was tun?

- Stopp! Ein plötzlich auftretender oder scharfer, stechender Schmerz, eventuell ist sogar ein schnappendes Geräusch zu hören – unterbrechen Sie das Training. Oft verfärbt sich der Bereich bläulich.
- Vorsicht! Chronische Schmerzen im Bereich des hinteren Oberschenkels, die dazu führen, dass Sie nur noch langsam laufen können und sich Ihr Schritt verkürzt.
- Weiterlaufen! »Weiterlaufen« heißt die Devise, wenn Sie schmerzfrei beim Bergauflaufen und auch bei schnellen Tempoläufen sind. Selbst nach langem Sitzen sind keine zu starken Schmerzen im hinteren Oberschenkelmuskel zu spüren.

## Plantarfasziitis

Es überrascht nicht, dass 15 Prozent aller Laufverletzungen den Fuß betreffen, schließlich muss er bei jedem einzelnen Schritt ein Mehrfaches des Körpergewichts auffangen. Als Plantarfasziitis bezeichnet man kleinste Risse und Entzündungen der Plantarfaszie, also der Sehne, die den Fußballenbereich mit der Ferse verbindet. Dieses Beschwerdebild trifft auf 10 Prozent der Läufer*innen in der *Runner's World*-Umfrage zu, bei der die Redaktion nach den häufigsten Beschwerden im vergangenen Jahr gefragt hatte. Der Schmerz macht sich meist als ein dumpfes Ziehen entlang des Fußbogens bemerkbar und ist vor allem am Morgen zu spüren.

#### Risikogruppe

Vor allem bei Läufer*innen mit ausgeprägtem Hohl- oder Plattfuß sind die Sehnenbänder übermäßig belastet. Auch Läufer*innen mit Fußfehlstellungen, also Überpronierer*innen (übermäßiges Einknicken des Fußes beim Aufprall) und Supinierer*innen (Landen auf der Außenkante des Fußes), sind gefährdet. Das Risiko einer Plantarfasziitis erhöht sich, wenn die Laufumfänge oder die Laufintensitäten zu schnell erhöht werden oder mit nicht ausreichend gedämpftem Schuhwerk auf sehr hartem Untergrund trainiert wird. Außerdem können auch unflexible Hüftmuskeln, eine schwache Rumpfmuskulatur und Probleme im Lendenwirbelbereich die Beschwerden verstärken, denn sie führen zu einem veränderten Abroll- und Landeverhalten des Fußes.

### Weitertrainieren?

Die Plantarfasziitis zählt zu den langwierigsten Laufverletzungen. Wer trotz Beschwerden weiterläuft, verzögert den ohnehin langwierigen Heilungsprozess erheblich: Es kann dann drei bis zwölf Monate dauern, bis man wieder beschwerdefrei ist. Im Schnitt dauert die Ausheilung etwa sechs Monate. In chronischen Fällen ist eine totale Laufpause ratsam. Aquajogging und Schwimmen sind probate Alternativsportarten. Radfahren und Training auf dem Ellipsentrainer sind nur zu empfehlen, wenn dies schmerzfrei möglich ist, der Schmerzbereich also nicht belastet wird. Ein Korrekturstrumpf, der auch als »Strassburg Sock« bezeichnet wird, kann in Ruhephasen die Genesung beschleunigen. Er dient dazu, die Fußunterseite in der Ruheposition in einem gedehnten Zustand zu halten.

### Behandlung

Rollen Sie fünfmal täglich den Fuß fünf Minuten lang über eine Flasche mit gefrorenem Wasser oder reiben Sie die entsprechende Stelle einfach mit Eis ab. Eine Dehnübung für die Plantarfaszie funktioniert so: Setzen Sie sich auf einen Stuhl und schlagen Sie das rechte Bein über das linke, sodass der rechte Knöchel auf dem linken Knie ruht. Fassen Sie den Fuß an den Zehen und ziehen Sie die Zehen nach oben.

Da bei diesem Beschwerdebild auch verspannte Wadenmuskeln eine Rolle spielen können, empfiehlt es sich, diese mit einer Schaumstoffrolle aufzulockern (siehe »Hinterer Oberschenkelmuskel/Behandlung« auf Seite 181/182). Zudem sollte die Rumpfmuskulatur gekräftigt werden (vor allem der lange Rückenstrecker), da sich bei vielen Fällen von chronischer Plantarfasziitis gezeigt hat, dass die Beschwerden auch mit zu schwachen Rückenmuskeln in Verbindung zu bringen sind.

### Rückfall vermeiden

Stellen Sie sicher, dass Ihre Laufschuhe zu Ihrem Fußtyp passen, am besten durch eine Laufanalyse. Manchmal helfen auch Einlagen. Dehnen und massieren Sie die Sehne mehrmals täglich. Lassen Sie morgens nach dem Aufwachen die Füße über die Bettkante baumeln und lassen Sie sie kreisen. Zweimal pro Woche sollten Kräftigungsübungen für die Rumpfmuskulatur auf dem Trainingsprogramm stehen.

### Fußalarm: Was tun?

- Stopp! Andauernder Schmerz im Fußgewölbe oder unter dem Fuß, der nicht nur morgens früh, sondern auch nach dem Aufwärmen nicht verschwindet.
- Vorsicht! Der Schmerz ist vor allem morgens beim Aufstehen zu spüren, nach längeren Sitzphasen und in den ersten Minuten beim Laufen.
- Weiterlaufen! Sie sind völlig schmerzfrei, sowohl morgens als auch den Tag hindurch. Auch Barfußlaufen auf hartem Untergrund ist problemlos möglich.

## Ermüdungsbruch

Im Unterschied zu einem Knochenbruch infolge eines Unfalls resultiert ein Ermüdungsbruch aus einer zu starken Belastung. Bei Läufer*innen treten Ermüdungsbrüche hauptsächlich im Schienbeinbereich, am Fuß (Mittelfußknochen) und an der Ferse auf. Knapp 6 Prozent der von *Runner's World* Befragten waren davon im letzten Jahr betroffen.

### Risikogruppe

Ermüdungsbrüche entstehen meistens durch eine zu hohe Trainingsbelastung. Der Hintergrund: Auch Knochen benötigen nach harten Trainingseinheiten eine ausreichende Erholungszeit. Wer die Belastungsintensität zu schnell zu stark steigert, der nimmt seinen Knochen die nötige Zeit zur Regeneration. Frauen sind übrigens häufiger von Ermüdungsbrüchen betroffen als Männer. Gründe dafür können sein: Defizite in der Ernährung, niedrige Östrogenwerte und unzureichende Kalorienzufuhr. Der Vorteil des Laufens: Da dabei Schritt für Schritt das eigene Körpergewicht auf Knochen und Gelenken lastet, stärkt dieser Sport auf Dauer die Stabilität der Knochen. Kurz: Je länger Sie laufen, desto größer wird die Wahrscheinlichkeit, dass Sie keinen Ermüdungsbruch erleiden werden.

### Weitertrainieren?

Auf keinen Fall! Stellen Sie sich darauf ein, dass Sie 8 bis 16 Wochen pausieren müssen, je nachdem, wie schwer der Ermüdungsbruch ausfällt und wo er sich befindet. Fußknochen heilen beispielsweise langsamer als Schienbeinknochen. Je später ein Ermüdungsbruch als solcher diagnostiziert wird, desto länger dauert die Laufpause. Vermeiden Sie alle Aktivitäten, die den Knochen belasten. Aquajogging und Schwimmen sind erlaubt.

### Behandlung

Wichtig ist, dass Sie auf Ihren Körper hören. Sobald Sie wieder schmerzfrei gehen können, dürfen Sie es mit leichtem Joggen probieren. Allerdings müssen Sie beim ersten Anzeichen von Schmerzen sofort damit aufhören. Laufen Sie zunächst nur wenige Minuten, steigern Sie das Pensum sehr vorsichtig und legen Sie dazwischen jeweils einen Ruhetag ein.

### Rückfall vermeiden

Die Knochendichte lässt sich durch regelmäßiges Krafttraining verbessern (siehe Kapitel »Die besten Übungen für Läufer*innen: Krafttraining« ab Seite 213). Außerdem sollten Sie darauf achten, dass Sie sich ausgewogen ernähren, sodass Ihr Körper die notwendige Dosis von Nährstoffen und Kalorien erhält. Auf was für einem Untergrund man läuft, spielt im Gegensatz zur landläufigen Meinung übrigens keine Rolle, das ist durch wissenschaftliche Studien eindeutig belegt.

### Knochenalarm: Was tun?

- Stopp! Der Schmerz tritt nicht nur beim Laufen auf, sondern auch beim Gehen und Stehen. Während des Laufens verschlimmert er sich.
- Vorsicht! Bei Ermüdungsbrüchen gibt es kein Wenn und Aber: Entweder sind Sie in der grünen oder in der roten Zone.
- Weiterlaufen! Sie haben keinerlei Schmerzgefühl, weder beim Stehen, beim Gehen noch beim Laufen – und auch nicht bei festem Druck.

## ITB-Syndrom

Das Iliotibialband (ITB) verläuft an der Außenseite des Oberschenkels entlang, von der Hüfte bis zum Knie. Bei der Beugung und Streckung des Knies während des Laufens reibt das Iliotibialband am Oberschenkelknochen. Dies kann eine Reizung des ITBs zur Folge haben, vor allem wenn man das Trainingspensum zu stark erhöht. Speziell nach Tempoläufen auf der Bahn und nach Bergabläufen kann dieses Phänomen auftreten. Das ITB-Syndrom hat einen Anteil von 12 Prozent an den häu-

hat eine heilende Wirkung. Die Manschette stabilisiert den Knöchel, wodurch der Schienbeinmuskel effektiv entlastet wird.

### Rückfall vermeiden

Um diese lästigen Schmerzen zu vermeiden, sollte man Trainingsumfang und -intensität immer nur graduell steigern – nie um mehr als 10 Prozent von Woche zu Woche. Die Laufschuhe sollten unbedingt Ihrem Lauftyp entsprechen. Läufer*innen mit einem Hohlfuß benötigen gut gedämpfte Schuhe, bei Plattfüßen empfiehlt sich ein gerader Leisten. Lassen Sie sich im Fachgeschäft beraten.

### Schienbeinalarm: Was tun?

- Stopp! Die Schmerzen treten im unteren Bereich des Schienbeins auf, besonders wenn man hüpft. Schmerzen auch beim Gehen? Das könnte ein Ermüdungsbruch sein.
- Vorsicht! Die Schmerzen treten zwar beim Laufen auf, verschwinden danach aber wieder. Hüpfen und Gehen sind immer schmerzfrei möglich.
- Weiterlaufen! Laufen bereitet keinerlei Schmerzen, und auch lange nach einer Eis- oder Tape-Behandlung tauchen keine Schmerzen auf.

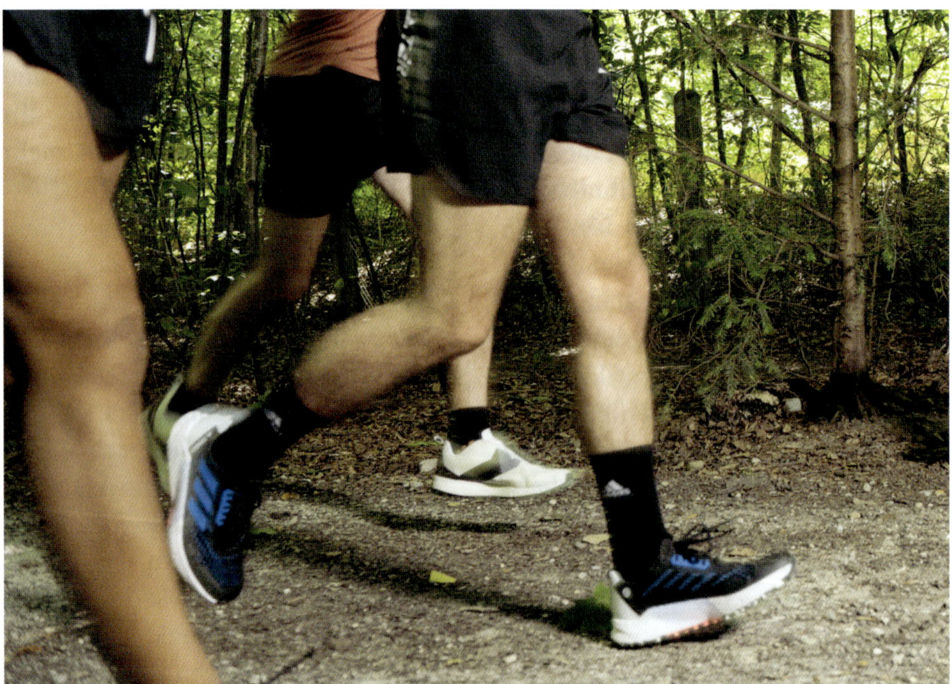

pausieren müssen, je nachdem, wie schwer der Ermüdungsbruch ausfällt und wo er sich befindet. Fußknochen heilen beispielsweise langsamer als Schienbeinknochen. Je später ein Ermüdungsbruch als solcher diagnostiziert wird, desto länger dauert die Laufpause. Vermeiden Sie alle Aktivitäten, die den Knochen belasten. Aquajogging und Schwimmen sind erlaubt.

### Behandlung

Wichtig ist, dass Sie auf Ihren Körper hören. Sobald Sie wieder schmerzfrei gehen können, dürfen Sie es mit leichtem Joggen probieren. Allerdings müssen Sie beim ersten Anzeichen von Schmerzen sofort damit aufhören. Laufen Sie zunächst nur wenige Minuten, steigern Sie das Pensum sehr vorsichtig und legen Sie dazwischen jeweils einen Ruhetag ein.

### Rückfall vermeiden

Die Knochendichte lässt sich durch regelmäßiges Krafttraining verbessern (siehe Kapitel »Die besten Übungen für Läufer*innen: Krafttraining« ab Seite 213). Außerdem sollten Sie darauf achten, dass Sie sich ausgewogen ernähren, sodass Ihr Körper die notwendige Dosis von Nährstoffen und Kalorien erhält. Auf was für einem Untergrund man läuft, spielt im Gegensatz zur landläufigen Meinung übrigens keine Rolle, das ist durch wissenschaftliche Studien eindeutig belegt.

### Knochenalarm: Was tun?

- Stopp! Der Schmerz tritt nicht nur beim Laufen auf, sondern auch beim Gehen und Stehen. Während des Laufens verschlimmert er sich.
- Vorsicht! Bei Ermüdungsbrüchen gibt es kein Wenn und Aber: Entweder sind Sie in der grünen oder in der roten Zone.
- Weiterlaufen! Sie haben keinerlei Schmerzgefühl, weder beim Stehen, beim Gehen noch beim Laufen – und auch nicht bei festem Druck.

## ITB-Syndrom

Das Iliotibialband (ITB) verläuft an der Außenseite des Oberschenkels entlang, von der Hüfte bis zum Knie. Bei der Beugung und Streckung des Knies während des Laufens reibt das Iliotibialband am Oberschenkelknochen. Dies kann eine Reizung des ITBs zur Folge haben, vor allem wenn man das Trainingspensum zu stark erhöht. Speziell nach Tempoläufen auf der Bahn und nach Bergabläufen kann dieses Phänomen auftreten. Das ITB-Syndrom hat einen Anteil von 12 Prozent an den häufigsten Laufverletzungen. 14 Prozent der von *Runner's World* befragten Läufer*innen gaben an, im vergangenen Jahr davon betroffen gewesen zu sein.

### Risikogruppe

Läufer*innen mit Tendenz zur Überpronation oder einer Beinlängendifferenz gehören ebenso zur Risikogruppe wie solche mit einer zu schwachen Hüft- und Gesäßmuskulatur. Letztere hält die Hüfte beim Laufen nicht stabil genug, was dazu führen kann, dass das ITB überdehnt wird und sich entzündet. Zur Risikogruppe gehören auch Läufer*innen, die häufig in hügeligem Gelände laufen. Vor allem das Bergablaufen ist problematisch, aber auch Laufen auf unebenem Untergrund ist ungünstig.

### Weitertrainieren?

Beim ersten Auftauchen von Schmerzen im Bereich des ITB pausieren Sie am besten sofort ein bis zwei Tage und reduzieren danach Ihr Programm deutlich. So lässt sich eine längere Laufpause verhindern, die droht, wenn Sie die ersten Anzeichen ignorieren und trotz Schmerzen einfach weitertrainieren.

### Behandlung

Kräftigungsübungen für die Abduktoren (äußere Oberschenkelmuskeln) mit Seitschritten, eventuell gegen einen Widerstand (siehe »Läuferknie/Behandlung« auf Seite 179), Beinheben im Seitstütz sowie einbeinige Kniebeugen. Vor und nach dem Laufen auf der Faszienrolle bewegen: Legen Sie die Außenseite des Oberschenkels auf die Rolle und bewegen Sie sich so darauf hin und her, dass Ihre gesamte Seite von der Hüfte bis zum Knie über das Hilfsmittel rollt. Radfahren und Wandern können ein ITB-Syndrom verschlimmern. Geeignete Alternativsportarten sind Aquajogging, Schwimmen sowie Übungen am Ellipsentrainer.

### Rückfall vermeiden

Dehnen Sie das ITB, die Oberschenkelmuskeln, die Kniesehne und die Gesäßmuskeln zwei- bis dreimal pro Tag. Auch vor dem Lauftraining sollten Sie immer auf ausreichende Dehnung achten. Sehr wichtig sind auch regelmäßige Kräftigungsübungen und Übungen mit der Faszienrolle. Wenn Sie Ihr Training hauptsächlich auf einer Laufbahn absolvieren, wechseln Sie ab und zu die Laufrichtung. Begrenzen Sie Läufe im hügeligen und bergigen Gelände. Auch eine Verkürzung des Laufschritts kann sich positiv auswirken.

### ITB-Alarm: Was tun?

- Stopp! Schmerzen an der Außenseite des Knies, die am Oberschenkel auf- und abwandern, wenn Sie normal bergab gehen oder Treppen hinabsteigen.
- Vorsicht! Stechende Schmerzen an der Außenseite des Knies etwa zehn Minuten nach Beginn des Laufs. Nach einer kurzen Gehpause verschwinden sie.
- Weiterlaufen! Die Außenseite des Knies und der Oberschenkel sind völlig schmerzfrei, auch nach dem Laufen in hügeligem Gelände oder auf der Bahn.

## Schienbeinschmerzen

Die auch als Shin Splints oder Schienbeinkantensyndrom bekannten Schmerzen treten normalerweise auf halber Länge an der Innenkante des Schienbeins auf. Es handelt sich dabei um Mikrorisse in den Muskeln, die das Schienbein umgeben. Insgesamt machen Schienbeinschmerzen 15 Prozent aller Laufverletzungen aus. In der *Runner's World*-Umfrage berichteten 10 Prozent der befragten Läufer*innen davon, im vergangenen Jahr mit Shin Splints zu tun gehabt zu haben.

### Risikogruppe

Vor allem Laufanfänger*innen sind davon betroffen sowie Läufer*innen, die nach einer längeren Pause wieder ins Training einsteigen. Sie sind oft unerfahren oder übermütig und muten sich zu schnell zu viel zu. Doch auch erfahrenere Läufer*innen können betroffen sein, wenn sie ihr Tempotraining zu abrupt steigern. Auch falsches Schuhwerk oder ausgetretene Laufschuhe sind ein Risikofaktor. Gefährdet sind auch Menschen mit Hohl- oder Plattfüßen.

### Weitertrainieren?

Sobald der Schmerz auftritt, ist zu einer Laufpause zu raten, bis leichtes Joggen wieder schmerzfrei möglich ist. Ersatzaktivitäten wie Aquajogging oder Schwimmen sind empfehlenswert. Steigern Sie Ihr Trainingsprogramm um nicht mehr als 10 Prozent pro Woche.

### Behandlung

Eine Laufpause, Eisbehandlung und Schmerzmittel wie Ibuprofen dienen der Schmerzlinderung. Das Dehnen der Wadenmuskeln hat sich entgegen landläufiger Meinung nicht als hilfreich erwiesen. Empfehlenswert ist hingegen das Tapen des Unterschenkels mit Kinesio-Tape. Und auch eine Sprunggelenkbandage, die beim Laufen getragen werden kann, hat eine heilende Wirkung. Die Manschette stabilisiert den Knöchel, wodurch der Schienbeinmuskel effektiv entlastet wird.

### Rückfall vermeiden

Um diese lästigen Schmerzen zu vermeiden, sollte man Trainingsumfang und -intensität immer nur graduell steigern – nie um mehr als 10 Prozent von Woche zu Woche. Die Laufschuhe sollten unbedingt Ihrem Lauftyp entsprechen. Läufer*innen mit einem Hohlfuß benötigen gut gedämpfte Schuhe, bei Plattfüßen empfiehlt sich ein gerader Leisten. Lassen Sie sich im Fachgeschäft beraten.

### Schienbeinalarm: Was tun?

- Stopp! Die Schmerzen treten im unteren Bereich des Schienbeins auf, besonders wenn man hüpft. Schmerzen auch beim Gehen? Das könnte ein Ermüdungsbruch sein.
- Vorsicht! Die Schmerzen treten zwar beim Laufen auf, verschwinden danach aber wieder. Hüpfen und Gehen sind immer schmerzfrei möglich.
- Weiterlaufen! Laufen bereitet keinerlei Schmerzen, und auch lange nach einer Eis- oder Tape-Behandlung tauchen keine Schmerzen auf.

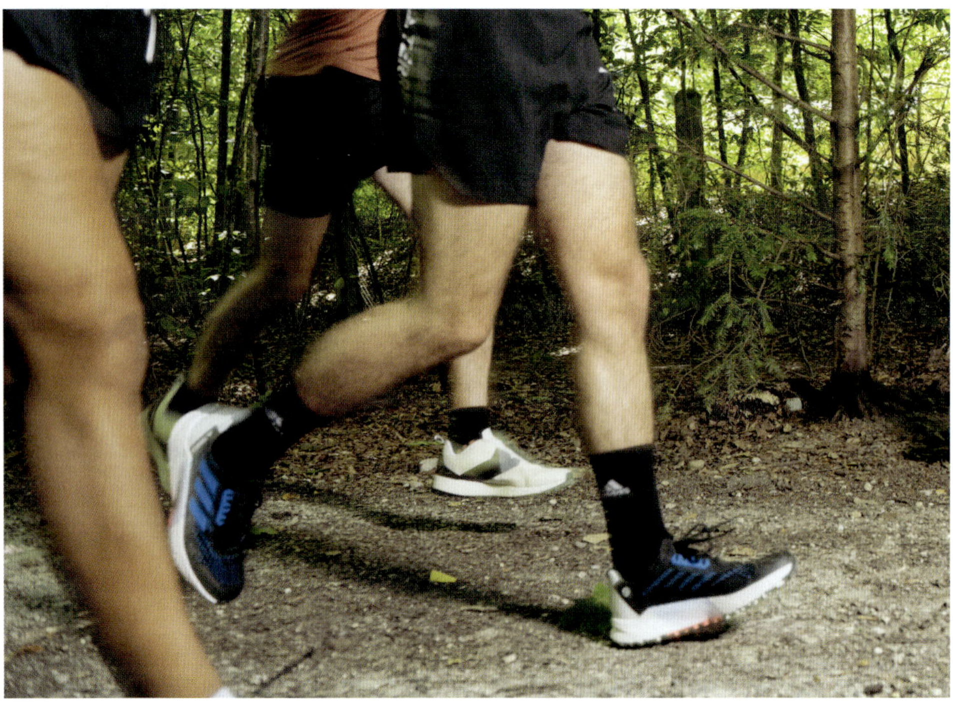

# Die meistgestellten Ratgeberfragen zu …

### … Antibiotika

Ich nehme Antibiotika. Darf ich trainieren?
Nicht die Medikamente entscheiden über die Wiederaufnahme des Trainings, sondern der Verlauf der Krankheit, wegen der Sie die Antibiotika einnehmen. Sind keine Entzündungswerte mehr in Ihrem Blut zu finden und fühlen Sie sich fit? Dann können Sie aus unserer Sicht wieder laufen. Allerdings hat der behandelnde Arzt dabei ein Wörtchen mitzureden.

### … Aspirin

Ist Aspirin Doping?
Der Wirkstoff Acetylsalicylsäure (ASS), der in Aspirin enthalten ist, steht nicht auf der Dopingliste, da für ihn nie leistungssteigernde Effekte nachgewiesen werden konnten. Im Gegenteil: ASS ist eine Säure, die bei höherer Dosierung die Magenschleimhaut schädigt. Mehr noch: In größeren Mengen kann es theoretisch zu ähnlichen Beeinträchtigungen führen wie die Stoffwechselsäuren Laktat und Kreatin, die bei großer Anstrengung in der Muskulatur entstehen. Natürlich treten bei einer harten Laufbelastung eventuell Schmerzen auf. Diese können jedoch durch ASS nicht gelindert werden. Und selbst wenn Sie die Beschwerden verringern könnten, ließe sich dadurch kaum ein höheres Lauftempo realisieren. Das Leistungsvermögen hängt zu stark von der Stoffwechselsituation ab, als dass ein vermindertes Schmerzempfinden sie positiv beeinflussen würde. Und auch die andere Wirkung von ASS, die Verzögerung der Blutgerinnung, wird schwerlich die Leistungsfähigkeit im Training oder Wettkampf verbessern können. Der wichtigste medizinische Anwendungsbereich für ASS ist die Behandlung bestimmter Schmerzformen. Darüber hinaus vermindert die regelmäßige Einnahme von ASS die Entstehung von Blutgerinnseln, die Herzinfarkte oder Schlaganfälle auslösen können. Mehr sollten Sie von dem Medikament nicht erwarten.

### … Asthma

Ist Ausdauertraining auch mit Asthma möglich?
Sofern man nicht gerade an einem akuten Anfall leidet, ist regelmäßiges Ausdauertraining bei Asthma bronchiale nicht nur möglich, sondern es wird sogar als Therapie empfohlen, da es nachweislich die Sympto-

me verringert. Ob und in welchem Maße man Wettkampfsport betreiben kann, hängt sicher vom Ausmaß der Beschwerden und damit nicht zuletzt auch von der Effektivität der Behandlung ab. Letztlich beweisen aber eine ganze Reihe von Spitzenathlet*innen, die an Asthma leiden, dass es auch mit dieser Erkrankung möglich ist, Höchstleistungen zu vollbringen. Mit der entsprechenden Vorbereitung ist also auch die Teilnahme an einem Marathon durchaus realisierbar.

### … Bandscheibenvorfall

Darf man nach einem Bandscheibenvorfall laufen?
Ein Bandscheibenvorfall ist ein degenerativer Schaden. Das bedeutet, dass durch ein Muskelungleichgewicht oder langfristige Fehlbelastung eine Schwächung des Bandscheibengewebes – speziell des äußeren, bindegewebigen Rings – eingetreten ist. Aber zum Glück hat der menschliche Körper im Gegensatz zu technischen Systemen die Fähigkeit zur Heilung: Auch ein Bandscheibenvorfall kann ausheilen. Für Bandscheibenpatienten geht es vor allem darum, einen erneuten Bandscheibenvorfall zu vermeiden. Und wie macht man das? Durch eine Optimierung der Belastung des Rückens. Konkret bedeutet das:

- eine Gewichtsabnahme, damit weniger Druck auf den Bandscheiben lastet,
- eine Kräftigung der Muskulatur, damit Fehlbelastungen vermieden oder reduziert werden,
- eine Haltungsschule, damit man häufiger an seinen Rücken denkt und lernt, gefährdende Bewegungen zu vermeiden,
- geeignete Möbel (Bürostuhl, Autositz, Höhe der Arbeitsplatte in der Küche), um ungünstige Haltungen zu vermeiden.

Für die Punkte 1 und 2 spielt Bewegung eine große Rolle. Ohne die kann weder die Muskulatur gekräftigt noch das Körpergewicht reduziert werden. Daher ist nicht die Frage, ob man wieder anfangen sollte zu laufen, sondern nur, wann und in welchem Umfang. Auf die richtige Dosierung kommt es an. Direkt nach dem Bandscheibenvorfall muss sicherlich vorübergehend der Trainingsumfang reduziert werden, aber mit dem Laufen aufhören sollten Sie auf keinen Fall!

### … Blasen

Wie lassen sich Blasen vermeiden?
Bei Läufen, die länger als eine Stunde dauern, muss man damit rechnen, dass die Füße nicht nur anschwellen, sondern auch an Länge zunehmen. Ein Schuh, der bei 30-minütigen Läu-

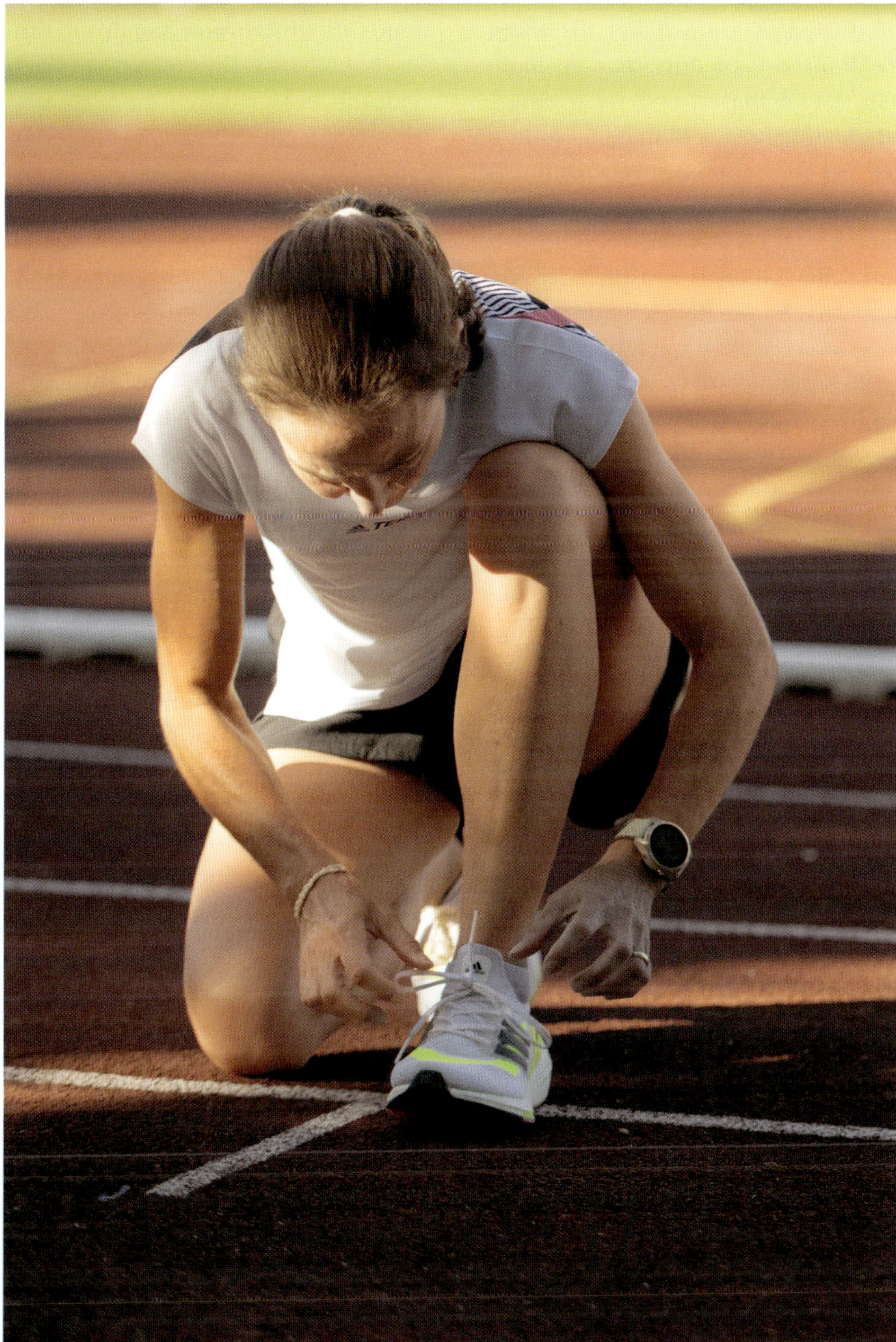

fen gut passt, kann daher für einen 90-Minuten-Lauf durchaus zu klein sein. Wenn Blasen erst nach längerer Laufdistanz entstehen, sollten der Sitz des Schuhs, die Größe (auch nach mehr als einer Stunde sollten noch circa 1,5 Zentimeter Luft vor den Zehen bleiben) und auch der verfügbare Raum in der Zehenbox (freies Spiel der Zehen nach oben) überprüft werden. Eine wesentliche Rolle bei der Entstehung von Blasen spielt allerdings auch die Belastbarkeit der Haut, die ihrerseits wiederum von genetischen Faktoren (Veranlagung), von der Belüftung des Fußes im Schuh beziehungsweise in der Socke und nicht zuletzt vom Grad der Gewöhnung an die Belastung durch langes Laufen abhängt: Eine vom Schweiß aufgeweichte Haut reagiert empfindlicher auf mechanische Irritationen. Einer dadurch verursachten Blasenbildung kann man durch regelmäßiges Pudern oder das Tragen doppellagiger Socken vorbeugen.

### … Blutspende

Kann man Blut spenden und trotzdem laufen?

Blutspenden führen bei Ausdauersportler*innen fast immer zu einem vorübergehenden Leistungsabfall. Dafür ist vor allem der Verlust an roten Blutkörperchen verantwortlich. Aber: Sobald sich das verlorene Blut nachgebildet hat, sausen zahlreiche neue rote Blutkörperchen durch Ihre Blutbahn. Das Blut schmiegt sich dadurch besser durch die kleineren Blutgefäße und transportiert den Sauerstoff optimaler von der Lunge in die Muskulatur, wovon Sie beim Laufen sicherlich profitieren. Bis es jedoch so weit ist, muss man nach der Blutspende einen Zeitraum von mindestens drei bis vier Wochen einkalkulieren. Die wichtigste Voraussetzung für die Neubildung der roten Blutkörperchen nach der Blutspende ist eine ausreichende Menge Eisen im Körper. Als Läufer*in sollten Sie daher nicht nur den Hämoglobinwert kontrollieren lassen (das geschieht ja meist bereits im Zusammenhang mit der Blutspende), sondern auch die Werte für Serum-Eisen und Ferritin (die Speicherform von Eisen im Blut). Bei niedrigen Werten sollten Sie unbedingt frühzeitig Eisen durch eine erhöhte Zufuhr supplementieren, bevor sich eine Blutarmut oder eine verzögerte Neubildung von roten Blutkörperchen ausprägen kann und womöglich die sportliche Leistung abfällt.

### … Brustwarzen

Was hilft gegen das Aufscheuern der Brustwarzen?

Je enger die unterste Bekleidungsschicht anliegt, desto geringer ist das Risiko, dass sie reibt. Baumwollbekleidung, die sich mit Schweiß vollsaugt und nass wird, ist ungünstiger als ein Shirt aus Funktionsfasern, das die Nässe abgibt und trocken bleibt.

**Weitere Tipps:**
- Einfach mal ordentlich Vaseline auf die Brustwarzen schmieren.
- Abkleben. Die Pflastermethode ist die beste Präventivmaßnahme, die es gibt.

Fertigpflaster, die man aus Hüllen löst, bevor man sie aufklebt, haften eventuell nicht so gut wie die guten alten Leukoplast-Pflaster, die man mit der Schere bedarfsgerecht zuschneidet.

**Zwei zusätzliche Pflaster-Tipps:**
1. Kleben Sie nur die Brustwarzenfläche ab, und zwar nur mit der Klebefläche des Pflasters.
2. Kleben Sie das Pflaster mehrere Stunden oder einen Tag vor dem Lauf auf, dann haftet es garantiert besser und übersteht auch die Feuchtigkeit, die durch Schwitzen entsteht.

### … Erkältung

Kann man Erkältungen ausschwitzen?
Es werden zwar keine Viren über den Schweiß ausgeschieden, aber unter bestimmten Voraussetzungen kann bei Schnupfen ein »Schwitzlauf« dennoch eine regenerierende Wirkung haben. Die Viren, die einen Schnupfen verursachen, lieben Kälte und ausgetrocknete Schleimhäute. Wenn sich diese Erreger ausschließlich auf der Nasenschleimhaut eingenistet haben, wirkt ein Dauerlauf zum Rausschwitzen in der Tat positiv. Während eines Lauftrainings verbessert sich nämlich die Durchblutung der Nase und die Temperatur in ihrem Innenraum steigt an, wodurch sich die Lebensdauer der Schnupfenviren verkürzt und der Schnupfen in kürzerer Zeit vorübergeht. Einen vergleichbaren Effekt kann man auch durch Dampfinhalation erzielen. Es lässt sich außerdem feststellen, dass durch körperliche Betätigung die Schleimhäute abschwellen und durch den Spüleffekt der Schnupfen deutlich verringert wird.
Generell sollte man bei Erkältungen aber das Training reduzieren, denn die negativen Effekte können die positiven durchaus überwiegen. Allerhöchste Vorsicht ist bei Infektionen geboten (siehe Seite 30/31). Symptome wie ein allgemeines Krankheitsgefühl, Gliederschmerzen, erhöhte Temperatur, Halsschmerzen oder Lymphknotenschwellungen sprechen eindeutig gegen sportliche Betätigung. Die große Gefahr besteht darin, die Infektion zu verschleppen und in andere Organe wie das Herz zu übertragen.

### … Frösteln

Warum fröstelt's mich nach dem Laufen?
Dafür kommen folgende Ursachen infrage:

1. Eine Drüsenfehlfunktion. Daher ist auf jeden Fall eine endokrinologische Untersuchung sämtlicher Schilddrüsenwerte zu empfehlen, wobei insbesondere eine sogenannte Autoimmunthyreoiditis, also eine Immunerkrankung der Schilddrüse, ausgeschlossen werden sollte.
2. Bestimmte chronische Infektzustände können ebenfalls zu solchem Frieren führen. Auch das sollte immunologisch untersucht werden.
3. Und schließlich kommt ein solcher Mechanismus bei einer bestimmten Hormonkonstellation bei Frauen immer wieder vor. Frauen sollten also gegebenenfalls auch einen Gynäkologen aufsuchen.

Wenn diese drei Schritte zu keinem Ergebnis führen und die Beschwerden anhalten, ist auch noch an eine Analyse der körpereigenen Stresshormone über eine Urinuntersuchung zu denken. Wenn hier eine erhöhte Produktion vorliegt, kann es in der Erholungszeit nach dem Training durchaus zu ungewöhnlichen Temperaturabfällen kommen.

### … Fußsohlenbrennen

Warum brennen beim Laufen die Fußsohlen?
Das Brennen im Bereich der Fußsohle schon nach kurzer Laufbelastung könnte auf einen Nervenengpass im Bereich des Innenknöchels (Tarsaltunnel) oder unter der Fußsohle hindeuten. Solche Weichgewebe-Engpässe können bei Laufbelastung zu einer Einengung der Nerven führen. Beim Tarsaltunnelsyndrom verursacht die kräftige Fußhebung und Pronation (Senkung des inneren Fußrands) durch den Laufschritt den Schmerz. Es empfiehlt sich in diesem Fall eine neuro-orthopädische Untersuchung oder auch eine Schichtaufnahme per Kernspintomografie (MRT). Darüber hinaus kann aber auch ein Vitamin-$B_5$-Mangel (Pantothensäure) oder eine Pilzinfektion das Burning-Feet-Syndrom auslösen. Bis zu einer definitiven Diagnose sollten vermehrt nervenaufbauende Vitamine der B-Gruppe über die Ernährung (Vollkornprodukte, Brokkoli) eingenommen werden.

### … Hornhaut

Was kann ich gegen Hornhautbildung an den Füßen tun?
Hornhaut kann schmerzen, wenn die harte Schicht bei jedem Schritt durch die Druckbelastung des Fußes ins Gewebe gedrückt wird. Durch den Druck können sogar Schwielen-

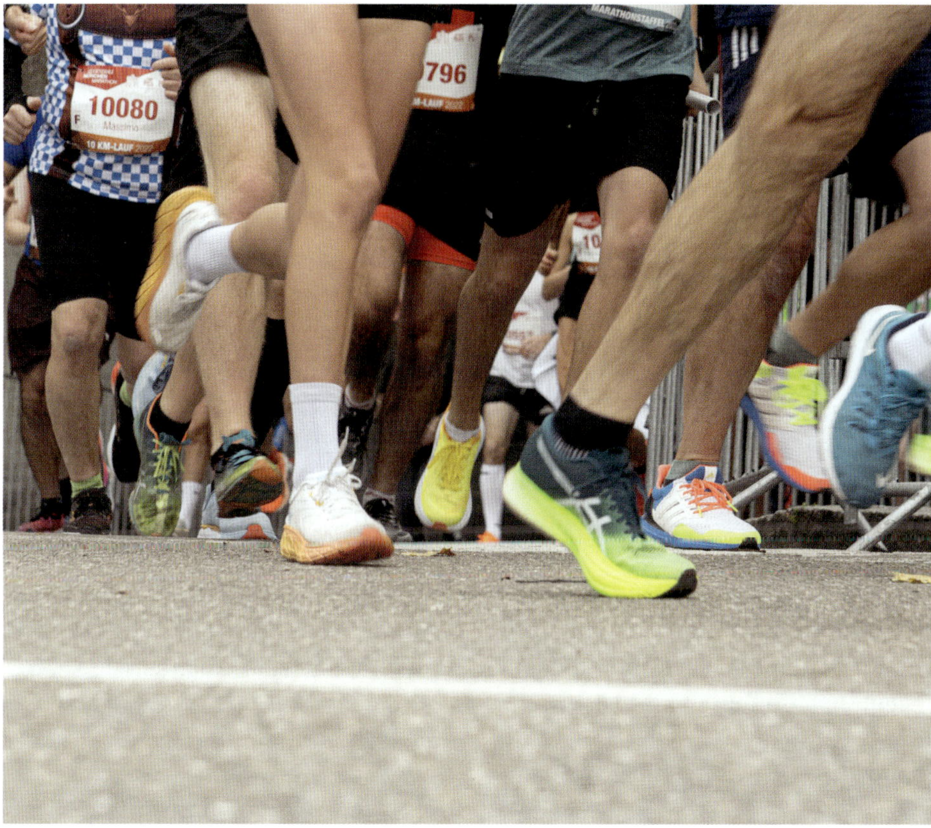


entzündungen entstehen. Außerdem ist die Haut rau und zeigt sich gelblich unter den Ballen oder an der Fußsohle.

Ein Bimsstein hilft, um die obere Hornhautschicht behutsam zu entfernen. Einmal pro Woche reicht dabei völlig aus. Gleitet der Stein Tag für Tag über die Hornhaut, ist die Schutzschicht irgendwann komplett weg. Und genau das ist kontraproduktiv, weil der Körper dann noch schneller neue Hornhaut wiederaufbauen will, um die Hautstellen zu schützen. Von einem Hornhauthobel raten die Expert*innen ab: »Der gehört in die Hände eines Profis, weil die Verletzungsgefahr zu groß ist!«

Prophylaxe: Auch gegen Hornhaut helfen gut sitzende Schuhe, in denen die Fußknochen ausreichend Platz haben. Denn wenn nichts drückt und reibt, wächst die Hornhaut auch nicht nach.

### … Hühneraugen

Was hilft gegen Hühneraugen?

Die Lösung: Eine halbe Rosine auf das Hühnerauge legen und mit einer kleinen Mullbinde befestigen. Alle 24 Stunden eine neue Rosine auflegen. Meist lässt sich dann nach vier bis fünf Tagen der Kern des Hühnerauges mit einer Pinzette sanft herausziehen.

### ... Muskelkater

Wie lässt sich Muskelkater vermeiden?

Muskelkater resultiert bei Läufer*innen zum einen daraus, dass sie mit erweitertem Umfang oder höherer Geschwindigkeit als gewöhnlich trainieren. Ein zweiter Grund kann in Belastungsformen mit sogenannten exzentrischen Muskelkontraktionen liegen, bei denen die Muskeln gedehnt werden, wenn sie dabei sind, sich zusammenzuziehen, was beim Bergablaufen passieren kann. Durch kontrollierte exzentrische Belastungsübungen lassen sich Muskeln gegen Muskelkater »impfen«, sodass sich dieser nach harten Belastungen nur in abgeschwächter Form einstellt. Das Geheimnis besteht darin, die exzentrische Belastung so gering zu dosieren, dass zwar ein Schutzeffekt erzielt, jedoch noch kein Muskelkater verursacht wird. Eine Möglichkeit besteht zum Beispiel darin, einen mindestens 100 Meter langen Anstieg in die Trainingsstrecke einzubeziehen, an dem Sie regelmäßig etwa fünf Minuten richtig schnelles Bergablaufen üben. Nach drei Wochen sollten Sie so den schlimmsten Muskelschmerzen vorgebeugt haben.

### ... Seitenstiche

Was hilft gegen Seitenstiche?

Man vermutet, dass am Zwerchfell ansetzende Bänder über die rhythmischen Erschütterungen eine verstärkte Zugbelastung auf das Zwerchfell ausüben. Bedeutsam dürften hierbei die Bänder sein, die die Leber mit dem Zwerchfell verbinden. Auch eine mechanische Reizung im hinteren Bauchraum gelegener Areale des Bauchfells könnte eine Rolle spielen. Da die genauen Ursachen des Seitenstechens noch ungeklärt sind, gibt es auch noch kein Patentrezept zur Prophylaxe. Einen Versuch wert ist eine Atemtechnik, bei der man die Ausatmung jeweils mit dem Bodenkontakt des rechten Fußes koordiniert. Dadurch kann unter Umständen erreicht werden, dass die Zugbelastung der relativ schweren Leber auf das Zwerchfell abgeschwächt wird. Diese Atemtechnik muss man im Training üben, zum Beispiel bei einem schnelleren Dauerlauf. Eine weitere Möglichkeit besteht darin, die Bauchmuskulatur durch ein gezieltes Kräftigungsprogramm zu stärken. Erfahrungen zeigen, dass dies die Beschwerden ebenfalls günstig beeinflusst. Und bekanntermaßen treten Seitenstiche bei vollem Magen eher auf als mit leerem Bauch, das heißt, dass Sie als Betroffener unbedingt auch auf Ihre Ernährung achten sollten.

### ... Sodbrennen

Wie lassen sich Sodbrennen und Durchfall beim Laufen vermeiden?

Die Hauptursache von Sodbrennen ist der Rückfluss von saurem Magensaft in den unteren Abschnitt der Speiseröhre, der durch das Laufen gesteigert wird. Hilfreich ist in diesem Fall, drei Stunden vor dem Lauf nichts oder nur noch ein Stück trockenes Weißbrot zu essen. Bleiben die Beschwerden, kann ein vor Laufbeginn verabreichtes Medikament, das die Produktion der Magensäure reduziert, zur Besserung führen.

Insbesondere bei hohen Belastungen wird im Körper die Durchblutung der Verdauungsorgane zugunsten der arbeitenden Muskulatur stark eingeschränkt. Man nimmt an, dass dieser Rückgang der Blutzufuhr die Darmfunktion beeinflusst und zu Beschwerden wie Durchfall, Blähungen oder Bauchkrämpfen führen kann. Viele Symptome werden aber nicht direkt durch das Laufen, sondern durch eine falsche Ernährung provoziert. Neben stark ballaststoffreicher Kost führt bei manchen Menschen auch eine ungünstige Kombination bestimmter Nährstoffe zu Gärungsprozessen und Gasbildung im Darm. Dies ist vor allem im Zusammenhang mit der Einnahme von Kohlenhydraten wie Laktose (Milchzucker) und Fruktose, aber auch von Zuckeraustauschstoffen wie Xylit oder dem im Mehl enthaltenen Gluten zu beobachten. Durch kontrollierten Verzicht auf bestimmte Nahrungsmittel lässt sich herausfinden, ob die Beschwerden mit der Ernährung zu tun haben.

### ... Zehennägel

Woher kommen die blauen Zehennägel?

Mit blauen Zehennägeln machen fast alle Läufer*innen in ihrem Leben mal Bekanntschaft. Die Ursache sind fast immer zu kleine Laufschuhe. Die Grundregel: In Ihren Schuhen sollte vor dem längsten Zeh noch eine Daumenbreite Platz sein, denn der Fuß rutscht im Schuh hin und her und dehnt sich beim Laufen aus, beim Marathon sogar extrem. Ein Läufer aus unserem Bekanntenkreis hat beim letzten Berlin-Marathon einen Test gemacht, bei dem er vor und nach dem Lauf die Fußlänge verglich. Danach hat er sich nicht mehr über seine blauen Zehennägel gewundert. Auch der sogenannte Zehen-Greifreflex, der bewirkt, dass sich die Zehen am Ende des Abrollvorgangs im Fußbett des Schuhs festkrallen, kann zu blauen Zehennägeln führen – dagegen lässt sich leider nichts machen.

# KAPITEL 7

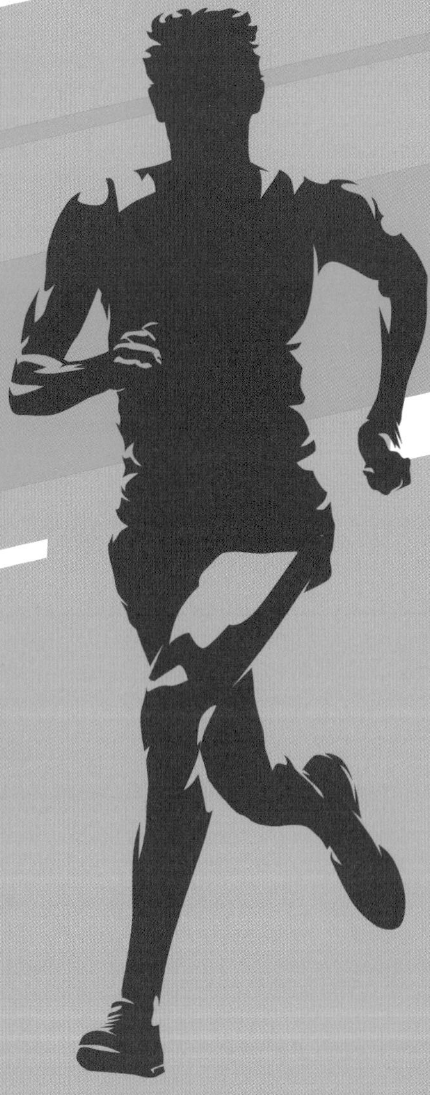

# Stabitraining, Stretching und Co.

## Oder: Was neben dem Laufen noch wichtig ist

Das Laufen ist eine natürliche Bewegungsform und der menschliche Körper ist in seinen Funktionen darauf ausgerichtet, weite Strecken im Laufschritt zurückzulegen. Aber wer im Marathontraining seinen Laufaufwand ausbaut, strapaziert Sehnen, Bänder, Gelenke und die gesamte Muskulatur mehr als gewöhnlich. Da macht es Sinn, auch ein wenig Zeit auf die Pflege des Bewegungsapparats zu verwenden. Die Möglichkeiten sind vielfältig, man nennt sie alternatives Training. Das Alternativtraining umfasst Stabilisations- und Krafttraining, Stretching, Mobilisation, aber auch Yoga- und Meditationsübungen.

Wir haben in diesem Kapitel zunächst die Übungen aufgeführt, die zusätzlich zum Laufen sinnvoll und ratsam sind. Mobilisationsübungen sollten alle Läufer*innen vor dem Laufen absolvieren. Sie bereiten den Körper und insbesondere die Gelenke auf die bevorstehende Belastung sanft vor. Durch die Bewegung wird die Durchblutung im jeweiligen Gelenk und der umliegenden Muskulatur angeregt, der Nährstoffaustausch verbessert sich und die Nervenbahnen werden aktiviert. Damit ist der Körper optimal auf die darauffolgende Belastung vorbereitet.
Nach dem Laufen empfehlen wir allen Läufer*innen ein kleines Kraftprogramm, um vor allem die Muskeln des Oberkörpers und des Rumpfs zusätzlich zu stärken. Deren Einsatz kommt beim Laufen relativ kurz und ein eigenes Krafttraining in diesem Bereich sieht nicht nur optisch schöner aus, es verbessert auch den Laufstil und schützt so vor Verletzungen. Vor Verletzungen schützen vor allem auch sämtliche Beweglichkeitsübungen. Muskeln, die trainiert werden, verkürzen sich mit der Zeit, wenn sie nicht aktiv wieder in die Länge gezogen werden. Läufer*innen müssen daher vor allem die Wadenmuskulatur, aber auch die Muskeln der Oberschenkel regelmäßig nach dem Laufen dehnen. Krafttraining sollte immer nach dem Laufen absolviert werden und Dehnen immer nach dem Krafttraining. Suchen Sie sich sowohl bei der Mobilisation wie auch bei der Kraft und beim Stretching jeweils zwei bis vier Übungen heraus, die Ihnen besonders guttun oder die Sie so gar nicht können, und machen Sie diese regelmäßig nach jedem Lauf. Ein Durchgang reicht schon, wenn Sie es nahezu täglich tun. Zusätzlich sollten Sie sich einmal pro Woche einen ausführlicheren Kraftzirkel zusammenstellen, um auch andere Muskelgruppen immer wieder anzusprechen. Alle hier vorgestellten Übungen werden mit dem eigenen Körpergewicht und damit gegen die Schwerkraft durchgeführt. Damit sind Überlastungen in der Regel ausgeschlossen. Steigern Sie

jedoch auch hier Ihr Pensum an Umfang und Intensität nur langsam. Gerade beim Krafttraining ist es wichtiger, auf eine saubere Ausführung zu achten, als auf eine Vielzahl an Wiederholungen.

Außerdem ist es wichtig, jede Bewegung in Einklang mit der Atmung zu bringen. Damit unterstützen Sie den Bewegungsablauf und den Energiefluss. Merken Sie sich folgende Regel: Wenn es anstrengend ist, sollten Sie ausatmen, bei Entspannung einatmen. Bei den Kraftübungen atmen Sie also aus, wenn die den Muskel, den sie gerade trainieren, anspannen, und atmen wieder ein, wenn Sie ihn entspannen. Bei längeren Halteübungen sollten Sie einfach auf eine tiefe und gleichmäßige Atmung achten. Beim Stretching atmen Sie aus, wenn Sie gezielt in die Dehnung hineinarbeiten und ein leichter Dehnungsschmerz entsteht, und atmen wieder ein, wenn Sie wieder aus der Dehnung rausgehen. Auch hier gilt: Bei lang anhaltenden Positionen bitte tief und bewusst ein- und ausatmen.

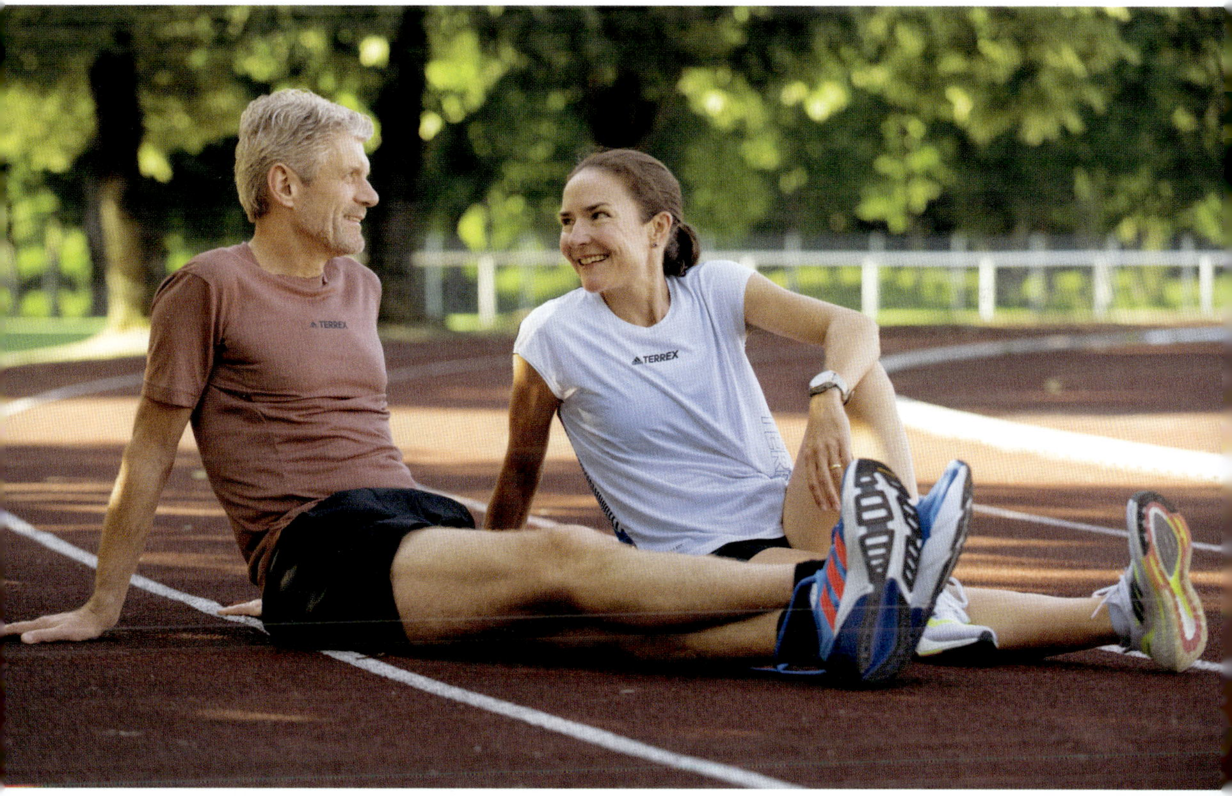

## Die besten Übungen für Läufer*innen: Mobilisation

Die schönste Mobilisationsübung in der Früh vor dem Loslaufen ist der aus dem Yoga bekannte Sonnengruß, allerdings nur in der kleinen Variante, um das Atemzentrum zu wecken. Stellen Sie sich mit den Füßen schulterbreit auf eine ebene und feste Fläche. Atmen Sie am besten mit geschlossenen Augen ein paarmal tief ein und aus. Die Augen können gerne geschlossen sein. Nehmen Sie beim nächsten Atemzug die Hände über die Seiten nach oben und werden Sie dabei groß. Wenn Sie ausatmen, beugen Sie sich nach vorne und nehmen die Hände dabei mit, bis sie die Fußspitzen erreichen oder zumindest in die Richtung zeigen. Mit dem nächsten Atemzug strecken Sie einfach nur den Rücken, um Brust und Bauch zu öffnen, aber bleiben in der Vorbeuge. Die Hände wandern dabei auf die Scheinbeine. Beim Ausatmen wird der Rücken wieder rund und die Finger gehen wieder zu den Fußspitzen. Nun folgt ein kräftiger Atemzug, während Sie den gesamten Oberkörper aufrichten und die Arme auch wieder über die Seiten mit nach oben nehmen, um groß zu werden. Zum Abschluss ziehen Sie mit der Ausatmung die Hände vor die Brust und halten kurz inne, bevor Sie gerne in ein, zwei, drei oder vier weitere Durchgänge starten.

### Finger spreizen ▶

Beide Arme werden in die Luft gestreckt. Die Schulterpartie wird bewusst nach unten entgegengesetzt der Ohren gezogen. Die Finger sind weit gespreizt und werden kurz zu einer Faust geballt, um sich dann gleich wieder zu öffnen. Mit hoher Frequenz öffnen und schließen sich beide Hände mindestens 30 Sekunden lang. Vor allem in Unterarmbereich spürt man bald eine deutliche Ermüdung, aber die Durchblutung der Arme bis hin zu den Schultern wird auf sehr effektive Art und Weise verbessert.

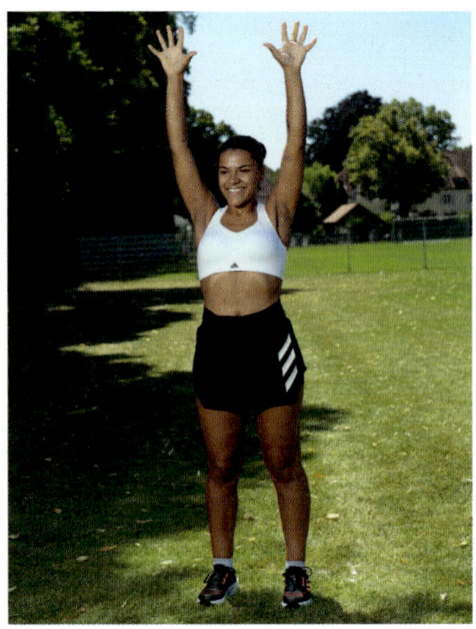

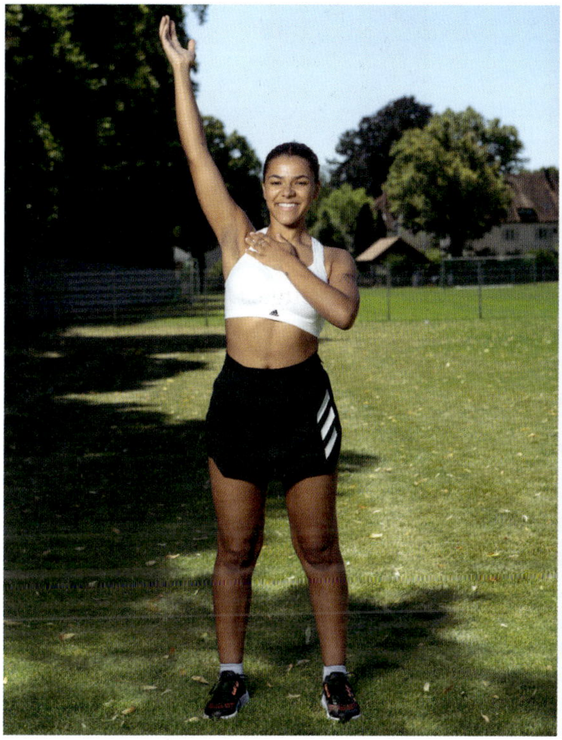

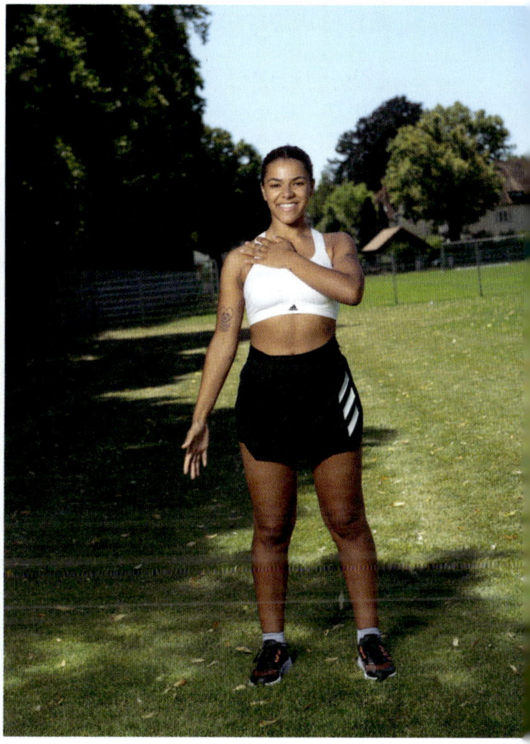

## Armkreisen ▲

Nachdem die Finger bereits gut durchblutet sind, werden die Arme anschließend ebenso mobilisiert. Kreisen Sie zunächst den rechten Arm, der dabei komplett gestreckt sein sollte, von vorne nach hinten und wechseln Sie dann die Richtung von hinten nach vorne. Anschließend wiederholen Sie den gleichen Bewegungsablauf mit dem linken Arm. Ihre Koordination wird geschult, wenn Sie beide Arme gleichzeitig kreisen, und zwar den rechten Arm vorwärts und den linken Arm rückwärts beziehungsweise umgekehrt. Starten Sie diese anspruchsvolle Übung mit beiden Händen in der Luft und lassen sie zunächst ganz langsam und bewusst, später mit Schwung die eine Hand nach vorne wandern und die andere nach hinten, bis beide sich wieder oben treffen. Es ist noch kein Meister vom Himmel gefallen, aber wenn Sie regelmäßig üben, werden Sie erstaunt sein, wie schnell das Gehirn diese Bewegung abspeichert.

## Schultern wecken ▶

Die Arme werden rechts und links vom Körper ausgestreckt, die Handflächen zeigen nach oben. Die Beine sind leicht gegrätscht, der Bauch ist fest und der Rücken gerade. Stellen Sie sich vor, dass Sie Teller auf beiden Handflächen balancieren, die Sie nun nach hinten kreisend bewegen. Die Schultern müssen bewusst nach unten gezogen werden, die Kreise können sich langsam vergrößern. Nach einiger Zeit wird die Kreisrichtung nach vorne geändert. Zum Abschluss der Übung können die imaginären Teller zu Boden fallen und die Arme in großem Bogen von vorne nach hinten und von hinten nach vorne kreisen.

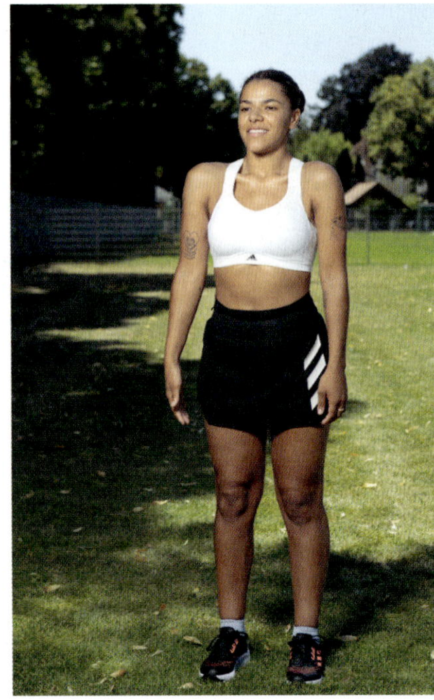

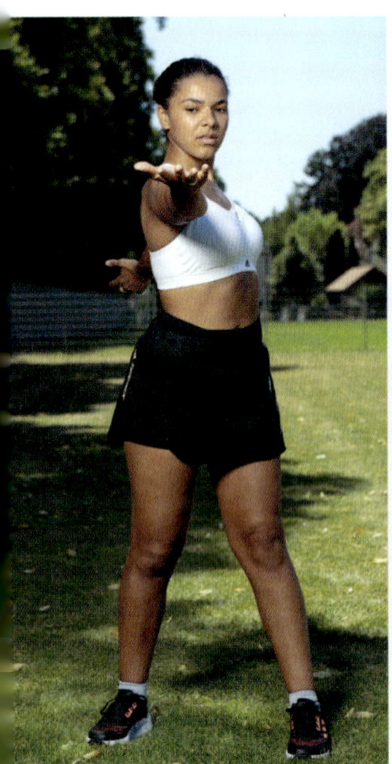

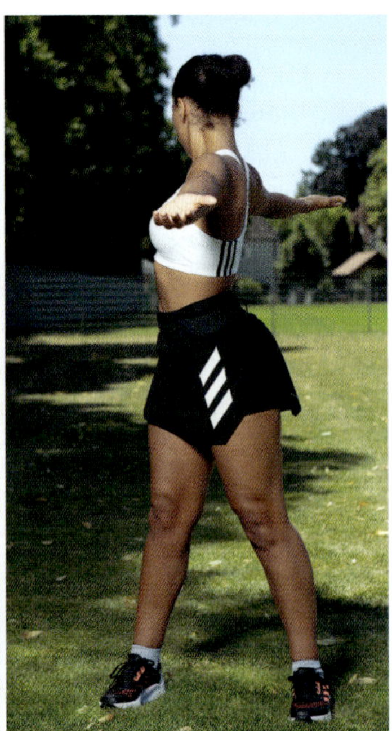

## Rücken mobilisieren ◀

Beide Arme bleiben rechts und links gestreckt. Nun drehen Sie sich nach rechts, die rechte Hand wandert so weit nach hinten, wie es der Körper zulässt, und der Blick folgt der Hand. Dabei wird kräftig ausgeatmet. Dann die Bewegung über die Mitte zur linken Seite ausführen. Beim Nach-vorne-Drehen einatmen, beim Nach-hinten-Drehen ausatmen. Mehrere Wiederholungen im flüssigen Atemrhythmus sind sinnvoll.

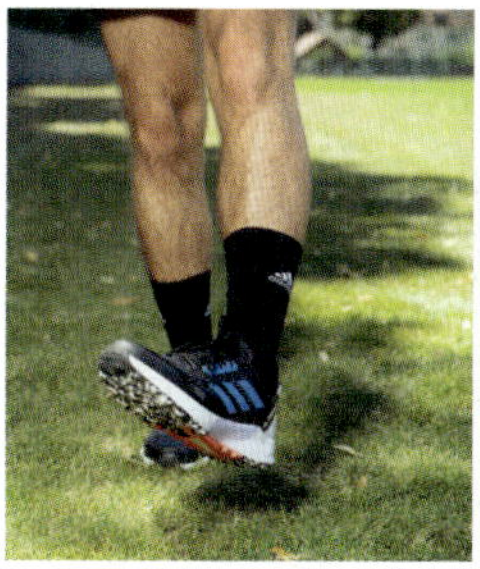
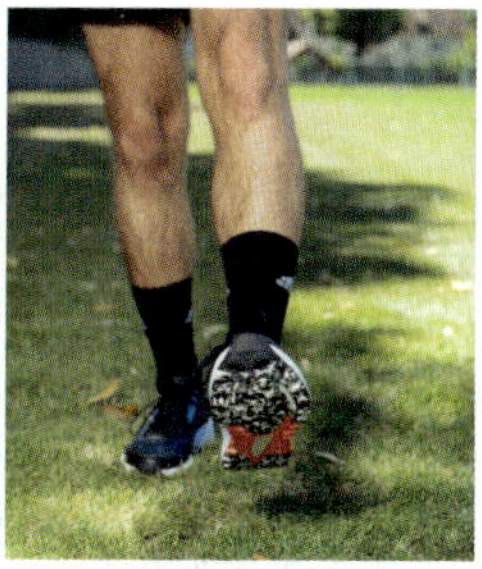
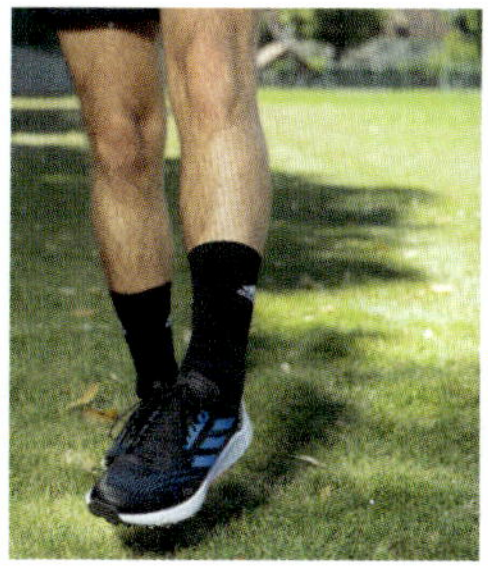
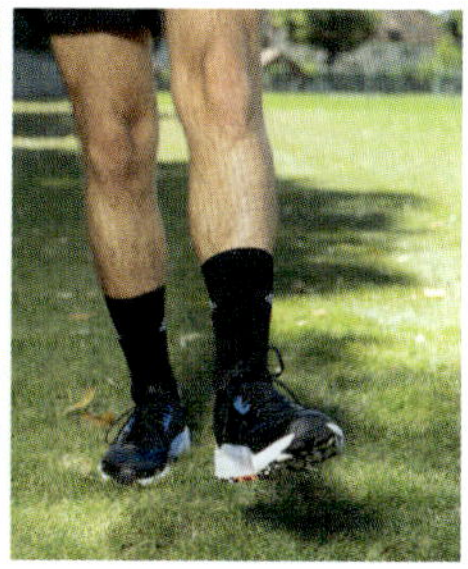

## Fußstrecken und Fußkreisen ▲

Eine der wichtigsten Übungen bei Problemen mit der Achillessehne ist die Mobilisation des Sprunggelenks. Beginnen Sie diese Übung mit dem einfachen Strecken und Anziehen eines Fußes. Sie stehen beispielsweise auf Ihrem linken Bein und das rechte Bein wird ganz leicht angehoben. Nun strecken Sie die Fußspitze des rechten Fußes zunächst nach vorne, als ob Sie mit dem großen Fußzeh auf etwas zeigen wollten, um gleich danach den Fuß so weit es geht anzuziehen. Dabei können Sie gerne alle Zehen spreizen. Nach fünf Durchgängen bewegen Sie den Fuß im Kreis, der große Zeh gibt die Bewegung vor und malt einen maximal großen Kreis. Nach einigen Umdrehungen ändern Sie die Kreisrichtung. Anschließend ist der linke Fuß dran.

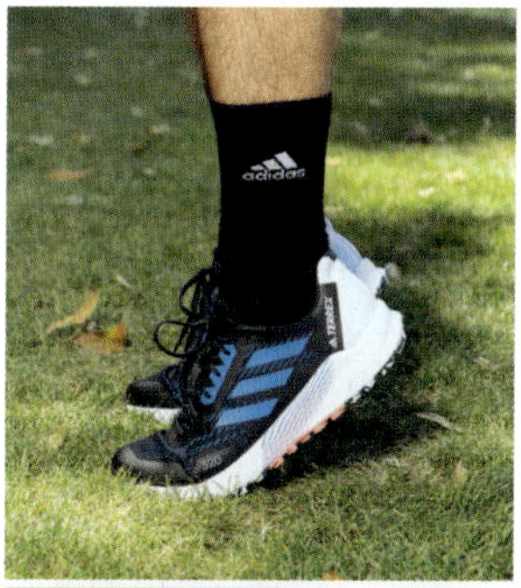
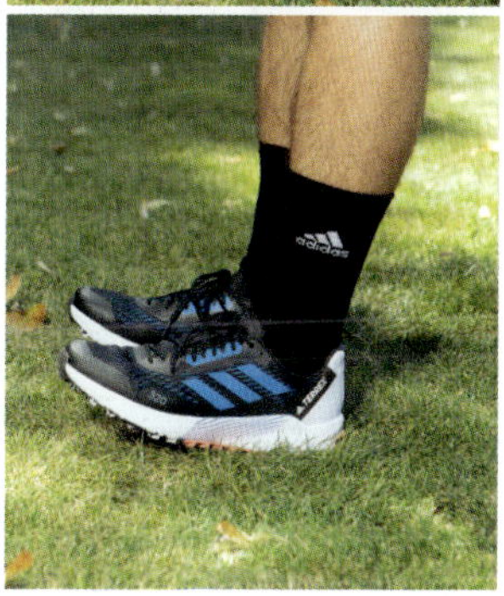

## Fußroller ◀

Um die Fußsohlen anzuregen, die Durchblutung zu verbessern und die Sprunggelenke zu mobilisieren, rollen Sie auf den Fußsohlen langsam und gleichmäßig vor und zurück. Die Vorstellung, die Unterseite des Fußes sei ein Tintenroller, hilft dabei, die komplette Sohle auf den Boden zu pressen. Von den Zehen bis zur Ferse sollte jeder Bereich einmal über den Boden gerollt sein. Nach einigen Durchgängen in der Mitte des Fußes zur Abwechslung bewusst über die Außenkante des Fußes rollen und dann auch mal über die Innenseite, wo das Fußgewölbe ist.

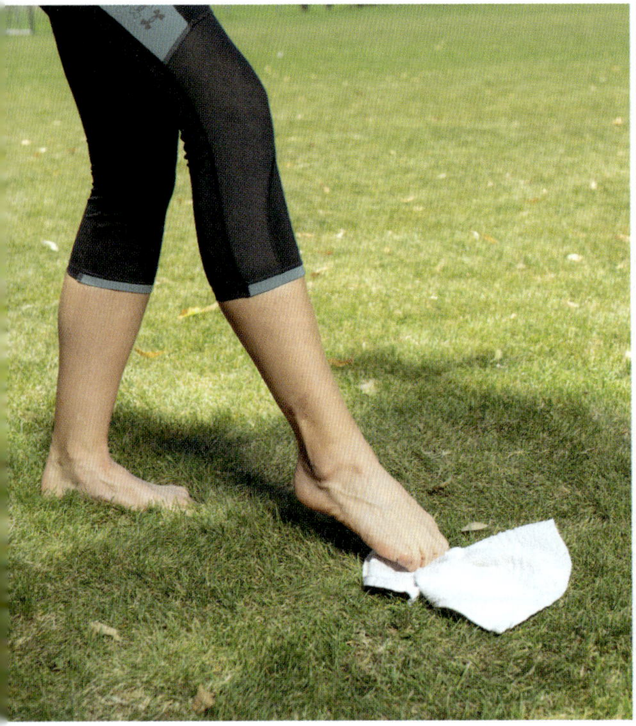

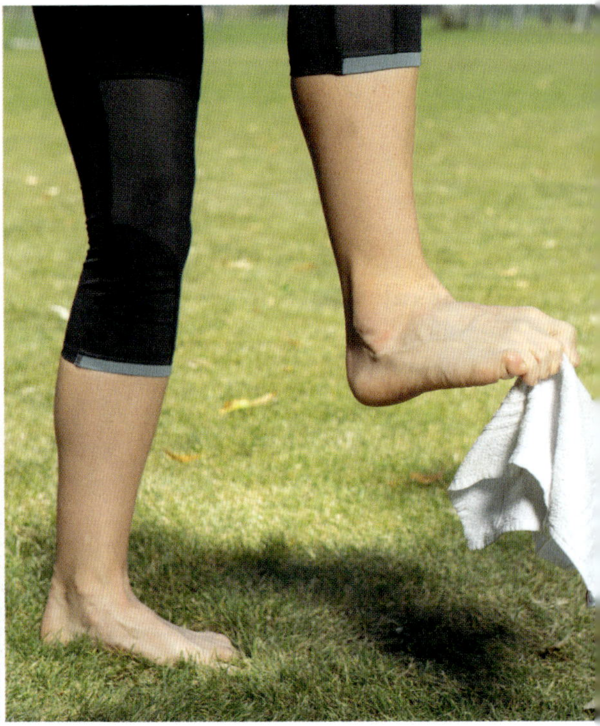

## Handtuchheber ▲

Die Füße von Läufer*innen sollten viel mehr Beachtung geschenkt bekommen, weil auf ihnen eigentlich die Hauptlast beim Laufen liegt. Ohne gut funktionierende Füße bringt das beste Muskelkorsett und stärkste Herz-Kreislauf-System nichts. Deshalb lohnt es sich, den Fuß mit einer eigenen Kräftigungsübung zu bedenken. Am einfachsten trainiert man die Muskulatur der Füße durch Greifübungen. Ob es ein Handtuch, ein Blümchen oder ein Stein ist, bei dieser Übung geht es darum, dass ein Fuß mit Zuhilfenahme der Zehen den Gegenstand greift, in die Höhe hebt und wieder fallen lässt. Nach zehn Wiederholungen spürt man die Anstrengung und sollte den Fuß wechseln, aber dann ruhig mehrere Durchgänge machen. Diese und die folgenden zwei Übungen bieten sich weniger vor dem direkten Laufen als hinterher oder über den Tag verteilt an.

## Beten mit den Füßen ▼

Nehmen Sie Ihren Fuß in die Hand und stecken Sie zwischen jeden Zeh einen Finger. Das ist zunächst gar nicht so einfach, schon gar nicht, wenn man diese Übung zum ersten Mal macht. Die kleinen Gelenke des Mittel- und des Vorfußes sind oft verspannt und müssen vorsichtig wieder mobilisiert und gelockert werden. Wenn Zehen und Finger wie bei gefalteten Händen ineinanderstecken, führen Sie mit der Hand vorsichtige Kreisbewegungen aus, um Bewegung in das Fußgelenk zu bringen. Beim regelmäßigen Wiederholen werden Sie feststellen, dass die Füße sich sehr viel schneller regenerieren und belastungsverträglicher werden.

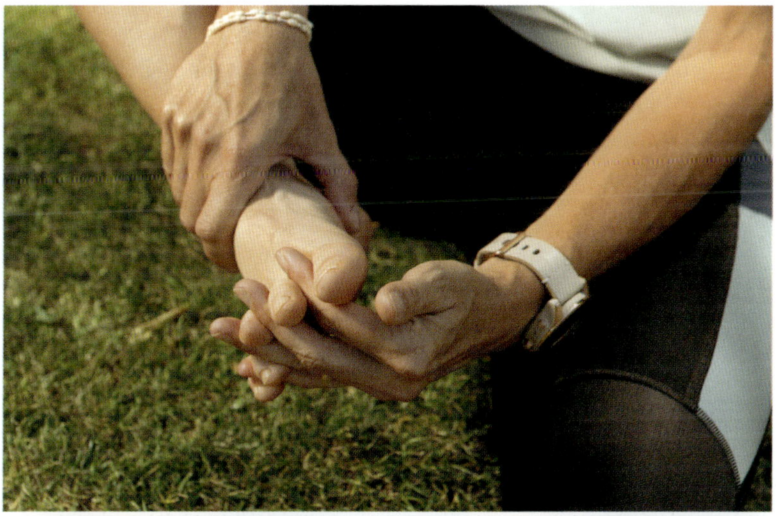

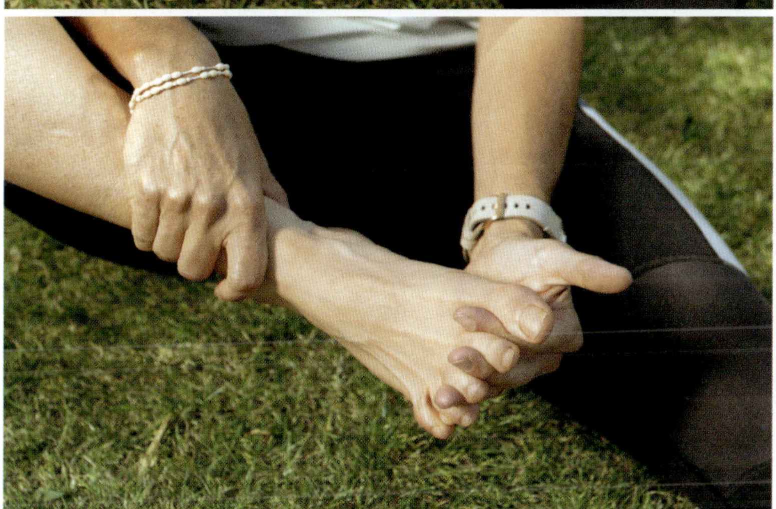

## Rollen auf dem Ball ▼

Diese Übung massiert die Fußsohle und löst sämtliche Verspannungen und Verklebungen in diesem Bereich, die ansonsten gerne zur gefürchteten Plantarfasziitis führen. Die Plantarfaszie ist eine Sehnenplatte, die unter dem Fuß von der Ferse zum vorderen Fußballen zieht. Beim Laufen federt die Plantarfaszie den Schwung in der Standbeinphase beim Auftreten ab und stabilisiert das Fußgewölbe nach unten hin. Durch eine ständige Reizung der Plantarfaszie beziehungsweise der Sehnenplatte entzündet sich diese und es entsteht eine Plantarfasziitis. Achtung: Wenn die Sehne bereits entzündet ist, sollten Sie nicht mit einem Golf- oder Tennisball für zusätzlichen Reiz sorgen. In diesem Fall empfiehlt sich das Kühlen der Sehnenplatte mit einer Wasserflasche, die vorher einige Stunden im Eisfach lag. Der gesunde Fuß wird bei dieser Übung mit einem Ball massiert. Ein Tennisball gibt ein wenig mehr nach und wirkt dadurch sanfter und im kompletten Sohlenbereich, ein Golfball übt punktuellen Druck aus und kann so gezielt verklebte Stellen des Fußes bearbeiten. Rollen Sie sowohl im Bereich der Ferse auf dem Ball wie auch im Bereich des Mittel- und Vorfußes. Bei mir liegt ein Ball zu Hause auf dem Teppich und sobald ich telefoniere, kommt er an den Füßen zum Einsatz.

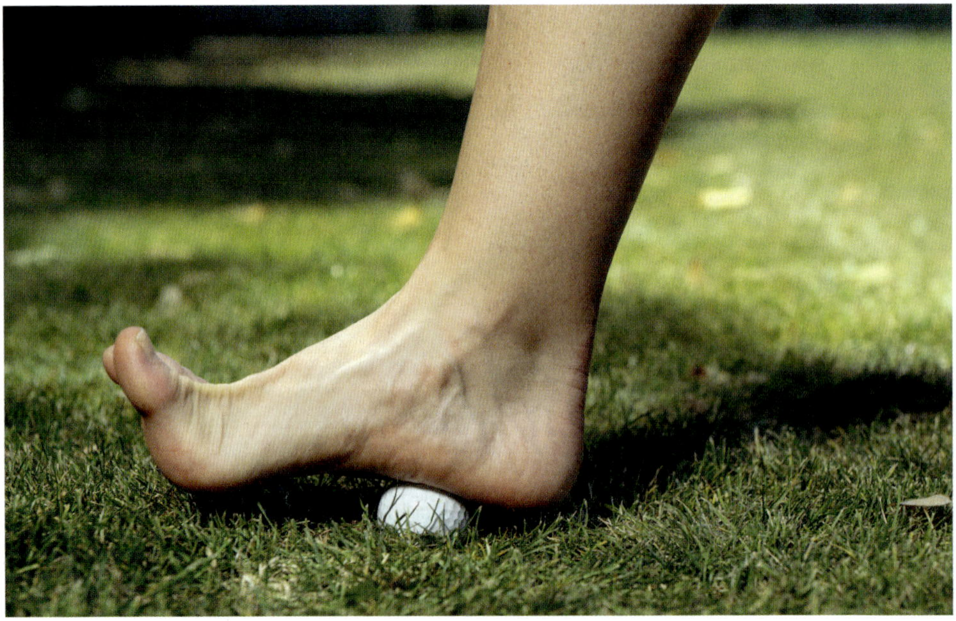

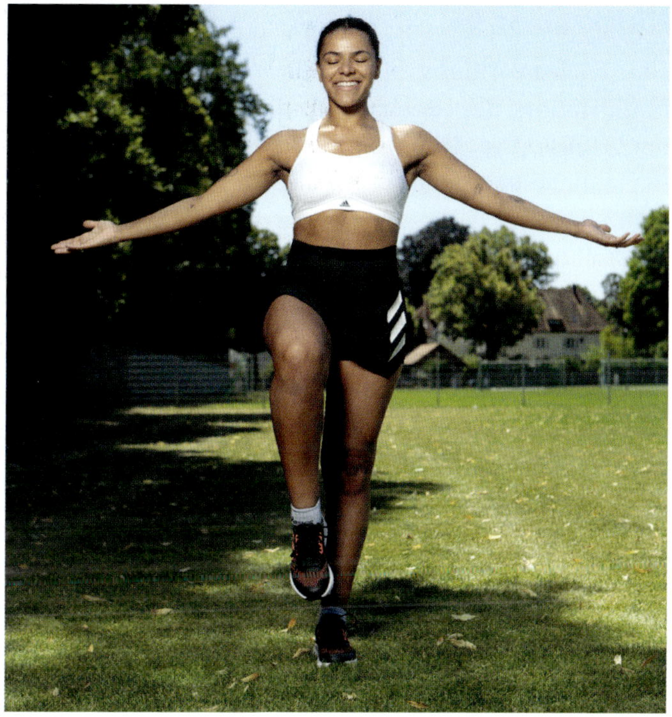

## Einbeinstand ▲

Mit den Übungen im Einbeinstand schärfen Läufer*innen den Gleichgewichtssinn und trainieren gleichzeitig die Fuß- und Beinmuskulatur, insbesondere die Muskeln, die das Fuß- und Kniegelenk stabilisieren. Zunächst sollten Sie sich einfach nur auf ein Bein stellen und das Gleichgewicht halten. Den Fuß, der in der Luft ist, kann gerne die Beininnenseite des Standbeins berühren, oder er bleibt einfach in der Luft hängen. Sobald Sie den sicheren Stand gefunden haben, schließen Sie die Augen und stellen fest, dass es ungleich schwerer ist, das Gleichgewicht zu halten. So trainieren Sie die sogenannten Propriozeptoren. Das sind Rezeptoren, die dem Kleinhirn Rückmeldung über Muskelspannung, Muskellänge, Gelenkstellung und Bewegung geben. Gerade im Fußbereich finden sich besonders viele dieser kleinen Fühler. Wenn Sie drohen umzufallen, sollten Sie schnell die Augen öffnen, um sich wieder zu stabilisieren. Wer diese Übung regelmäßig erst mit dem rechten Bein und dann mit dem linken Bein durchführt, wird baldige Fortschritte feststellen. Bereits Geübte können diese Übung auf einem weichen Untergrund wie einem Sitzkissen machen, um den Schwierigkeitsgrad zu erhöhen.

## Hüftkreisen ▶

Die nächste Übung dient der Mobilisation des Beckens und der Hüfte. Die Hände an die Beckenknochen legen und die Hüfte kreisen. Hilfreich ist die Vorstellung, das Becken wäre ein Wasserbehälter, der bis zum Rand mit Wasser gefüllt ist und trotz der kreisenden Bewegung möglichst wenig Wasser verlieren soll. Mit maximalem Radius wird das Becken zunächst linksherum und dann rechtsherum bewegt.

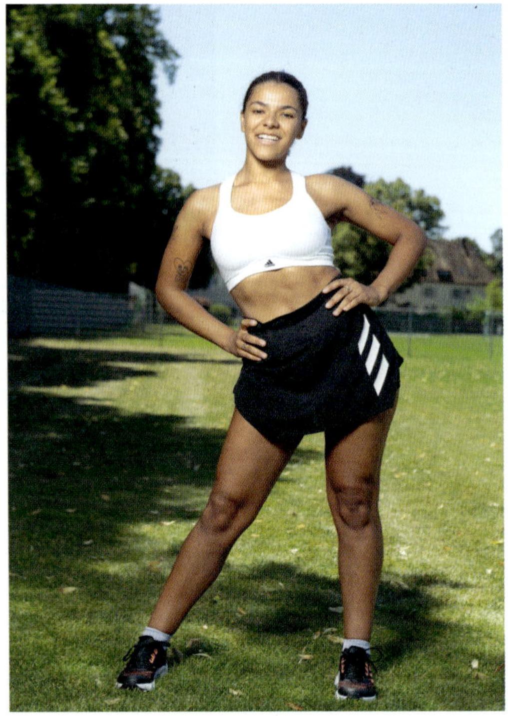

## Beckenkippen ▶

Noch immer umfassen die Hände das Becken, den imaginären Wasserbehälter. Sie gehen für die nächste Übung am besten ganz leicht in die Knie und kippen das Becken nach vorne. Die Vorstellung hilft, man schütte das Wasser nun nach vorne aus. Gleichzeitig bildet sich ein Hohlkreuz, das Gesäß wird nach hinten gestreckt und die Schultern bewusst nach unten gezogen. Bei dieser Bewegung aktiv einatmen, der Bauch dehnt sich aus. Mit der nächsten Bewegung das Becken in die andere Richtung kippen, und zwar nach hinten. Der Rücken wird rund und vor allem der Lendenwirbelbereich wird intensiv nach außen gedrückt. Den Bauchnabel dabei einziehen und aktiv ausatmen. Das Kinn wandert in Richtung Brust. Das Beckenkippen kann mehrmals hintereinander mit dem entsprechenden Atemrhythmus ausgeführt werden.

Alternativ ist diese Übung auch im sogenannten Vierfüßlerstand durchführbar. Sie begeben sich auf die Knie und auf die Handgelenke, die in einem symmetrischen Viereck den Rumpf halten. Die Arme strecken und den Rücken gerade halten. Der Bauch ist fest und der Kopf bleibt in Verlängerung der Wirbelsäule. Über den Scheitel und die Sitzknochen sollten Sie die Bauchdecke und den Beckenboden intensiv anspannen, aber dabei tief und bewusst atmen. Nun rollt sich die Wirbelsäule in den sogenannten Katzenbuckel auf. Den Bauchnabel dabei einziehen, der Schultergürtel zieht nach unten und alle Wirbel werden nach außen gedrückt, bis der Rücken ganz rund ist. Das Gesäß anspannen und das Becken nach innen kippen. Bei dieser Bewegung atmen Sie bitte tief und intensiv aus und drücken quasi mit der Bauchdecke sämtliche Luftreste aus Ihren Lungen.

Mit der darauffolgenden Einatmung findet die Gegenbewegung statt. Nach dem Katzenbuckel folgt das Hohlkreuz. Mit einem tiefen Atemzug strömt die Luft in die Lunge und der Bauch wird weit. Strecken Sie Ihr Gesäß nach hinten oben und kippen Sie das Becken in die entgegengesetzte Richtung. Der Kopf geht in den Nacken, die Schultern werden zusammengezogen und der Bauch wird aktiv nach unten gedrückt. Katzenbuckel und Hohlkreuz mehrfach abwechseln, wichtig ist, den richtigen Atemrhythmus beizubehalten.

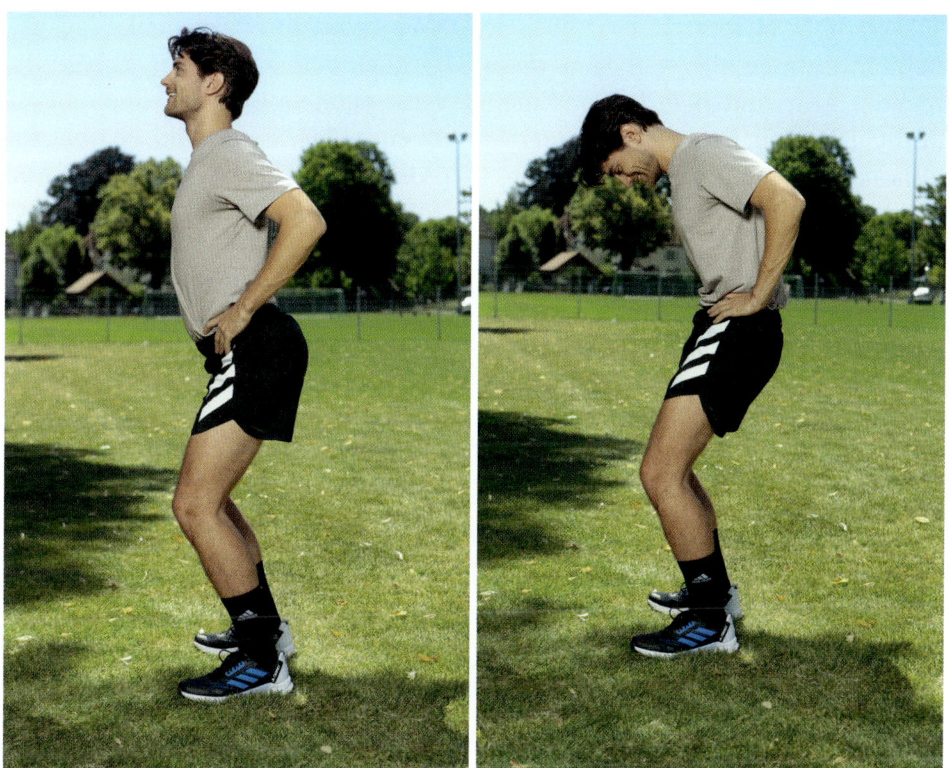

## Diagonales Arm- und Beinheben

Zur Schulung der Koordination und des Gleichgewichtssinns im Vierfüßlerstand wieder die gerade Grundhaltung einnehmen und den rechten Arm nach vorn und das linke Bein gerade nach hinten ausstrecken. Die Diagonale muss im gesamten Körper zu spüren sein und das Bein sollte sich genau auf der Höhe des Rumpfes befinden, ebenso wie der Arm auf Schulterhöhe bleibt.

Beim Ausatmen den Ellbogen des rechten Arms mit dem linken Knie unter dem Bauchnabel zusammenführen. Der Rücken wird wieder rund, der Bauchnabel wird nach innen gezogen. Knie und Ellbogen berühren sich kurz. Beim Einatmen beide wieder in die Länge strecken. Den Vorgang mindestens dreimal zu jeder Seite wiederholen. Wichtig ist, beim Zusammenziehen auszuatmen und beim Strecken tief einzuatmen.

Der perfekte Abschluss nach diesen Übungen im Vierfüßlerstand ist, die Füße aufzustellen, die Beine zu strecken und mit den Händen in Richtung der Füße zu wandern. Auf diese Weise wird die Oberschenkelrückseite noch einmal gedehnt. Sobald die Füße auf dem Boden stehen und die Beine aufgerichtet sind, Wirbel für Wirbel nach oben zum Stehen aufrollen. Die Schultern noch einmal aktiv nach hinten kreisen. Der Körper fühlt sich warm und entspannt an.

# Die besten Übungen für Läufer*innen: Krafttraining

Wir haben ein kleines, aber feines Kraftprogramm entwickelt, das wir allen Marathonläufer*innen nach jedem Training empfehlen. Weil es so schnell und unkompliziert durchführbar ist, haben wir es »Quick-Kraft-Programm« genannt. Das Quick-Kraft-Programm für Läufer*innen besteht aus den Kernübungen Liegestütz, Bauchmuskeltraining, Rückenübung und Stabilisationstraining. Dazwischen kann man beim Stellungswechsel zusätzlich kurz die wichtigsten Muskelgruppen dehnen, was das Quick-Kraft-Programm zu einer idealen Kombination aus Stretching und Kraft werden lässt. Die klassische Abfolge dieses Programms lautet: erster Satz Liegestütz, Bauchübungen, zweiter Satz Liegestütz, Rückenübung, dritter Satz Liegestütz, Schluss! Damit sind Sie tatsächlich in gut vier Minuten durch und haben effektiv und schnell etwas für Oberkörper und Rumpf getan. Alle weiteren Stabilisations- und Kraftübungen lassen sich je nach Bedarf und Zeitbudget beliebig ergänzen.

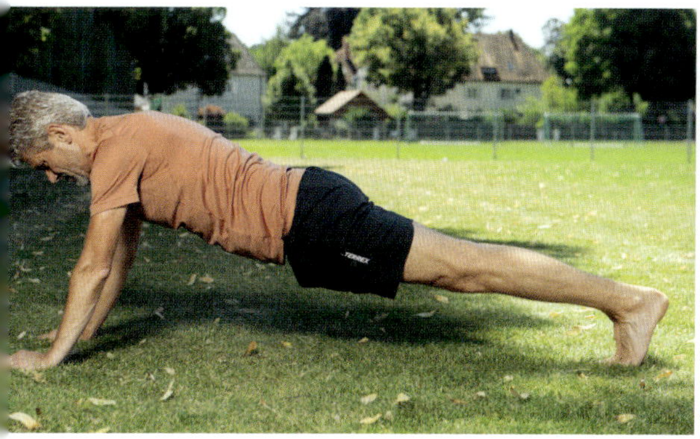

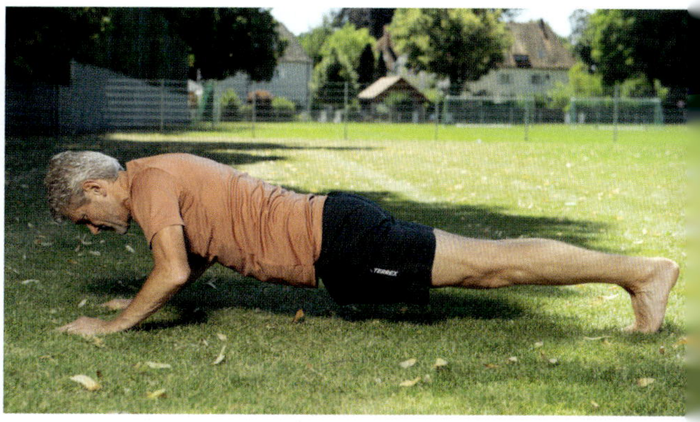

## Liegestütz ▲

Da der Liegestütz die ultimative Übung für Rumpfstabilität und Oberkörpermuskulatur ist, bildet er den Schwerpunkt des Programms. Der Ganzkörpereffekt des Liegestützes kommt allerdings nur zum Tragen, wenn er in der originalen Version ausgeführt wird. Jede*r startet also sein Krafttraining mit der Anzahl an Liegestützen, die er maximal schafft. Ist es nur ein einziger, dann machen Läufer*innen eben nur einen Liegestütz, sind es zehn saubere Wiederholungen, dann werden zehn Liegestütze absolviert. Wer bereits 20 Liegestütze ausführen kann, der macht im ersten Satz 20 Liegestütze.

## Gerader Bauchmuskel ▶

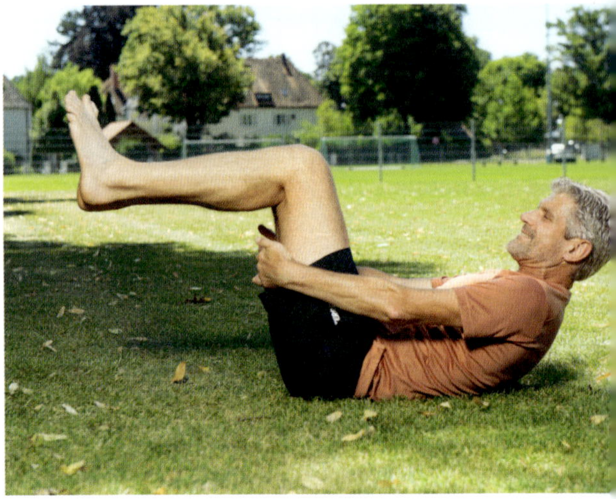

Für das Training der geraden Bauchmuskeln legen Sie sich auf den Rücken und winkeln die Beine im 90-Grad-Winkel an. Achten Sie darauf, einen 90-Grad-Winkel zwischen Bauchdecke und Oberschenkel einzuhalten. Heben Sie den Schulterbereich vom Boden an, ziehen Sie das Kinn zur Brust und pressen Sie den Lendenwirbelbereich auf den Boden. Strecken Sie die Hände nach vorne, bis sich die beiden Mittelfinger hinter den Oberschenkeln berühren, ohne dabei die Oberschenkel selbst zu berühren. Dabei muss der 90-Grad-Winkel auf allen Ebenen gewahrt bleiben. Halten Sie diese Position eine Minute lang.

## Seitliche Bauchmuskeln ◀

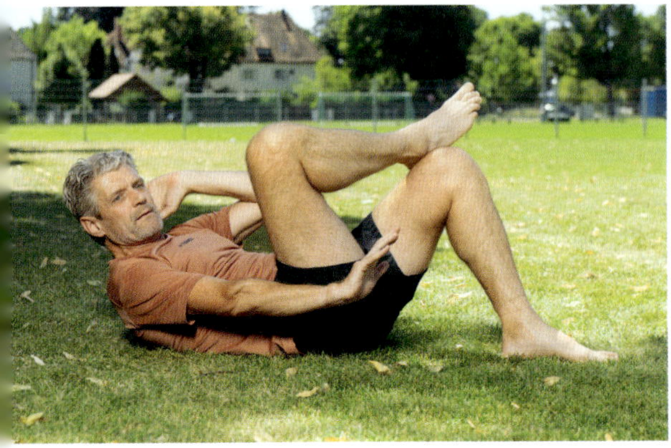

Im Anschluss an diese 60-Sekunden-Halteübung das rechte Bein über das linke Knie legen, den rechten Arm ausstrecken und die linke Hand in den Nacken legen. Nun den Oberkörper anheben und den linken Ellbogen diagonal zum rechten Knie bewegen. Wichtig ist, dass der Ellbogen nach außen gestreckt bleibt und nicht nach vorne bewegt wird. Die Drehung im Rumpf ist wichtig, um die seitlichen Bauchmuskeln anzusprechen. Zehnmal nach oben kommen, dabei ausatmen, und beim Nach-unten-Bewegen wieder einatmen. Anschließend die Seite wechseln.

## Unterbauchtraining ▶

Der Unterbauch wird meist zu wenig, aber mit dieser Übung optimal trainiert. Strecken Sie dafür die Beine nach oben in die Luft und rollen Sie das Steißbein, das Kreuzbein und die unteren Lendenwirbel langsam nach oben. Schieben Sie die Fersen quasi gen Himmel. Die Bewegung darf nicht mit Schwung ausgeübt werden, sondern sollte ganz langsam aus dem Unterbauch heraus gemacht werden. Senken Sie anschließend die Beine im gestreckten Zustand langsam nach unten und führen Sie sie wieder nach oben, kurz bevor die Fersen den Boden berühren. Auch hier sollten Sie nicht mit Schwung arbeiten. Wer Probleme mit der Lendenwirbelsäule hat, lässt das Absinken der Beine aufgrund der starken Belastung auf den Rücken weg!

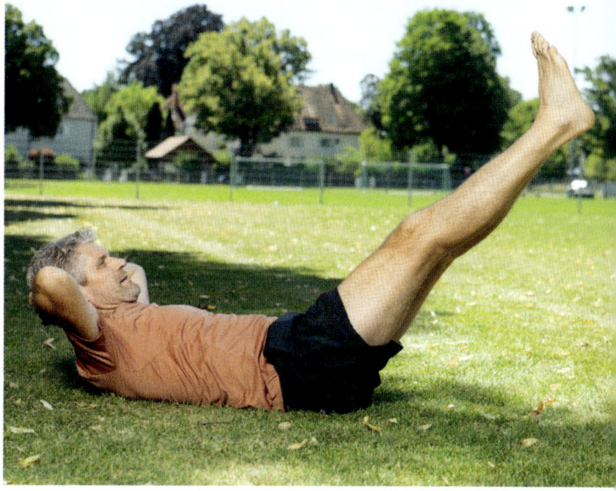

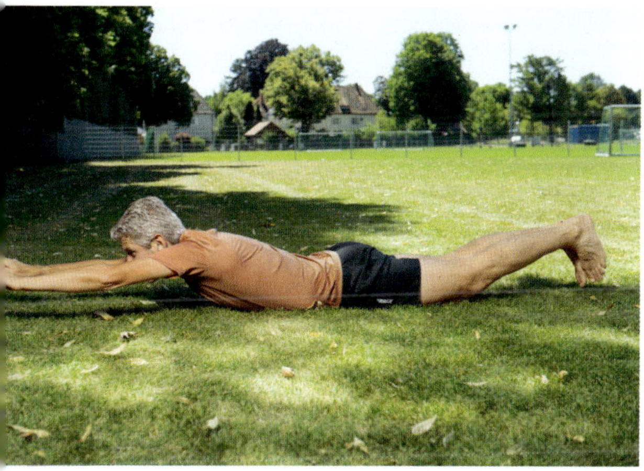

## Rückentraining ◀

Strecken Sie in der Bauchlage die Arme und Beine aus und heben Sie sie vom Boden ab. Ziehen Sie die Füße an und bauen Sie sowohl im Bereich der Oberschenkel und des Gesäßes wie auch in der gesamten Rückenpartie Spannung auf. Halten Sie diese Position 60 Sekunden. Wahlweise die Arme in dieser Zeit langsam nach hinten bewegen, sodass sich Daumen und Zeigefinger über dem Gesäß berühren, dann langsam wieder nach vorne führen.

## Mallorca-Rolle

Ein Klassiker unter den Stabilisationsübungen bekommt hier den Namen »Mallorca-Rolle«. Die Übung umfasst nämlich die vier Seiten, die wie beim Bräunen am Strand von Mallorca nacheinander nach oben zeigen: Bauch, rechte Körperseite, Rücken, linke Körperseite. Einmal rundherum. Damit wird der komplette Rumpf trainiert, aber auch die Oberarme und die Oberschenkel. Die Übungen sind Halteübungen. Das heißt, eine Position wird eingenommen und eine bestimmte Zeit lang gehalten. Je fortgeschrittener der Athlet ist, desto länger hält er die Position. Zusätzlich gibt es aber auch pro Übung verschiedene Variationen, die den jeweiligen Schwierigkeitsgrad erhöhen.

## Rücken »bräunen« ▶

Die erste Position ist der Unterarmstütz. Stützen Sie sich auf beide Ellbogen, falten Sie die Hände unter der Stirn und ziehen Sie die Schultern möglichst nach hinten, weg von den Ohren. Der komplette Rumpf mit Brust, Bauch und Becken ist in der Luft. Spannen Sie den Bauch an und halten Sie den Rücken gerade. Platzieren Sie die Zehen mit leichtem Abstand auf dem Boden, die Fersen in der Luft berühren sich, was eine V-Stellung ergibt. Spannen Sie die Oberschenkel und das Gesäß an. Wichtig ist, dass der Kopf, die Schultern, der Rücken, der Po und die Fersen eine gerade Linie bilden. Durch das bewusste Nach-oben-Ziehen des Lendenwirbelbereichs wird ein Hohlkreuz vermieden. Gleichzeitig muss aber das Gesäß schön unten bleiben. Halten Sie diese Position mindestens 30 Sekunden lang und atmen Sie dabei ruhig und gleichmäßig weiter.
Bei der Variante für Fortgeschrittene zunächst das rechte Bein um wenige Zentimeter anheben, anschließend das linke Bein ein wenig in die Luft strecken. Der Fuß sollte tatsächlich nur minimal über dem Boden schweben. Wichtig ist, dass die Hüfte bei dieser Variation mittig bleibt und nicht nach rechts oder links ausweicht.

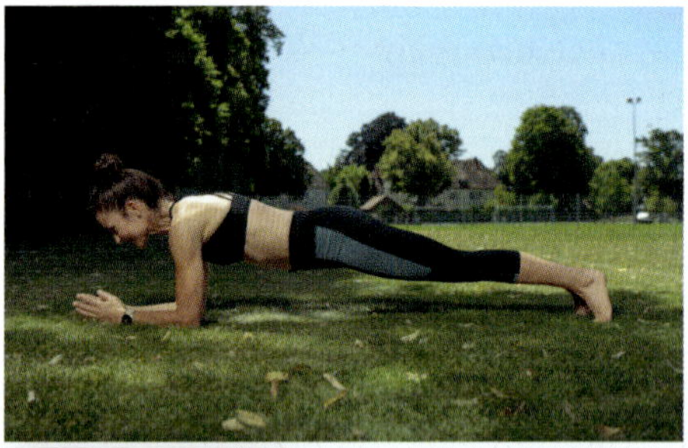

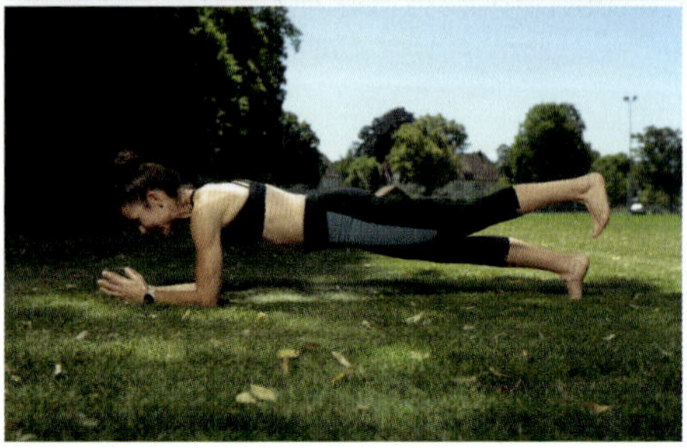

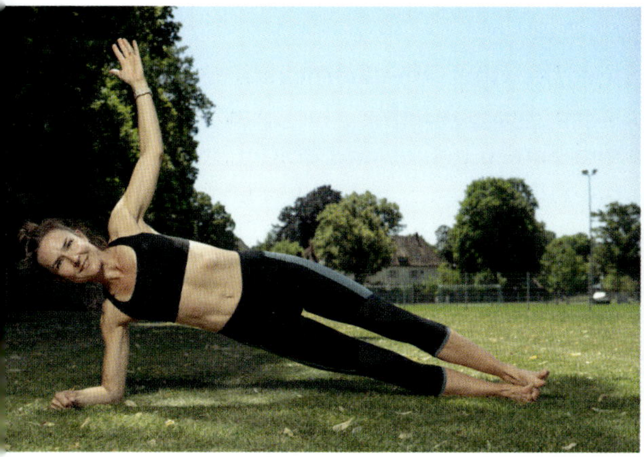

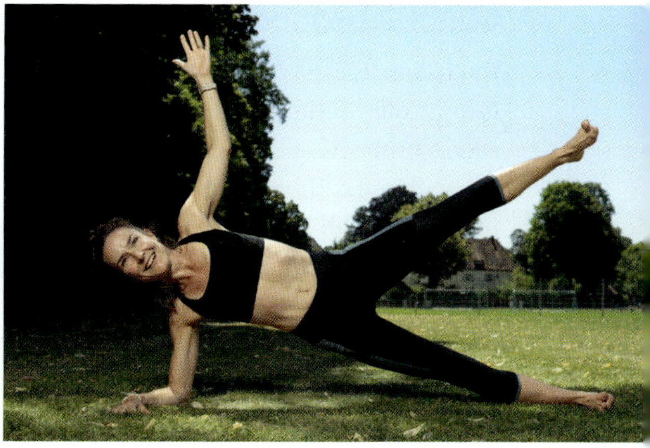

## Linke Körperseite »bräunen« ▲

Der Rücken ist »gebraunt«, nun ist die linke Seite dran. Stützen Sie sich diesmal nur auf den rechten Ellbogen. Die rechte Außenkante des Fußes bildet den zweiten Kontaktpunkt mit dem Boden, der linke Fuß liegt locker auf dem rechten Fuß, beide sind angezogen, also im 90-Grad-Winkel zum Schienbein. Die Wirbelsäule bildet eine Linie vom Kopf über den Schulterbereich bis zum Becken und die Muskulatur rund um die Rippen sowie die seitliche Bauchmuskulatur sorgen für Stabilität. Spannen Sie die Bein- und Gesäßmuskulatur an, damit sich die Linie von der Wirbelsäule bis zu den Fußspitzen fortsetzt. Strecken Sie den linken Arm senkrecht in die Luft und atmen Sie in tiefen und gleichmäßigen Zügen. Halten Sie die Position mindestens 30 Sekunden lang.

Die Fortgeschrittenenvariante besteht darin, das linke Bein zusätzlich anzuheben. Ganz wichtig ist, dass genug Kraft da ist, um das Becken nicht absinken zu lassen. Sportler mit Problemen an den Knien, insbesondere an den Menisken, müssen bei dieser Übung spezielle Vorsicht walten lassen.

## Bauch »bräunen«▼

Nachdem die rechte Seite dran war, erfolgt der fließende Übergang in die sogenannte Rücklage, hierbei wieder nur mit den Ellbogen und den Füßen, in diesem Fall den Fersen, auf dem Boden abstützen. Platzieren Sie die Ellbogen unter den Schulterblättern, die Unterarme und Hände zeigen in Richtung Gesäß. Ziehen Sie die Schultern nach unten, spannen Sie den Bauch an und lassen Sie vor allem die gesamte Rückenpartie arbeiten, um diese Position zu halten. Die Schwierigkeit in dieser Position besteht darin, das Gesäß auf Höhe des Bauchnabels und der Brust zu halten. Die Oberschenkelrückseite wird stark beansprucht. Der Stütz auf den Fersen gelingt am besten, wenn die Fußspitzen, wie bei den anderen Positionen auch, angezogen werden. Der Kopf bleibt in der Verlängerung der Wirbelsäule mit Blick nach oben. Die sehr schwierige Variante besteht wieder darin, zunächst den rechten und dann den linken Fuß für eine bestimmte Zeit um drei bis vier Zentimeter vom Boden abzuheben. Das Becken muss trotz der einseitigen Stabilität mittig und vor allem in einer Linie mit Knie und Brust bleiben.

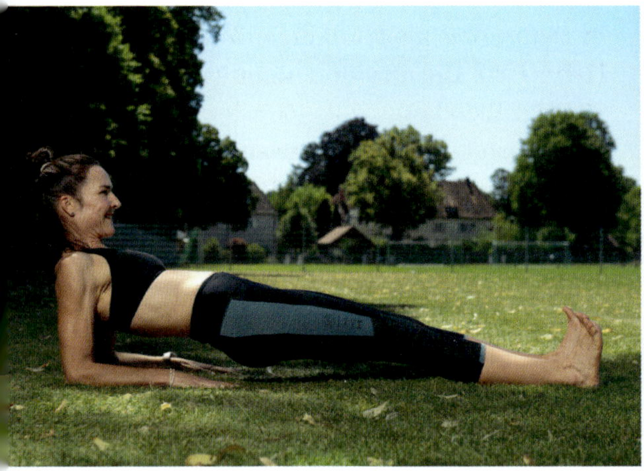

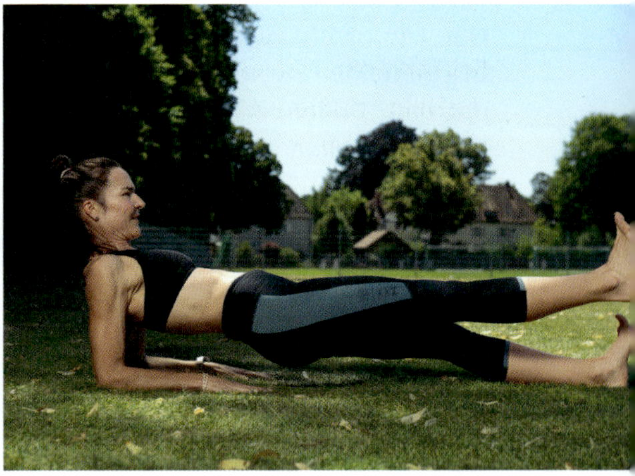

## Rechte Körperseite »bräunen«

Der Rücken war dran, die linke Seite war einmal oben, der Bauch wurde ebenfalls »am Strand von Mallorca gebräunt«, und nun fehlt noch zu guter Letzt die rechte Seite. Hier verfahren wir genau wie beim »Bräunen« der linken Körperseite – nur eben spiegelverkehrt: Stützen Sie sich auf den linken Ellbogen und auf die linke Fußaußenkante und achten Sie auf

eine gerade Linie von der Ferse bis zum Scheitel.
Es bietet sich an, bei der Mallorca-Rolle eine Unterlage zu wählen, die eine schmerzhafte Belastung auf den Ellbogen vermeidet. Ein Kissen oder ein weiches Handtuch eignen sich gut, um ein Polster für das empfindliche Gelenk zu bilden. Wer die vier Positionen der Mallorca-Rolle ohne Pause hintereinander durchführt, belastet die Ellbogen je nach gehaltener Dauer pro Seite bis zu vier Minuten und sollte daher unbedingt auf einen passenden Untergrund achten.

## Seilspringen

Seilspringen stärkt nicht nur intensiv die Bein- und Sprunggelenkmuskulatur und stabilisiert die Rumpfmuskulatur, es verbessert auch spielerisch Kraft, Ausdauer und Schnelligkeit. Beginnen Sie mit dem beidbeinigen Basissprung. Den Oberkörper aufrecht halten und die beiden Oberarme eng am Oberkörper anlegen. Die Unterarme zeigen schräg nach vorne und sie liegen mit den Ellbogen eng am Körper. Der Drehimpuls des Springseils entsteht nun aus einer lockeren Einwärtsdrehung der Handgelenke, die eine kontinuierliche und konstante Bewegung des Springseils erzeugt. Sie sollten nur so hoch springen, dass das Springseil gerade unter den Füßen durchschwingen kann. Die Kniegelenke sollten zur Abfederung leicht gebeugt sein. Ausschließlich auf den Ballen des Fußes zu springen und nie den Boden mit den Fersen zu berühren, ist ratsam. Mit kleinen flachen Sprüngen wird das Sprungseil nach jeder Drehung übersprungen. Die Übung dreimal eine Minute am Stück mit je zwei Minuten Pause dazwischen durchführen.
Wer diese Sprungart beherrscht, kann auf den einbeinigen Basissprung wechseln. Hierfür springen Sie zuerst auf beiden Beinen und wechseln dann die Sprungart, indem Sie nur noch auf einem Bein springen.
Seilspringen belastet die Sprunggelenke und Füße stark, deshalb sollten Sie darauf achten, dass Sie gut gepolsterte und stabile Sportschuhe während des Seilspringens tragen und dass Sie auf einem eher weichen, ebenen Untergrund trainieren. Übergewichtige Menschen können Gelenkschäden oder Knorpelverletzungen mit dem Springseil hervorrufen und riskieren beim Seilspringen Fitness und Gesundheit zu verlieren, statt die Körperkonstitution zu verbessern.

## Beinkrafttraining mit dem Mini-Band

Das Mini-Band ist ein geniales Krafttrainingsgerät, das in jede Sporttasche und jeden Reisekoffer passt. Es kann besonders gut zur Muskelstabilisation der unteren Extremitäten eingesetzt werden. Vor allem in Rücken- und in Seitlage können eine Vielzahl an Übungen mit dem Mini-Band absolviert werden. Wer seine Körpermitte gleich mittrainieren möchte, kann beispielsweise bei der Mallorca-Rolle (ab Seite 216) das Beinheben und die Abduktion mit dem Mini-Band erschweren. Wir stellen hier nur zwei Varianten vor, die besonders effektiv für Läufer*innen sind.

## Beckenheben mit dem Mini-Band ▼

Platzieren Sie das Mini-Band knapp oberhalb der Knie und legen Sie sich auf den Rücken. Stellen Sie die Beine angewinkelt auf und öffnen Sie die Füße und Knie hüftbreit, sodass das Mini-Band auf Zug ist. Legen Sie die Arme seitlich eng am Körper ab. Legen Sie auch den Kopf ab. Aktivieren Sie zunächst die Gesäßmuskulatur und schieben Sie das Becken so weit nach oben, dass es in einer Linie zwischen Oberschenkel und Oberkörper ist. Achten Sie darauf, dass die Hüfte nicht zu einer Seite absinkt und dass das Gesäß oben bleibt. Halten Sie die Streckung kurz und senken Sie schließlich das Becken bis kurz über dem Boden wieder ab.

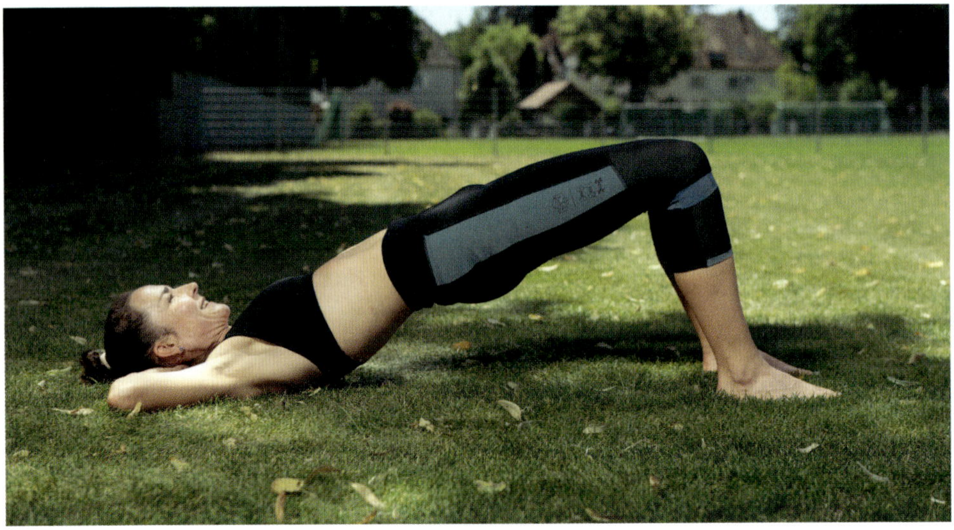

## Side Steps ▶

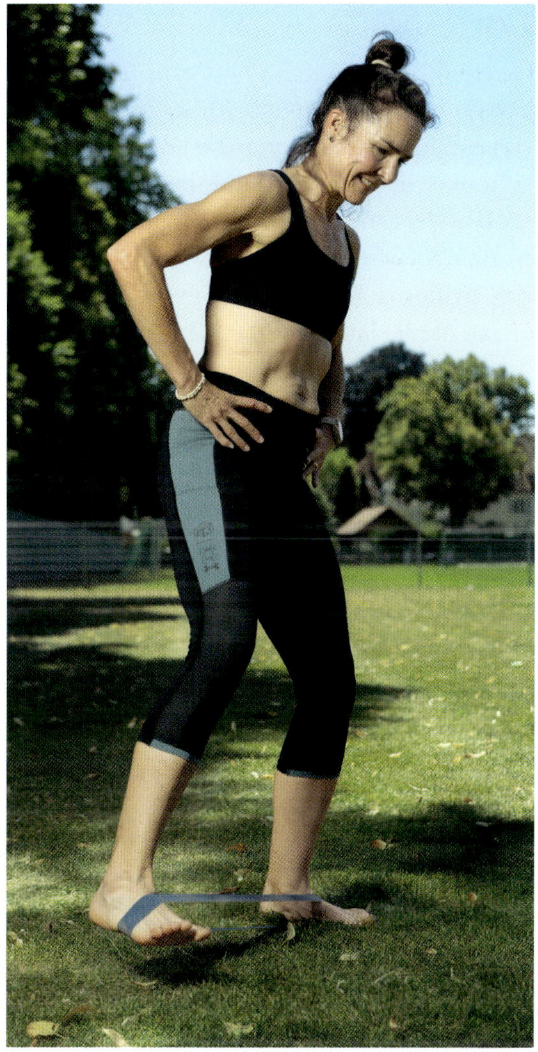

Platzieren Sie das Mini-Band knapp oberhalb der Knie oder um die Füße herum. Nehmen Sie einen schulterbreiten Stand ein, beugen Sie leicht die Knie, schieben Sie das Gesäß etwas nach hinten und halten Sie die Arme locker vor der Brust oder an die Hüften gestützt. Die Fußspitzen zeigen nach vorn. Bewegen Sie nun ein Bein zur Seite und setzen den Fuß etwas weiter vom anderen Fuß weg auf den Boden. Lassen Sie die Hände dabei in der gewählten Position oder nehmen Sie die Hände aktiv mit und achten Sie auf eine leichte Außenrotation der Füße. Wechseln Sie nach ein paar Schritten auf die eine Seite die Richtung und laufen Sie seitwärts mit dem anderen Bein voraus. Versuchen Sie, während der Übung die leicht gebeugte Position zu halten. Die Steps sollten im Optimalfall auch nach vorne beziehungsweise hinten ausgeführt werden, um alle drei Bewegungsebenen anzusteuern.

## Lauf-ABC

Um einen schnellen Schritt laufen zu können, sind drei Muskelgruppen und deren Arbeit entscheidend: die Waden, die Oberschenkelvorderseite und die Oberschenkelrückseite. Je höher beim Laufen die Knie gezogen werden und je näher die Fersen zum Gesäß geführt werden, desto kürzer ist der Weg, den der Fuß in der Vorwärtsbewegung zurücklegen muss. Jeder Schritt wird raumgreifender, dynamischer und die Bewegung dadurch schneller. Das Problem dabei ist: Diese Art zu laufen kostet Kraft. Bei den folgenden Übungen wird nicht nur die Muskulatur angesprochen und trainiert, auch der Bewegungsablauf für einen dynamischen Laufschritt wird vom Körper erlernt und verinnerlicht. Am besten macht man die Übungen nach einer kurzen Einlaufphase oder am Ende eines Dauerlaufs. Direkt vor Tempoläufen sollten Sie ebenfalls einen kurzen Durchgang der vier Übungen absolvieren, um sich von der Körperspannung und von der Koordination her optimal auf die bevorstehende Belastung vorzubereiten.

### Hopserlauf ▶

Der Hopserlauf ist der richtige Einstieg in die Übungen. Springen Sie kraftvoll mit einem Bein in die Luft und landen Sie auf demselben Bein wieder. Nehmen Sie die Arme aktiv mit und winkeln Sie das Schwungbein möglichst hoch an, um die Bewegung nach oben zu unterstützen. Der Rücken ist gerade, das Sprungbein bleibt nach dem Absprung gestreckt. Bei dieser Übung geht es darum, möglich weit nach oben zu springen, anstatt nach vorne zu gelangen. Die Sprungkraft in den Gelenken wird aktiviert.

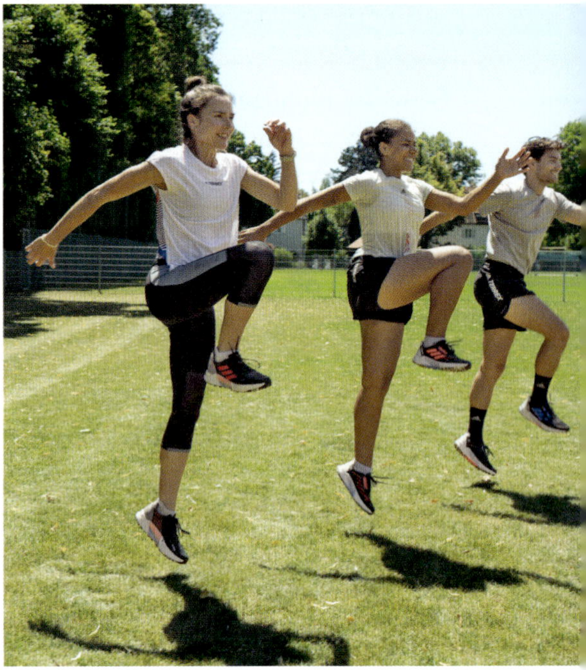

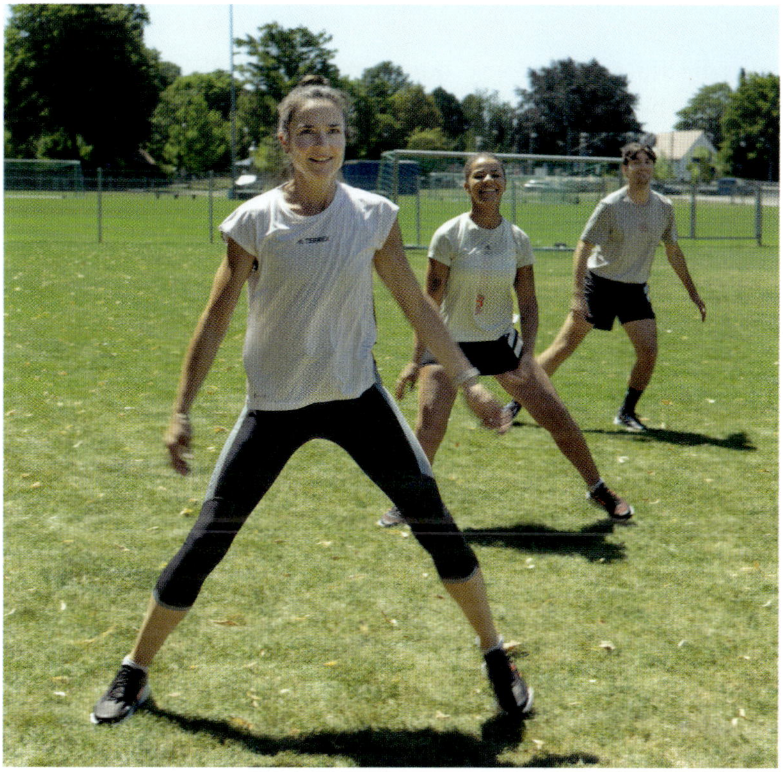

## Seitgalopp ▲

Der Seitgalopp schult die Koordination und das Raumgefühl. Die Fußspitzen zeigen parallel in die gleiche Richtung, während Sie sich immer vom hinteren Fuß abdrücken. Der vordere Fuß macht die Bewegung zur Seite mit. In dem Augenblick, in dem beide Füße gleichzeitig in der Luft sind, berühren sie sich unter der Körpermitte. Die Arme schwingen locker vor dem Körper mit und unterstützen somit den jeweiligen Sprung. Wechseln Sie nach etwa zehn Sprüngen im »fliegenden Wechsel« auf die andere Seite.

## Anfersen ▼

Beim Anfersen wird die hintere Oberschenkelmuskulatur beansprucht und trainiert. Beobachtet man Topathleten beim schnellen Laufen, kann man sehen, dass die Ferse besonders hoch in Richtung Gesäß gezogen wird. Wird aus dieser Position das Knie nach vorne bewegt, legt der Fuß einen weitaus kürzeren Weg zurück, als wenn er dicht über dem Boden bleibt und von dort nach vorne geführt wird. Der hohe Fersenhub macht einen dynamischen und kraftvollen Schritt aus. Um diesen zu trainieren, ist das Anfersen wesentlich. Hier kommt es auf eine hohe Frequenz an, mit der die rechte und die linke Ferse abwechselnd schwungvoll zum Gesäß gezogen werden. Die Oberschenkelvorderseiten bleiben parallel, der Oberkörper geht in eine leichte Vorlage und die Arme werden minimal neben dem Körper mitgeführt. Viele kleine Antritte sind wichtiger als das schnelle Vorwärtskommen.

Sie können das Anfersen auch mit einem Zwischenschritt üben. Der Rhythmus lautet dann: Anfersen rechts, Schritt links, Schritt rechts, Anfersen links, Schritt rechts, Schritt links, Anfersen rechts und so weiter.

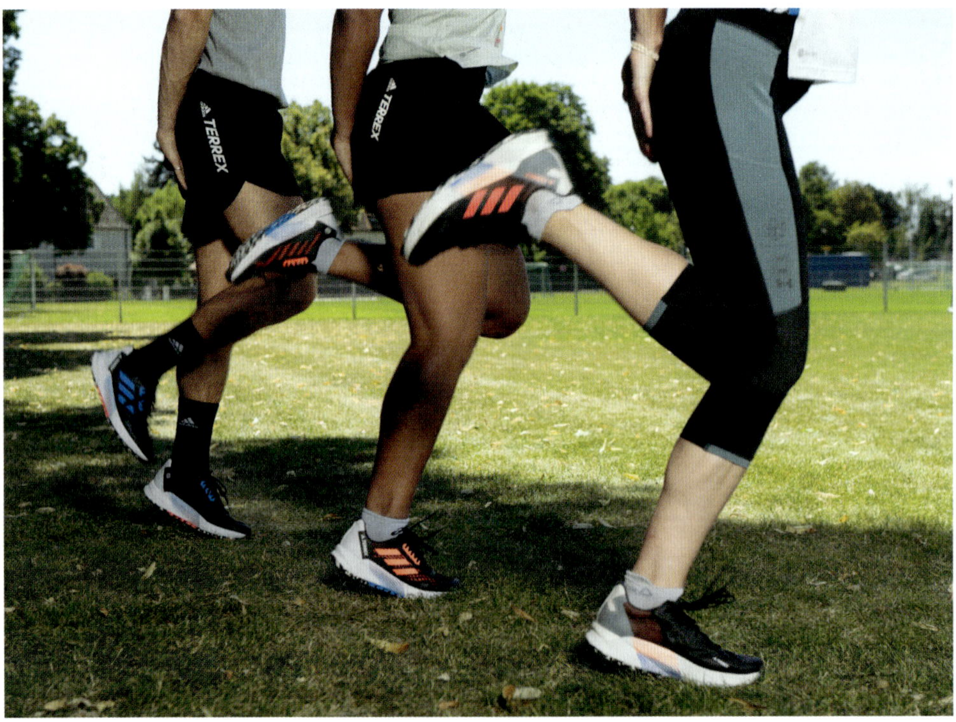

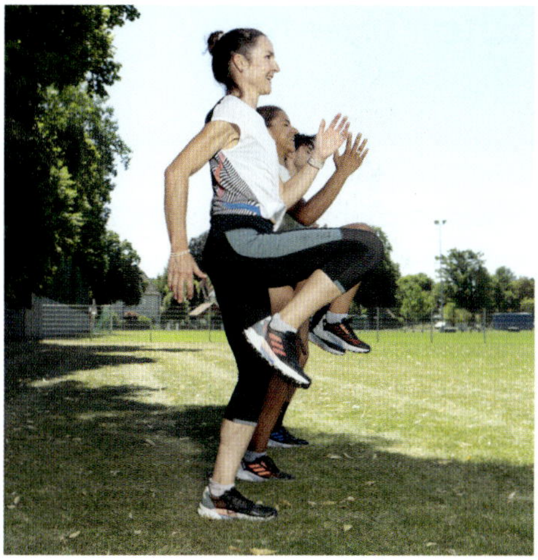

### Skippings ▲

Technisch anspruchsvoll sind die sogenannten Skippings. Es gibt zwei Arten: Kleine Skippings beinhalten vor allem die Fußgelenksarbeit und große Skippings, die auch »Kniehebeläufe« genannt werden, trainieren die Oberschenkelvorderseite. Wichtig bei dieser Übung sind die aufrechte Haltung und eine Bewegung aus dem Sprunggelenk.
Beim Kniehebelauf werden die Knie bis zur Horizontalen angehoben. Der Bauch ist fest, der Rücken gerade und die Hüfte muss bewusst und aktiv vorne gehalten werden, um das ungewollte Sitzen zu vermeiden. Auch hier ist die hohe Frequenz wichtiger als die schnelle Vorwärtsbewegung.
Auch die Skippings können mit einem Zwischenschritt geübt werden. Der Rhythmus lautet dann: Skipping rechts, Schritt links, Schritt rechts, Skipping links, Schritt rechts, Schritt links, Skipping rechts und so weiter.

## Wie oft und wie lange das Lauf-ABC trainiert wird

Jede Übung sollte über mindestens 30 Sekunden sauber durchgeführt werden. Zwischen den Übungen bietet es sich an, immer an den Ausgangspunkt zurückzutraben, um dann mit der nächsten Übung zu beginnen. Bei einem kurzen Programm reicht ein Durchgang. Beim ausführlichen Lauf-ABC sollten drei Durchgänge gemacht werden. Im Anschluss an das Lauf-ABC bietet es sich an, drei Steigerungsläufe über eine Strecke von 80 bis 100 Metern zu absolvieren. Steigern Sie das Tempo bei den Steigerungen kontinuierlich vom Trab bis zum Sprint. Die soeben durchgeführten Laufstilübungen werden zusammengefasst und in einen flüssigen Bewegungsablauf integriert: Ziehen Sie mit steigendem Tempo die Fersen mehr und mehr bis ans Gesäß. Die Sprunggelenke arbeiten intensiv, der Kniehub ist hoch und der Schritt raumgreifend bei hoher Frequenz. Der Oberkörper geht leicht in Vorlage, die Arme werden im 90-Grad-Winkel neben dem Körper geführt und der Bauch ist angespannt. Es kommt weniger auf eine maximale Geschwindigkeit bei einem korrekten Steigerungslauf an als auf einen sauberen und dynamischen Laufstil.

# Die besten Übungen für Läufer*innen: Stretching

Beweglichkeitstraining gehört neben der Mobilisation vor dem Laufen und dem Krafttraining nach dem Laufen unbedingt in den Trainingsalltag von Marathonläufer*innen. Vor allem die unteren Extremitäten werden beim Laufen intensiv beansprucht. Ein Muskel, der viel arbeitet, wächst. Wenn ein Muskel also wächst und damit an Dicke zunimmt, verkürzt er sich beziehungsweise der Zug auf Ansatz und Ursprung des Muskels nimmt zu. Wird der Muskel im erwärmten Zustand aktiv in die Länge gezogen, bleiben umliegende Sehnen und Bänder geschmeidig und auch ein dicker und trainierter Muskel behält die Fähigkeit, im vollen Bewegungsradius zu arbeiten.

## Dynamisches Dehnen

Das dynamische Dehnen eignet sich sehr wohl vor dem Laufen, weil die Muskeln dabei stetig in die Länge gezogen und wieder gelockert werden, und zwar nicht ruckartig, sondern in einem kontrollierten, sanften Bewegungsablauf. Diese Art der Dehnung lockert die Muskulatur, steigert die Herzfrequenz und den Blutfluss und erhöht die Körpertemperatur. All das trägt dazu bei, dass Läufer*innen die ersten Laufschritte leichter fallen.

## Statisches Dehnen

Die Muskulatur wird in eine Dehnposition gebracht und gehalten. Diese Position wird so lange eingenommen, bis der Widerstand nachlässt. Dies tritt meistens erst nach 30 bis 40 Sekunden ein. Für einen nachhaltigen Effekt sollte nach den ersten 30 Sekunden kurz die Dehnposition verlassen werden, um anschließend erneut bis an die Schmerzgrenze heranzudehnen. Weiterhin kann das statische Dehnen in unterschiedlichen Formen ausgeführt werden: Beim passiv-statischen Dehnen hält die oder der Trainierende lediglich die Dehnstellung und setzt die beanspruchte Muskulatur unter Zug. Es handelt sich hierbei um eine Dehnvariante, die besonders gut kontrollierbar ist, jedoch als nicht besonders effektiv gilt. Deshalb wird sie oftmals auch als Entspannungsübung eingesetzt.

Bei dem aktiv statischen Dehnen wird der Gegenspieler des Zielmuskels aktiv angespannt. Vergessen Sie nicht das tiefe und gleichmäßige Atmen beim Dehnen – beim Ausatmen in die Dehnung gehen, beim Einatmen halten oder etwas locker lassen – und nehmen Sie sich etwas Zeit, denn der Muskel braucht 20 bis 30 Sekunden pro Dehnung, bis er überhaupt anfängt zu entspannen. Es bietet sich grundsätzlich an, das Dehnen besonders effektiv zu gestalten, indem man die Übung wie beschrieben ausführt, nach 30 Sekunden die Spannung loslässt, um dann noch einmal für einige Sekunden die Spannung wieder aufzubauen. Das zweimalige Dehnen hat einen weitaus größeren Effekt, als die Übung nur einmal kurz durchzuführen.

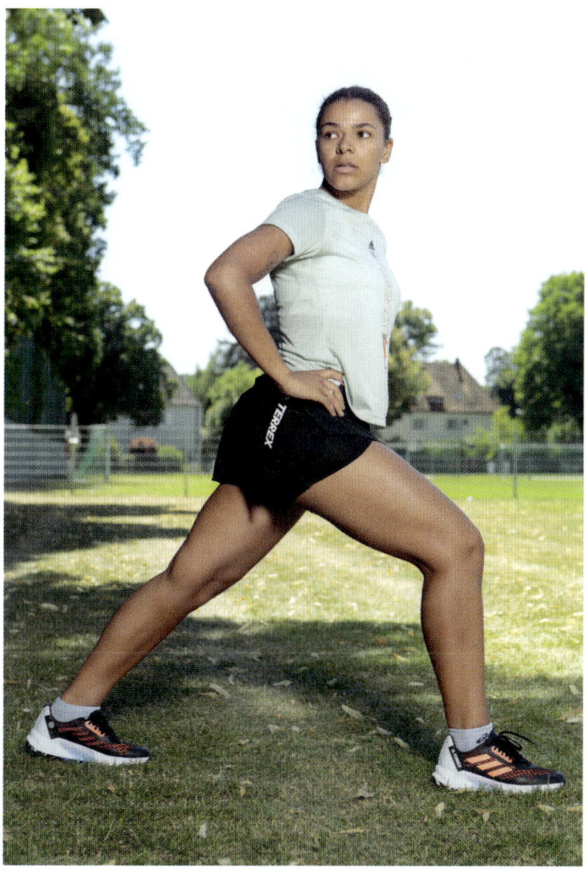

## Waden ◀

Die wichtigste Dehnübung ist das Wadendehnen. Drücken Sie im kleinen Ausfallschritt die hintere Ferse auf den Boden und das Sprunggelenk, das Knie, die Hüfte und die Schultern bilden eine Linie. Wer auf diese Weise keinen Zug auf den Wadenmuskel bekommt, der sollte den Winkel zwischen Fußrücken und Schienbein mithilfe einer Bordsteinkante oder einem sonstigen Absatz verkleinern. So kann die Ferse noch tiefer gebracht werden und sowohl die Achillessehne wie auch die Wadenmuskulatur werden intensiv gedehnt.

## Achillessehne ▼

Um den Zug auf die Achillessehne in der stehenden Stretchingposition zu vergrößern, müssen Sie das hintere Knie leicht beugen und dabei den Körperschwerpunkt in die Mitte verlagern, indem Sie den Oberkörper etwas mehr aufrichten. Der Winkel zwischen Schienbein und Fußrücken verkleinert sich durch diesen leichten Positionswechsel und es wird weniger der Zwillingsmuskel der Wade gedehnt als vielmehr deren Ursprung, die Achillessehne.
Alternativ bietet sich zum Waden- beziehungsweise Achillessehnendehnen die Hocke an. Wenn man sich als Läufer*in hinhocken kann und gleichzeitig beide Fersen den Boden berühren, hat man eine flexible Achillessehne, was ein gutes Zeichen ist. Die Knie sind in dieser Position leicht geöffnet und befinden sich rechts und links von den Schultern. Die Ellbogen dürfen von innen gegen die Knie drücken und die Handflächen berühren sich dabei. Verharren Sie in dieser Stellung eine Minute lang und atmen Sie ruhig und gleichmäßig weiter.

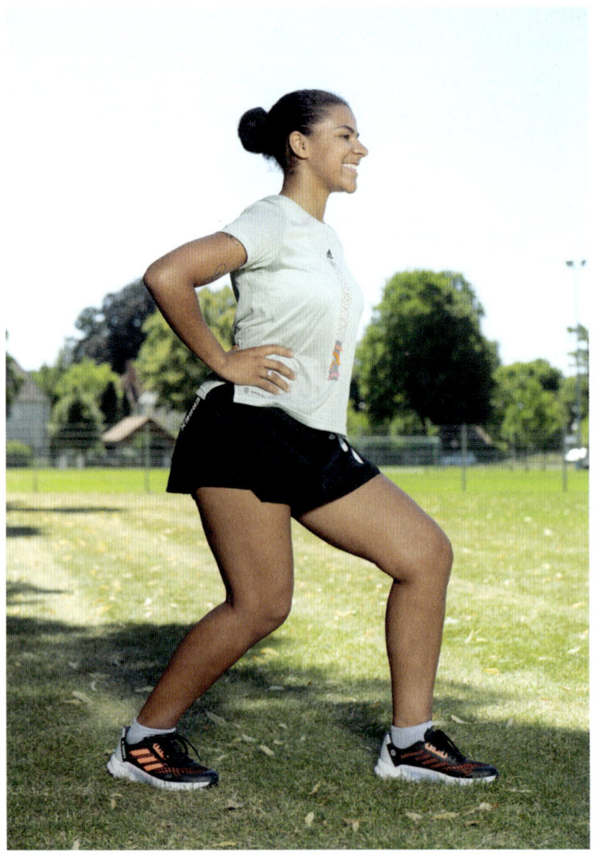

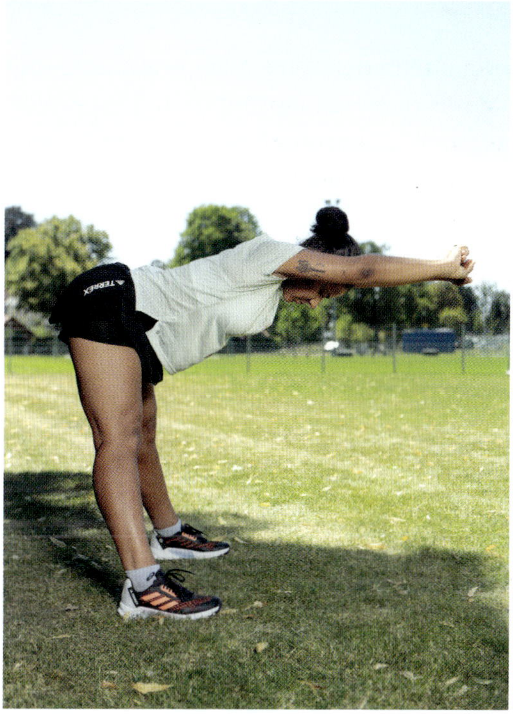

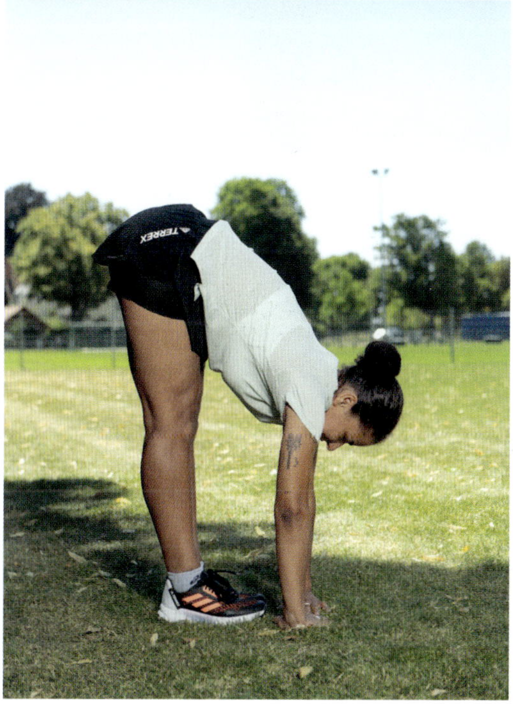

## Oberschenkelrückseite

Diese Übung ist ein Muss für Läufer*innen und besonders einfach auszuüben: Beugen Sie sich mit durchgestreckten Beinen nach vorne und versuchen Sie, mit den Fingerspitzen den Boden zu erreichen. Diese Übung kann nach dem Laufen auch bei Zeitstress gerne mit dem Aufknoten der Schnürsenkel kombiniert werden – solange die Beine konsequent durchgedrückt bleiben! Auf diese Weise wird die komplette Oberschenkelrückseite vom Knie bis zum Gesäß gedehnt.

## Seitliche Sehnen und Bänder ▼

Um die seitlichen Sehnen und Bänder zu dehnen, kreuzen Sie nun das rechte Bein über das linke Bein. Wichtig ist, dass vor allem das hintere Bein komplett gestreckt ist und die Fußsohle ganz auf dem Boden steht. Nun beugen Sie sich langsam mit dem Oberkörper nach vorne und versuchen abermals, mit den Fingerspitzen die Fußspitzen zu erreichen. Ein Zug entsteht im Bereich des hinteren Knies und der Hüfte. Lösen Sie die Spannung nach 30 Sekunden und wiederholen Sie die Übung mit dem anderen Bein hinten.

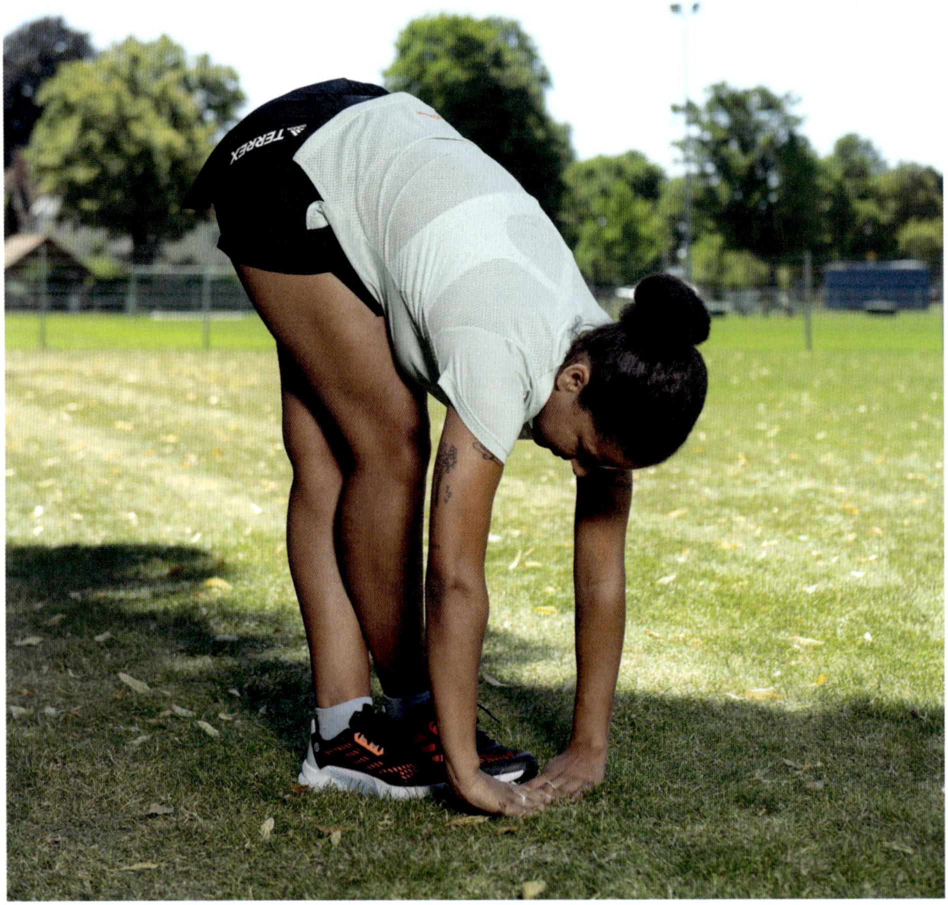

## Piriformis ▼

Grätschen Sie als Nächstes die Beine schulterbreit und strecke Sie sie. Strecken Sie die Arme in die Luft, falten Sie die Hände über dem Kopf un drücken Sie die Handflächen nach außen. Beugen Sie sich mit geradem Rücken nach vorne. Die Brust zieht nach unten, die Handgelenke nach oben. Halten Sie den gesamten Rücken gerade – wie ein Tisch –, auf diese Weise entsteht ein leichter Zug im Gesäß und in den Oberschenkelrückseiten. Wandern Sie mit den Hände nach rechts über Ihr rechtes Bein, aber bleiben Sie immer noch in der horizontalen Position, der Rücken ist weiterhin gerade. Der Zug auf die rechte Gesäßhälfte vergrößert sich. Führen Sie die gleiche Bewegung anschließend auf die linke Seite aus.

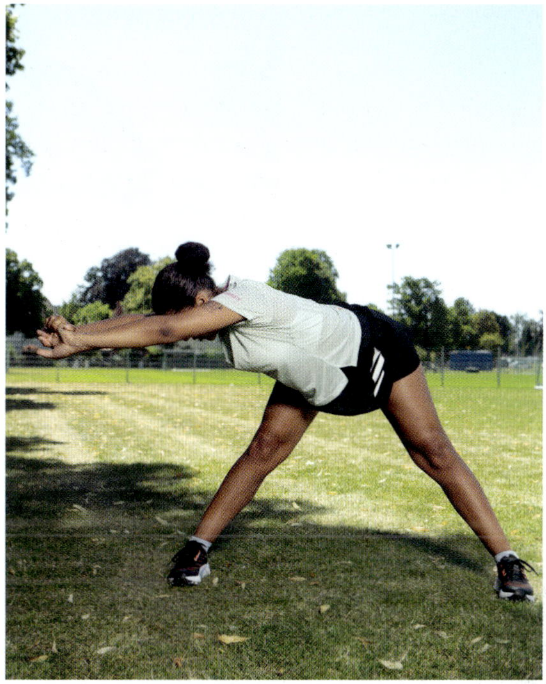

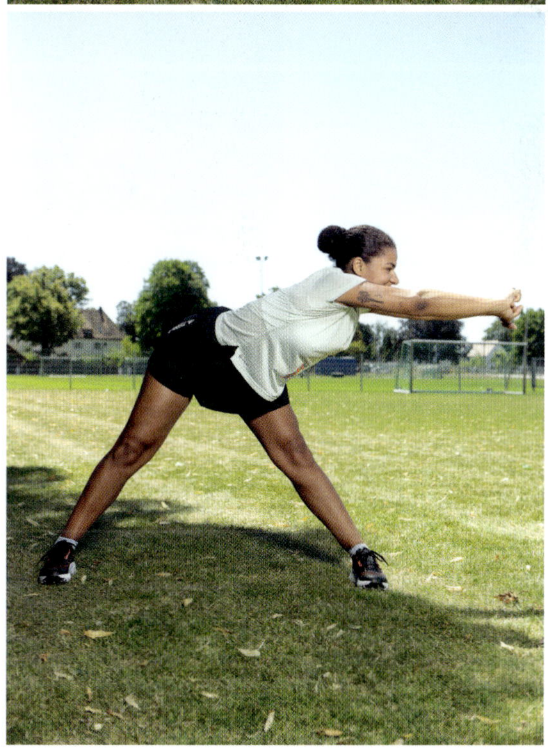

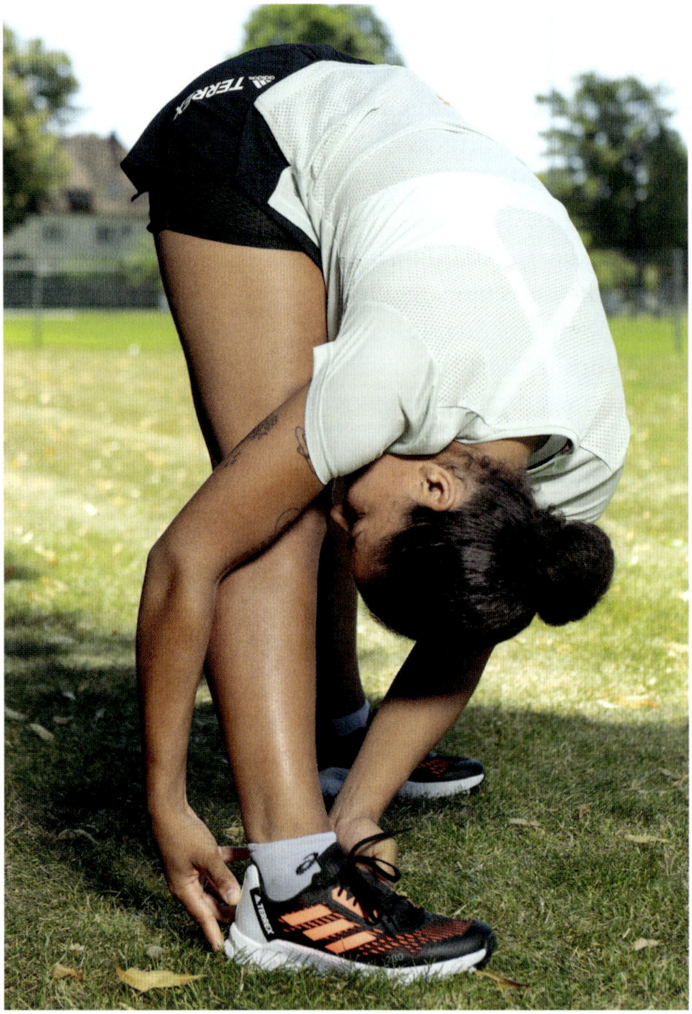

## Oberschenkelrück- und -innenseite ▲

Im nächsten Schritt dürfen die Arme in Richtung Boden gebracht werden und der Rücken wird rund. Die Finger oder noch besser die Handflächen erreichen jetzt problemlos den Boden und ein Zug entsteht in der Innenseite der Oberschenkel. Wandern Sie nach 30 Sekunden mit der rechten Hand zum linken Fuß und ziehen Sie den Kopf in Richtung Knie. Anschließend wandern Sie mit der linken Hand zum rechten Fuß und bewegen den Kopf ebenfalls zum rechten Knie. Vergessen Sie nicht, weiterzuatmen!

## Oberschenkelrückseite ▼

Legen Sie sich auf den Rücken und strecken Sie beide Beine zunächst aus. Heben Sie das rechte Bein senkrecht nach oben, lassen Sie es komplett gestreckt. Umfassen Sie mit den Händen das Bein im Kniebereich und ziehen Sie den Oberschenkel in Richtung Oberkörper, aber nur so weit, dass das Bein noch immer komplett durchgestreckt ist. Das auf dem Boden liegenden Bein bleibt ebenfalls gestreckt.

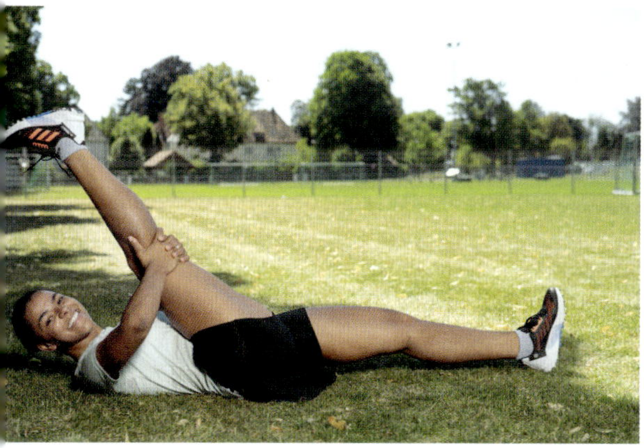

Führen Sie das rechte Bein anschließend mit ein wenig Schwung auf die linke Seite, bis der rechte Fuß auf der linken Seite den Boden berührt. Strecken Sie gleichzeitig die Arme rechts und links in Verlängerung der Schultern aus. Ziel ist es, dass sowohl der rechte Fuß den Boden auf der linken Seite berührt wie auch der rechte Handrücken auf dem Boden liegen bleibt. Dabei werden zusätzlich der Rumpf und die Brustmuskulatur gedehnt.

Kommen Sie wieder in die Rückenlage und führen Sie beide Übungen mit dem linken Bein aus.

## Oberschenkelvorderseite ▶

Legen Sie sich auf den Bauch und greifen Sie den linken Fuß mit der linken Hand am Sprunggelenk. Ziehen Sie die Ferse in Richtung Gesäß. Die beiden Oberschenkel bleiben dabei parallel und die Hüfte schiebt sich leicht in Richtung Boden, um den Zug auf den Oberschenkel zu erhöhen. Wiederholen Sie die Übung mit dem anderen Bein.

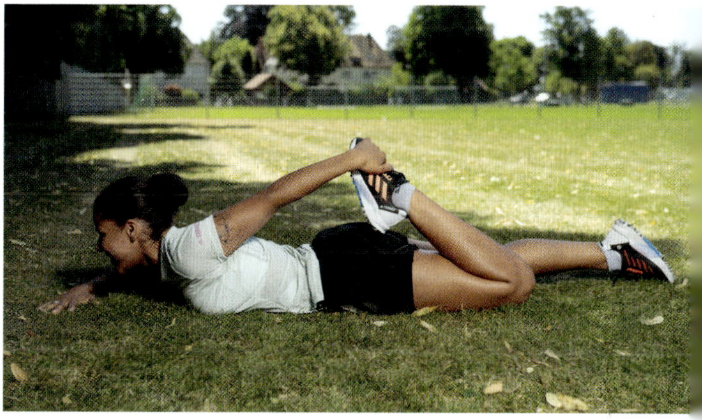

## Vorwärtsbeuge, Hürdensitz und Drehsitz ▶

Setzen Sie sich für die nächsten Dehnungen hin. Grätschen Sie die Beine nur so weit auseinander, dass Sie die Beine dabei problemlos noch immer strecken können. Ziehen Sie die Fußspitzen an. Lehnen Sie sich mit geradem Rücken nach vorne. Die Bewegung nach vorne geht eher vom Bauchnabel als von der Brust aus, damit der Rücken gerade bleibt. Oft ist nur ein kleiner Bewegungsradius möglich.

Halten Sie die Fußspitzen weiterhin angezogen und, nachdem Sie ausführlich in die Mitte gedehnt haben, führen Sie die linke Hand zum rechten Fuß. Der Kopf wandert in Richtung rechtes Knie. Wechseln Sie anschließend die Seite und wandern Sie mit der rechten Hand zum linken Fuß; der Kopf bewegt sich zum linken Knie. Richten Sie sich zum Abschluss noch einmal zur Mitte aus und lehnen Sie sich noch mal mit geradem Rücken nach vorne. Viele können dann in dieser zweiten Vorwärtsdehnung mit den Fingern nun schon ein bisschen weiter nach vorne krabbeln als vorher.

Bleiben Sie sitzen und winkeln Sie das linke Knie an, indem Sie den Fuß nach hinten in den sogenannten Hürdensitz ablegen. Im Idealfall herrscht ein 90-Grad-Winkel zwischen beiden Oberschenkeln. Führen Sie die linke Hand diagonal nach vorne zum rechten Fuß und halten Sie diese Position 30 bis 60 Sekunden.

Richten Sie den Oberkörper nach etwa einer Minute wieder auf und winkeln Sie das rechte Knie ebenfalls an, allerdings wandert dabei der Fuß nach innen. Platzieren Sie die rechte Ferse direkt vor dem Schambein und achten Sie darauf, dass beide Beckenknochen noch immer Bodenkontakt haben.

In dieser Position werden das Hüftgelenk und die Gesäßmuskulatur optimal gedehnt. Lehnen Sie sich nun langsam nach vorne, zunächst über den rechten Oberschenkel, was relativ leichtfällt, und wandern Sie schließlich rüber zum linken Oberschenkel, um die Dehnung in der Hüfte noch zu verstärken.

Richten Sie den Oberkörper nach einer ausreichenden Dehnzeit auf, strecken Sie das rechte Bein und das linke Bein nach vorne. Wechseln Sie zur anderen Seite, indem Sie mit dem rechten Bein in den Hürdensitz gehen und den gesamten Ablauf spiegelverkehrt wiederholen.

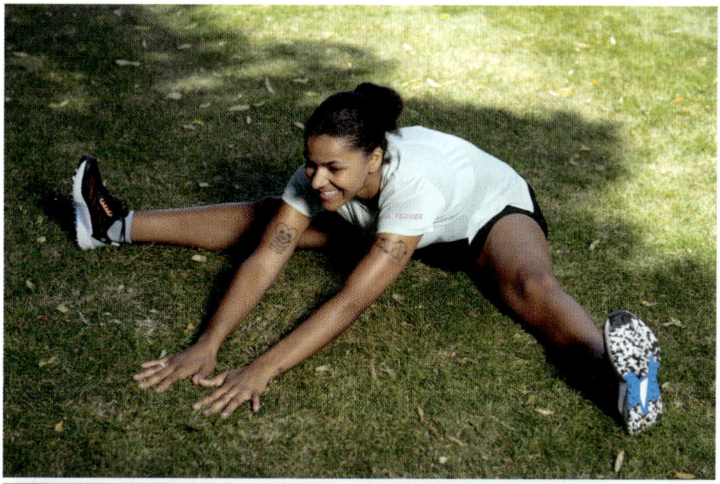

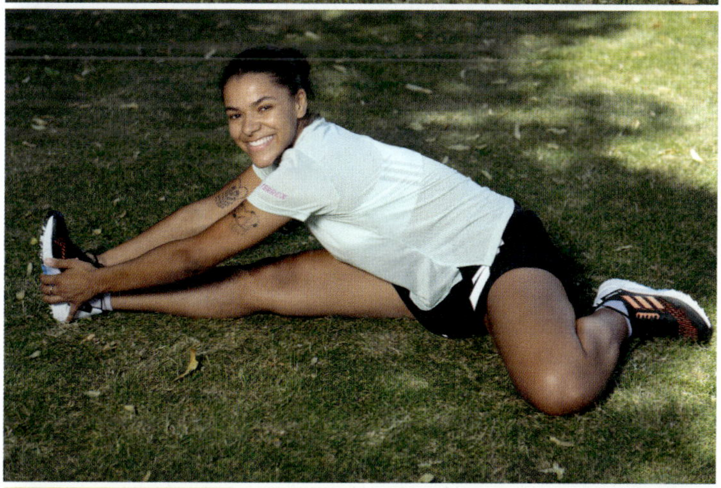

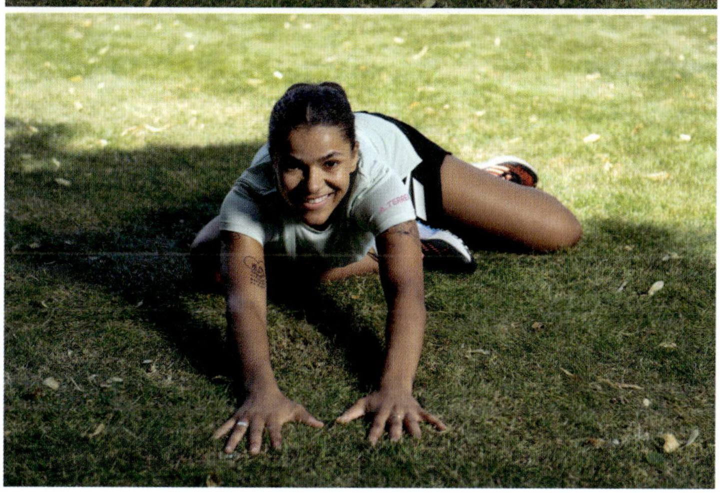

### Yogaübung »Hund« für die Oberschenkelrückseite und den Rücken ▼

Setzen Sie sich am Anfang auf die Fersen, strecken Sie mit geradem Rücken beide Arme so weit wie möglich nach vorne und legen Sie die Stirn auf dem Boden ab. Der Abstand zwischen Händen und Füßen ist nun korrekt. Drücken Sie die Handflächen auf den Boden und spreizen Sie die Finger. Die Mittelfinger liegen parallel zueinander. Kommen Sie in den Vierfüßlerstand und stellen Sie die Zehen auf, lösen Sie die Knie vom Boden und schieben Sie den Po nach oben und hinten. Bevor Sie beide Beine strecken, sollten Arme und Rücken in einer Linie liegen und die Schultern entspannt sein, sonst entsteht Druck im Nacken. Strecken Sie beide Beine so weit wie möglich und schieben Sie die Fersen in Richtung Boden. Die gestreckten Arme bilden mit dem Rücken eine Linie. Den Kopf sollten Sie locker schütteln und hängen lassen, den Blick zum Bauchnabel richten. Ziehen Sie die Schultern von den Ohren weg in die Breite. Halten Sie diese Position einige tiefe Atemzüge lang. Wichtig ist, dass Sie den Po mit den Sitzhöckern so weit wie möglich himmelwärts strecken und dabei die Hände und Füße im Boden verwurzelt lassen.

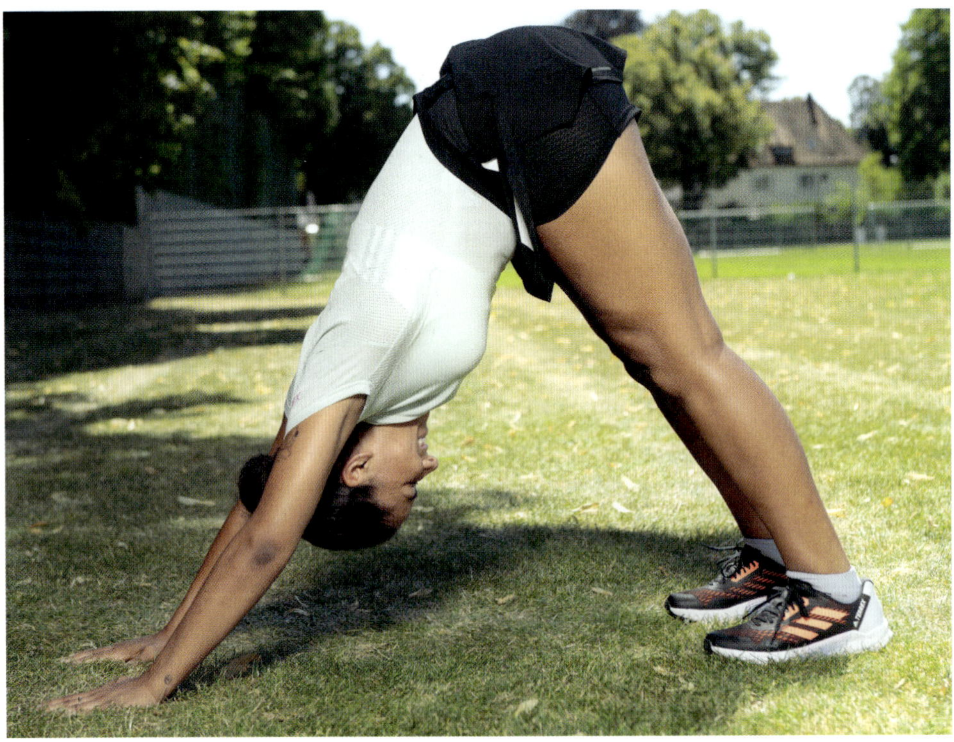

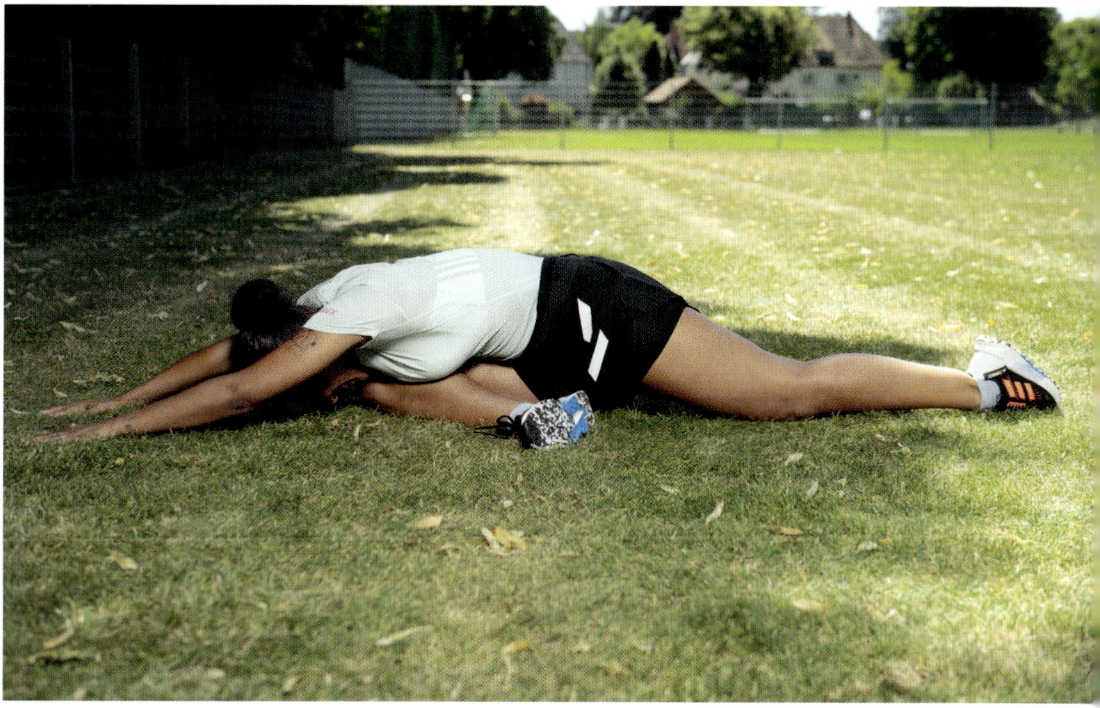

## Yogaübung »Taube« für die Hüfte und den Piriformis ▲

Strecken Sie aus dem Hund das rechte Bein nach oben, bis es eine Linie mit dem Rücken und den Armen bildet. Ziehen Sie die Fußspitze an und schieben Sie die Ferse nach hinten. Halten Sie diese Stellung einen Moment lang, und ziehen Sie dann den Fuß aus der Luft nach vorne bis unter den Brustkorb. Klappen Sie den rechten Fuß dabei schon leicht nach links, bis er unter der linken Hüfte schwebt. Nun senken Sie Fuß und Knie, bis beide auf dem Boden liegen: der rechte Fuß unter der linken Hüfte und das Knie mittig auf Brusthöhe. Schieben Sie das hintere linke (Stand-)Bein gleichzeitig immer weiter zurück und lassen Sie es dabei möglichst gestreckt. Legen Sie den Oberkörper auf den rechten Oberschenkel, sodass ein angenehmer Zug in der linken Hüfte entsteht. Die Hüfte sollte dabei parallel zur Matte liegen, sonst kann sich der untere Rücken ungünstig verspannen. Legen Sie lieber den Fuß näher zur Körpermitte und heben Sie das Gesäß leicht an. Bleiben Sie sieben Atemzüge in dieser Position, lösen Sie sie auf und wiederholen Sie die Übung zur anderen Seite mit dem anderen Bein.

KAPITEL 8

# Immer einen Plan haben:

# Die besten Trainingspläne für alle Marathonziele

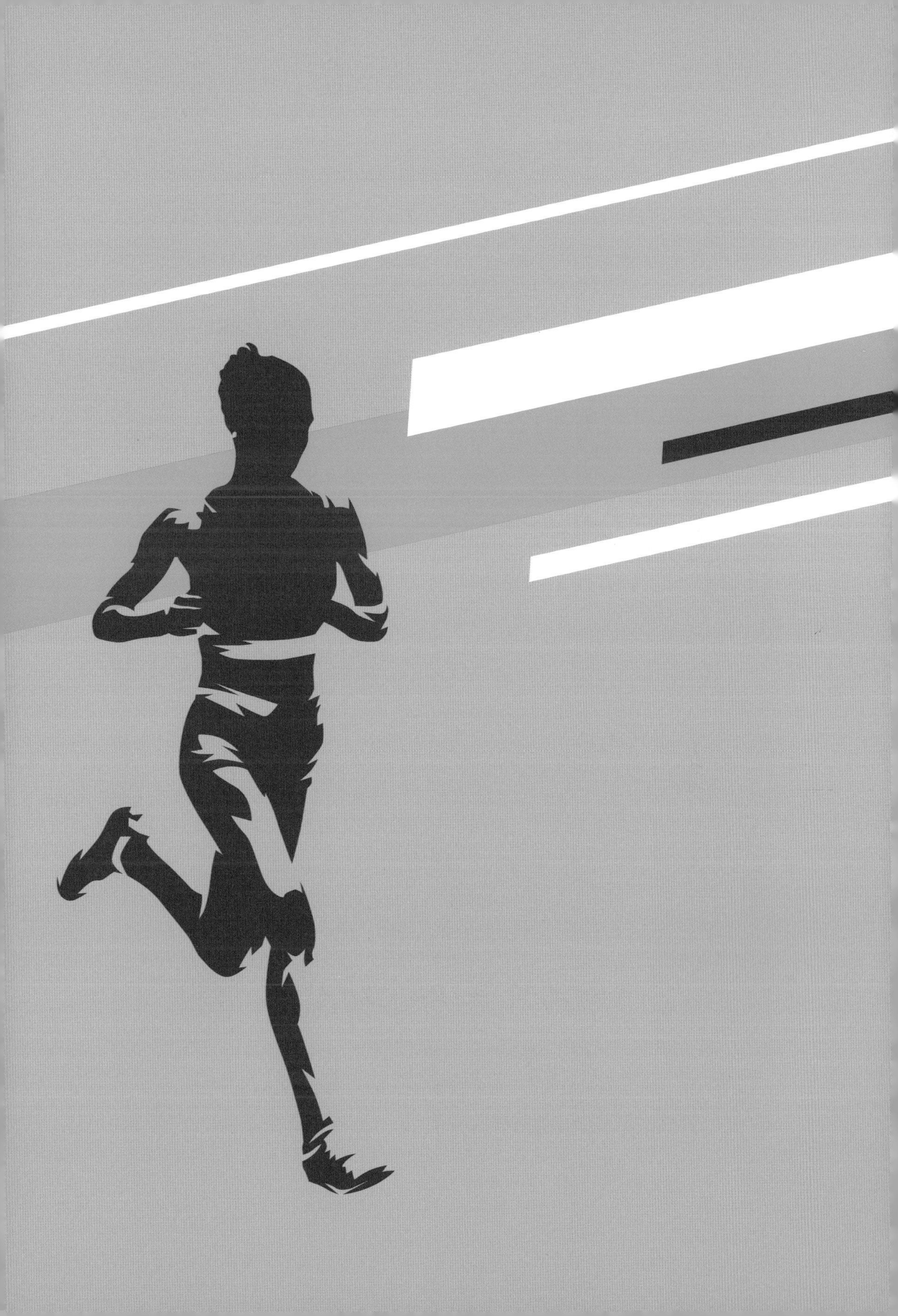

## Das richtige Tempo

Erläuterungen zu den Begriffen und Abkürzungen der Trainingspläne:

| | |
|---|---|
| **DL** | Dauerlauf |
| **TP** | Trabpause (getrabte Pause zwischen Belastungen) |
| **Langsamer DL** | Puls etwa 70–75 % der maximalen Herzfrequenz |
| **Ruhiger DL** | Puls etwa 75-80 % der maximalen Herzfrequenz |
| **Lockerer DL** | Puls etwa 80–85 % der maximalen Herzfrequenz |
| **Zügiger DL** | Puls etwa 85–88 % der maximalen Herzfrequenz |
| **Fahrtspiel** | Wechselndes Tempo über verschieden lange Teilstücke. Läufer*innen bestimmen Tempo und Länge der Belastungen selbst. |
| **Renntempo** | Tempo, das Sie bei einem Wettkampf unter Normalbedingungen laufen können. |
| **Steigerungen** | Lauf über eine Strecke von 80–100 m, bei dem das Tempo kontinuierlich vom Trab bis zum Sprint gesteigert wird |
| **TL** | Tempoläufe (immer mit Ein- und Auslaufen vor- und nachbereiten!) |

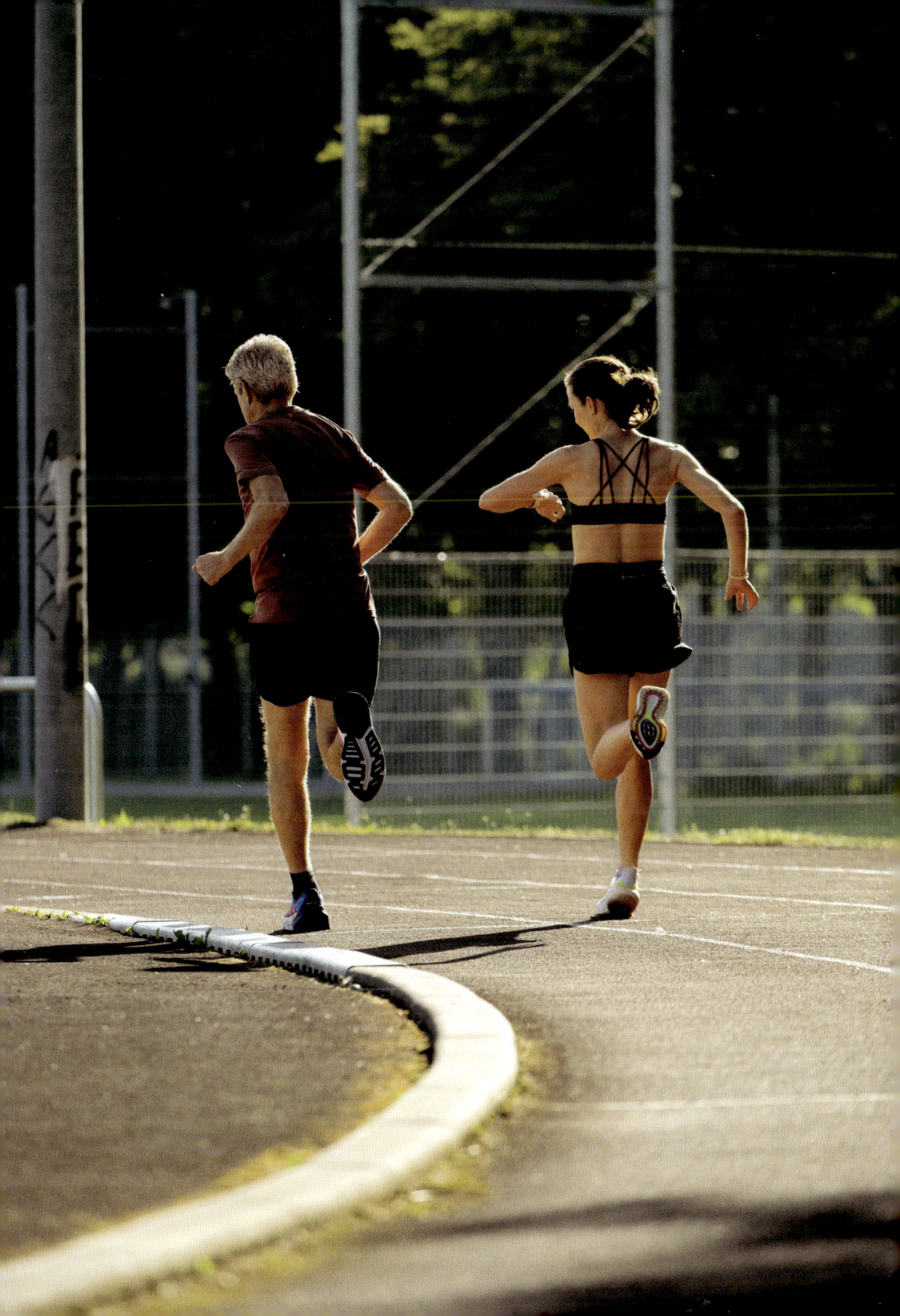

## Marathonziel: Ankommen

| 1. WOCHE | |
|---|---|
| Mo | 30 min lockerer DL |
| Di | |
| Mi | 35 min lockerer DL |
| Do | |
| Fr | |
| Sa | 30 min ruhiger DL |
| So | 60 min langsamer DL, inklusive 3–4 min Gehpause nach 30 min Laufen |

| 2. WOCHE | |
|---|---|
| Mo | |
| Di | 30 min ruhiger DL |
| Mi | |
| Do | 35 min lockerer DL |
| Fr | |
| Sa | 30 min ruhiger DL |
| So | 75 min langsamer DL, inklusive 3–4 min Gehpause nach 30 und nach 55 min Laufen |

| 3. WOCHE | |
|---|---|
| Mo | |
| Di | 30 min lockerer DL |
| Mi | |
| Do | 35 min Fahrtspiel (wechselndes Tempo nach Gefühl) |
| Fr | |
| Sa | 20–30 min ruhiger DL |
| So | 90 min langsamer DL, inklusive 3 min Gehpause nach 30 und 60 min Laufen |

| 4. WOCHE | |
|---|---|
| Mo | |
| Di | 30 min ruhiger DL |
| Mi | |
| Do | 10 min langsamer DL, dann 8 × 30 sec schnell, zwischen den schnellen Belastungen 1 min Trabpause, 10 min langsamer DL |
| Fr | |
| Sa | 20–30 min lockerer DL |
| So | 10-km-Wettkampf; mit 5–10 min Ein- und Auslaufen |

| 5. WOCHE | |
|---|---|
| Mo | |
| Di | 30 min langsamer DL |
| Mi | 20–30 min ruhiger DL |
| Do | 35 min Fahrtspiel (wechselndes Tempo nach Gefühl) |
| Fr | |
| Sa | 25–35 min ruhiger DL |
| So | 105 min langsamer DL, inklusive 3 min Gehpause nach 30, 60 und 90 min Laufen |

| 6. WOCHE | |
|---|---|
| Mo | |
| Di | 30 lockerer DL |
| Mi | 20–30 min ruhiger DL |
| Do | 35 min Fahrtspiel (wechselndes Tempo nach Gefühl) |
| Fr | |
| Sa | 25 min ruhiger DL |
| So | 120 min langsamer DL, inklusive 3 min Gehpause nach 30, 60 und 90 min Laufen |

| 7. WOCHE | |
|---|---|
| **Mo** | |
| **Di** | 30 min ruhiger DL |
| **Mi** | |
| **Do** | 20 min langsamer DL, anschließend 5 Steigerungen |
| **Fr** | |
| **Sa** | 15–20 min langsamer DL, anschließend 3 Steigerungen |
| **So** | Halbmarathonwettkampf (alle 5 km Trinken bei 1–2 min Gehpause) |

| 8. WOCHE | |
|---|---|
| **Mo** | |
| **Di** | 25 min langsamer DL |
| **Mi** | 25 min ruhiger DL |
| **Do** | 35 min Fahrtspiel (wechselndes Tempo nach Gefühl) |
| **Fr** | |
| **Sa** | 20–25 min ruhiger DL |
| **So** | 135 min langsamer DL, inklusive 3 min Gehpause alle 30 min Laufen |

| 9. WOCHE | |
|---|---|
| **Mo** | |
| **Di** | 30 min ruhiger DL |
| **Mi** | |
| **Do** | 35 min Fahrtspiel (wechselndes Tempo nach Gefühl) |
| **Fr** | |
| **Sa** | 25 min ruhiger DL |
| **So** | 150 min langsamer DL, inklusive 3 min Gehpause alle 30 min Laufen |

| 10. WOCHE | |
|---|---|
| **Mo** | |
| **Di** | 30 min ruhiger DL |
| **Mi** | 35 min Fahrtspiel (wechselndes Tempo nach Gefühl) |
| **Do** | 30 min ruhiger DL |
| **Fr** | |
| **Sa** | 20 min ruhiger DL |
| **So** | 180 min langsamer DL, inklusive 3 min Gehpause alle 30 min Laufen |

| 11. WOCHE | |
|---|---|
| **Mo** | |
| **Di** | 30 min ruhiger DL |
| **Mi** | 30 min ruhiger DL, anschließend 8 × 30 sec schnell (zwischen den schnellen Belastungen 1 min Trabpause) |
| **Do** | 30 min ruhiger DL |
| **Fr** | |
| **Sa** | 10 min langsamer DL, anschließend 3 Steigerungen |
| **So** | Simulieren Sie Tag X und laufen Sie 40 min im angestrebten Wettkampftempo |

| 12. WOCHE | |
|---|---|
| **Mo** | |
| **Di** | |
| **Mi** | 30 min lockerer DL |
| **Do** | |
| **Fr** | 15 min langsamer DL |
| **Sa** | 10 min langsamer DL, anschließend 3 Steigerungen |
| **So** | **MARATHON** |

## Marathonziel: 4:29:59 Stunden

| 1. WOCHE | |
|---|---|
| Mo | |
| Di | 42:19,5 min ruhiger DL |
| Mi | Tempoläufe: 2 km Einlaufen, 4 × 800 m in jeweils 4:30 min (Pace: 5:37 min/km), mit jeweils 3 min Trabpause, 2 km Auslaufen |
| Do | |
| Fr | 30 min ruhiger DL |
| Sa | |
| So | 18 km langsamer DL mit Gehpause (2 min Dauer) alle 3 km |

| 2. WOCHE | |
|---|---|
| Mo | |
| Di | 40 min lockerer DL |
| Mi | 2 km Einlaufen, 5 × 800 m in jeweils 4:30 min (Pace: 5:37 min/km), mit jeweils 3 min Trabpause, 2 km Auslaufen |
| Do | |
| Fr | 30 min ruhiger DL |
| Sa | |
| So | 20 km langsamer DL mit Gehpausen (2 min Dauer) alle 3 km |

| 3. WOCHE | |
|---|---|
| Mo | 40 min ruhiger DL |
| Di | |
| Mi | 30 min ruhiger DL |
| Do | |
| Fr | 2 km Einlaufen, 6 km im geplanten Marathonrenntempo (Pace: 6:25 min/km), 2 km Auslaufen |
| Sa | |
| So | 22 km langsamer DL mit Gehpausen (90 sec Dauer) alle 3 km |

| 4. WOCHE | |
|---|---|
| Mo | 40 min ruhiger DL |
| Di | |
| Mi | 45 min Fahrtspiel (wechselndes Tempo nach Gefühl) |
| Do | |
| Fr | 2 km Einlaufen, 6 × 800 m in jeweils 4:30 min (Pace: 5:37 min/km), mit jeweils 3 min Trabpause, 2 km Auslaufen |
| Sa | |
| So | 24 km langsamer DL mit Gehpausen (90 sec Dauer) alle 3 km |

| 5. WOCHE | |
|---|---|
| Mo | 30 min ruhiger DL |
| Di | |
| Mi | 35 min Fahrtspiel (wechselndes Tempo nach Gefühl) |
| Do | |
| Fr | 2 km Einlaufen, 8 km im geplanten Marathonrenntempo (Pace: 6:25 min/km), 2 km Auslaufen |
| Sa | |
| So | 26 km langsamer DL mit Gehpausen (90 sec Dauer) alle 3 km |

| 6. WOCHE | |
|---|---|
| Mo | |
| Di | 30 min ruhiger DL |
| Mi | 40 min Fahrtspiel (wechselndes Tempo nach Gefühl) |
| Do | |
| Fr | |
| Sa | 20 min ruhiger DL, anschließend 3 Steigerungen |
| So | Halbmarathonwettkampf (oder Testlauf über dieselbe Distanz) mit Ein- und Auslaufen (Zielzeit: 2:10 h); Gehpausen alle 25 min, dabei trinken! |

| 7. WOCHE | |
|---|---|
| **Mo** | |
| **Di** | 30 min ruhiger DL |
| **Mi** | |
| **Do** | 40 min lockerer DL |
| **Fr** | |
| **Sa** | 30 min ruhiger DL |
| **So** | 26 km langsamer DL mit Gehpausen (90 sec Dauer) alle 3 km |

| 8. WOCHE | |
|---|---|
| **Mo** | |
| **Di** | 40 min ruhiger DL |
| **Mi** | 2 km Einlaufen, 7 × 800 m in jeweils 4:30 min (Pace: 5:37 min/km), mit jeweils 3 min Trabpause, 2 km Auslaufen |
| **Do** | |
| **Fr** | 30 min lockerer DL |
| **Sa** | |
| **So** | 20 km langsamer DL (ohne Gehpausen!) |

| 9. WOCHE | |
|---|---|
| **Mo** | |
| **Di** | 40 min ruhiger DL |
| **Mi** | 2 km Einlaufen, 8 × 800 m in jeweils 4:30 min (Pace: 5:37 min/km), mit jeweils 3 min Trabpause, 2 km Auslaufen |
| **Do** | |
| **Fr** | 30 min lockerer DL |
| **Sa** | 28 km langsamer DL mit Gehpausen (90 sec Dauer) alle 3 km |
| **So** | |

| 10. WOCHE | |
|---|---|
| **Mo** | |
| **Di** | 45 min Fahrtspiel (wechselndes Tempo nach Gefühl) |
| **Mi** | |
| **Do** | 15 km langsamer DL |
| **Fr** | |
| **Sa** | 20 min ruhiger DL, anschließend 3 Steigerungen |
| **So** | 10-km-Wettkampf, mit Ein- und Auslaufen |

| 11. WOCHE | |
|---|---|
| **Mo** | |
| **Di** | 30 min langsamer DL |
| **Mi** | 30 min Fahrtspiel (wechselndes Tempo nach Gefühl) |
| **Do** | |
| **Fr** | 20 km langsamer DL (ohne Gehpausen) |
| **Sa** | |
| **So** | 30 min langsamer DL |

| 12. WOCHE | |
|---|---|
| **Mo** | |
| **Di** | 2 km einlaufen, 4 km im Marathonrenntempo (Pace: 6:25 min/km), 2 km auslaufen |
| **Mi** | |
| **Do** | 20 min langsamer DL, anschließend 3 Steigerungen |
| **Fr** | |
| **Sa** | 15 min langsamer DL, anschließend 3 Steigerungen |
| **So** | **MARATHON** |

## Marathonziel: 3:59:59 Stunden

| 1. WOCHE | |
|---|---|
| Mo | 42:19,5 min ruhiger DL |
| Di | |
| Mi | Tempoläufe: 3 km Einlaufen, 6 × 800 m in jeweils 4:00 min (Pace: 5:00 min/km), mit jeweils 3 min Trabpause, 3 km Auslaufen |
| Do | |
| Fr | 70 min ruhiger DL |
| Sa | |
| So | 22 km langsamer DL |

| 2. WOCHE | |
|---|---|
| Mo | 65 min ruhiger DL |
| Di | |
| Mi | 3 km Einlaufen, 8 km im geplanten Marathonrenntempo (Pace: 5:40 min/km), 3 km Auslaufen |
| Do | |
| Fr | 70 min ruhiger DL |
| Sa | |
| So | 24 km langsamer DL |

| 3. WOCHE | |
|---|---|
| Mo | 60 min lockerer DL |
| Di | |
| Mi | Tempoläufe: 3 km Einlaufen, 7 × 800 m in jeweils 4:00 min (Pace: 5:00 min/km), mit jeweils 3 min Trabpause, 3 km Auslaufen |
| Do | |
| Fr | 75 min ruhiger DL |
| Sa | |
| So | 25 km langsamer DL, letzten 3 km im Marathonrenntempo (Pace: 5:40 min/km) |

| 4. WOCHE | |
|---|---|
| Mo | 60 min ruhiger DL |
| Di | Tempoläufe: 3 km Einlaufen, 3 × 1600 m in jeweils 8:00 min (Pace: 5:00 min/km), mit jeweils 3 min Trabpause, 3 km Auslaufen |
| Mi | 60 min lockerer DL |
| Do | |
| Fr | 3 km Einlaufen, 10 km im geplanten Marathonrenntempo (Pace: 5:40 min/km), 3 km Auslaufen |
| Sa | |
| So | 28 km langsamer DL |

| 5. WOCHE | |
|---|---|
| Mo | 65 min ruhiger DL |
| Di | Tempoläufe: 3 km Einlaufen, 8 × 400 m in 1:54 min (Pace: 4:45 min/km), mit jeweils 2 min Trabpause, 3 km Auslaufen |
| Mi | 70 min ruhiger DL |
| Do | |
| Fr | 3 km Einlaufen, 12 km im geplanten Marathonrenntempo (5:40 min/km), 3 km Auslaufen |
| Sa | |
| So | 30 km langsamer DL, anschließend 2 Steigerungen |

| 6. WOCHE | |
|---|---|
| Mo | 60 min lockerer DL |
| Di | Tempoläufe: 3 km Einlaufen, 4 × 800 m in 3:55 min (Pace: 4:54 min/km), mit jeweils 3 min Trabpause, 3 km Auslaufen |
| Mi | 60 min lockerer DL |
| Do | |
| Fr | 40 min ruhiger DL |
| Sa | 20 min langsamer DL, anschließend 3 Steigerungen |
| So | 10-km-Wettkampf (oder Testlauf über dieselbe Distanz) mit 2 km Ein- und Auslaufen |

## 7. WOCHE

**Mo** 50 min ruhiger DL
**Di**
**Mi** 60 min lockerer DL
**Do**
**Fr** 3 km Einlaufen, 10 km Fahrtspiel (wechselndes Tempo nach Gefühl), 3 km Auslaufen
**Sa**
**So** 25 km langsamer DL, letzten 3 km im Marathonrenntempo (Pace: 5:40 min/km)

## 8. WOCHE

**Mo** 65 min lockerer DL
**Di**
**Mi** Tempoläufe: 3 km Einlaufen, 4 × 1600 m in jeweils 8:00 min (Pace: 5:00 min/km), mit jeweils 3 min Trabpause, 3 km Auslaufen
**Do**
**Fr** 70 min langsamer DL, anschließend 3 Steigerungen
**Sa**
**So** 30 km langsamer DL, anschließend 2 Steigerungen

## 9. WOCHE

**Mo** 65 min ruhiger DL
**Di** Tempoläufe: 3 km Einlaufen, 10 × 800 m in 4:00 min (Pace: 5:00 min/km), mit jeweils 3 min Trabpause, 3 km Auslaufen
**Mi** 75 min ruhiger DL
**Do**
**Fr** 2 km Einlaufen, 12 km im Marathonrenntempo (Pace: 5:40 min/km), 2 km Auslaufen
**Sa**
**So** 30 km langsamer DL

## 10. WOCHE

**Mo** 60 min lockerer DL
**Di** Tempoläufe: 3 km Einlaufen, 4 × 800 m in 3:55 min (Pace: 4:54 min/km), mit jeweils 3 min Trabpause, 3 km Auslaufen
**Mi** 30 min lockerer DL
**Do**
**Fr** 40 min ruhiger DL
**Sa** 20 min langsamer DL, anschließend 3 Steigerungen
**So** 10-km-Wettkampf (oder Testlauf über dieselbe Distanz) mit 2 km Ein- und Auslaufen

## 11. WOCHE

**Mo**
**Di** 30 min lockerer DL
**Mi** 3 km Einlaufen, 40 min Fahrtspiel (wechselndes Tempo nach Gefühl), 3 km Auslaufen
**Do**
**Fr** 18 km langsamer DL
**Sa**
**So** 30 min langsamer DL

## 12. WOCHE

**Mo** 35 min lockerer DL
**Di** 2 km Einlaufen, 5 km im Marathonrenntempo (Pace: 5:40 min/km), 2 km Auslaufen
**Mi**
**Do** 20 min langsamer DL
**Fr**
**Sa** 15 min langsamer DL, 3 Steigerungen
**So** **MARATHON**

## Marathonziel: 3:29:59 Stunden

| 1. WOCHE | |
|---|---|
| Mo | 42:19,5 min ruhiger DL |
| Di | Tempoläufe im Gelände: 2 km Einlaufen, 3 × 10 min (Pace: 4:45 min/km), mit jeweils 4 min Trabpause, 2 km Auslaufen |
| Mi | |
| Do | 60 min lockerer DL, anschließend 5 Steigerungen |
| Fr | |
| Sa | 3 km langsamer DL, 5 km zügiger DL, 3 km langsamer DL |
| So | 25 km langsamer DL |

| 2. WOCHE | |
|---|---|
| Mo | 40 min ruhiger DL |
| Di | 30 min Schwimmen |
| Mi | Tempoläufe: 2 km Einlaufen, 7 × 800 m in 3:30 min (Pace: 4:22min/km), mit jeweils 3 min Trabpause, 2 km Auslaufen |
| Do | 60 min lockerer DL |
| Fr | 40 min ruhiger DL (bei guter Verfassung am Schluss das Tempo steigern) |
| Sa | |
| So | 25 km langsamer DL (sehr langsam beginnen!) |

| 3. WOCHE | |
|---|---|
| Mo | 40 min ruhiger DL |
| Di | Tempoläufe: 2 km Einlaufen, 3 × 1600 m in 7:00 min (Pace: 4:22 min/km), mit jeweils 3 min Trabpause, 2 km Auslaufen |
| Mi | 60 min ruhiger DL |
| Do | |
| Fr | 2 km Einlaufen, 8 km Fahrtspiel (wechselndes Tempo nach Gefühl), 2 km Auslaufen |
| Sa | |
| So | 28 km langsamer DL |

| 4. WOCHE | |
|---|---|
| Mo | 40 min ruhiger DL |
| Di | Tempoläufe: 3 km Einlaufen, 10 × 400 m in 1:38 min (Pace: 4:05 min/km), mit jeweils 200 m Trabpause, 3 km Auslaufen |
| Mi | |
| Do | 40 min ruhiger DL |
| Fr | 2 km Einlaufen, 8 km im geplanten Marathonrenntempo (Pace: 5:00 min/km), 2 km Auslaufen |
| Sa | |
| So | 30 km langsamer DL |

| 5. WOCHE | |
|---|---|
| Mo | 40 min ruhiger DL |
| Di | Tempoläufe: 2 km Einlaufen, 8 × 800 m in 3:30 min (Pace: 4:22 min/km), mit jeweils 3 min Trabpause, 2 km Auslaufen |
| Mi | |
| Do | 60 min lockerer DL |
| Fr | 2 km Einlaufen, 10 km im geplanten Marathonrenntempo (Pace: 5:00 min/km), 2 km Auslaufen |
| Sa | |
| So | 30 km langsamer DL |

| 6. WOCHE | |
|---|---|
| Mo | 40 min ruhiger DL |
| Di | |
| Mi | Tempoläufe im 10-km-Renntempo: 2 km Einlaufen, 4 × 800 m in 3:20 min (Pace: 4:10 min/km), mit jeweils 3 min Trabpause, 2 km Auslaufen |
| Do | 40 min ruhiger DL |
| Fr | |
| Sa | 20 min langsamer DL, anschließend 3 Steigerungen |
| So | Halbmarathonwettkampf (oder Testlauf über dieselbe Distanz) mit Ein- und Auslaufen |

| 7. WOCHE | |
|---|---|
| Mo | 20 min Schwimmen |
| Di | 40 min ruhiger DL |
| Mi | 60 min ruhiger DL |
| Do | |
| Fr | 2 km Einlaufen, 10 km Fahrtspiel (wechselndes Tempo nach Gefühl), 2 km Auslaufen |
| Sa | 20 min ruhiger DL |
| So | 32 km langsamer DL |

| 8. WOCHE | |
|---|---|
| Mo | 40 min ruhiger DL |
| Di | Tempoläufe: 3 km Einlaufen, 10 × 800 m in 3:30 min (Pace: 4:22 min/km), mit jeweils 3 min Trabpause, 3 km Auslaufen |
| Mi | |
| Do | 40 min ruhiger DL |
| Fr | 2 km Einlaufen, 12 km im Marathonrenntempo (Pace: 5:00 min/km), 2 km Auslaufen |
| Sa | |
| So | 32 km langsamer DL |

| 9. WOCHE | |
|---|---|
| Mo | |
| Di | 40 min ruhiger DL |
| Mi | Tempoläufe: 3 km Einlaufen, 4 × 1600 m in 7:00 min (Pace: 4:22 min/km), mit jeweils 3 min Trabpause, 3 km Auslaufen |
| Do | 50 min ruhiger DL |
| Fr | |
| Sa | 35 km langsamer DL |
| So | 20 min Schwimmen |

| 10. WOCHE | |
|---|---|
| Mo | 60 min ruhiger DL |
| Di | Tempoläufe: 3 km Einlaufen, 10 × 400 m in 1:38 min (Pace: 4:05 min/km), mit jeweils 200 m Trabpause, 3 km Auslaufen |
| Mi | 40 min ruhiger DL |
| Do | 22 km langsamer DL |
| Fr | |
| Sa | 20 min langsamer DL, 5 Steigerungen |
| So | 10-km-Wettkampf, mit Ein- und Auslaufen |

| 11. WOCHE | |
|---|---|
| Mo | 40 min ruhiger DL |
| Di | |
| Mi | Tempoläufe: 2 km Einlaufen, 2 × 3 km (Pace: 4:45 min/km), mit 5 min Trabpause, 2 km Auslaufen |
| Do | |
| Fr | 18 km langsam (sehr langsam!) |
| Sa | 35 min lockerer DL |
| So | |

| 12. WOCHE | |
|---|---|
| Mo | 30 min lockerer DL |
| Di | 2 km Einlaufen, 5 km im Marathonrenntempo (Pace. 5:00 min/km), 2 km Auslaufen |
| Mi | |
| Do | 20 min langsamer DL, anschließend 3 Steigerungen |
| Fr | |
| Sa | 15 min langsamer DL, anschließend 3 Steigerungen |
| So | **MARATHON** |

## Marathonziel: 2:59:59 Stunden

| 1. WOCHE | |
|---|---|
| Mo | 42:19,5 min ruhiger DL |
| Di | Tempoläufe: 3 km Einlaufen, 7 × 800 m in 3:00 min (Pace: 3:45 min/km), mit jeweils 3 min Trabpause, 3 km Auslaufen |
| Mi | 70 min lockerer DL |
| Do | 3 km Einlaufen, 8 km im Marathonrenntempo (Pace: 4:15 min/km), 3 km Auslaufen |
| Fr | |
| Sa | 40 min lockerer DL |
| So | 24 km langsamer DL |

| 2. WOCHE | |
|---|---|
| Mo | 45 min ruhiger DL |
| Di | Tempoläufe: 3 km Einlaufen, 800 m in 3:00 min, 1600 m in 6:00 min, 800 m in 3:00 min, 1600 m in 6:00 min, 800 m in 3:00 min (Pace: 3:45 min/km), Trabpause abwechselnd 2:30 min/4 min, 3 km Auslaufen |
| Mi | 65 min lockerer DL |
| Do | 3 km Einlaufen, 10 km im Marathonrenntempo (Pace: 4:15 min/km), 3 km Auslaufen |
| Fr | |
| Sa | 40 min lockerer DL |
| So | 26 km langsamer DL |

| 3. WOCHE | |
|---|---|
| Mo | 45 min ruhiger DL |
| Di | 70 min lockerer DL |
| Mi | Tempoläufe: 3 km Einlaufen, 8 × 400 m in 85 sec (Pace: 3:22 min/km), mit jeweils 200 m Trabpause, 3 km Auslaufen |
| Do | |
| Fr | 60 min lockerer DL, anschließend 3 Steigerungen |
| Sa | |
| So | 10-km-Wettkampf mit 4–5 km Einlaufen und 4–5 (!) km Auslaufen |

| 4. WOCHE | |
|---|---|
| Mo | |
| Di | 70 min ruhiger DL |
| Mi | 70 min ruhiger DL |
| Do | |
| Fr | 55 min zügiger DL |
| Sa | 55 min ruhiger DL, anschließend 3 Steigerungen |
| So | 28 km langsamer DL |

| 5. WOCHE | |
|---|---|
| Mo | 60 min ruhiger DL |
| Di | Tempoläufe: 3 km Einlaufen, 8 × 800 m in 3:00 min (Pace: 3:45 min/km), mit jeweils 3 min Trabpause, 3 km Auslaufen |
| Mi | 70 min lockerer DL |
| Do | 3 km Einlaufen, 12 km im Marathonrenntempo (Pace: 4:15 min/km), 3 km Auslaufen |
| Fr | |
| Sa | 40 min ruhiger DL |
| So | 30 km langsamer DL |

| 6. WOCHE | |
|---|---|
| Mo | 45 min ruhiger DL |
| Di | Tempoläufe: 3 km Einlaufen, 4 × 1600 m in 6:00 min (Pace: 3: 45 min/km), mit jeweils 3 min Trabpause, 3 km Auslaufen |
| Mi | 45 min lockerer DL |
| Do | 70 min lockerer DL |
| Fr | 3 km Einlaufen, 14 km im Marathonrenntempo (Pace: 4:15 min/km), 3 km Auslaufen |
| Sa | 40 min ruhiger DL |
| So | 34 km langsamer DL |

| 7. WOCHE | |
|---|---|
| Mo | 45 min ruhiger DL |
| Di | Tempoläufe: 3 km Einlaufen, 4 × 800 m in 2:54 min (Pace: 3:37 min/km), mit jeweils 3 min Trabpause, 3 km Auslaufen |
| Mi | |
| Do | 50 min lockerer DL |
| Fr | |
| Sa | 15 min langsamer DL, anschließend 2 Steigerungen |
| So | Halbmarathonwettkampf mit je 2 km Ein- und Auslaufen |

| 8. WOCHE | |
|---|---|
| Mo | |
| Di | |
| Mi | 40 km Radfahren |
| Do | 40 min ruhiger DL |
| Fr | 3 km Einlaufen, 40 min Fahrtspiel (wechselndes Tempo nach Gefühl), 3 km Auslaufen |
| Sa | |
| So | 35 km langsamer DL |

| 9. WOCHE | |
|---|---|
| Mo | |
| Di | 3 km Einlaufen, 9 × 800 m in 3:00 min (Pace: 3:45 min/km), mit jeweils 3 min Trabpause, 3 km Auslaufen |
| Mi | 45 min lockerer DL |
| Do | |
| Fr | 3 km Einlaufen, 2 × 8 km im Marathonrenntempo (Pace: 4:15 min/km) mit Trabpause 6 min, 3 km Auslaufen |
| Sa | 40 min ruhiger DL |
| So | 28 km langsamer DL |

| 10. WOCHE | |
|---|---|
| Mo | 60 min ruhiger DL |
| Di | Tempoläufe: 3 km Einlaufen, 800 m in 3:00 min, 1600 m in 6:00 min, 800 m in 3:00 min, 1600 m in 6:00 min, 800 m in 3:00 min, 1600 m in 6:00 min (Pace: 3:45 min/km) Trabpause abwechselnd 2:30 min/4 min, 3 km Auslaufen |
| Mi | 45 min lockerer DL |
| Do | 45 min lockerer DL |
| Fr | 3 km Einlaufen, 14 km im Marathonrenntempo (Pace: 4:15 min/km), 3 km Auslaufen |
| Sa | |
| So | 30 km langsamer DL |

| 11. WOCHE | |
|---|---|
| Mo | 45 min ruhiger DL |
| Di | |
| Mi | 3 km Einlaufen, 35 min Fahrtspiel (wechselndes Tempo nach Gefühl), 3 km Auslaufen |
| Do | |
| Fr | 15 km langsamer DL |
| Sa | |
| So | 40 min lockerer DL |

| 12. WOCHE | |
|---|---|
| Mo | |
| Di | 2 km Einlaufen, 5 km im Marathonrenntempo (Pace: 4:15 min/km), 2 km Auslaufen |
| Mi | |
| Do | 30 min langsamer DL, 2 Steigerungen |
| Fr | |
| Sa | 20 min langsamer DL, 2 Steigerungen |
| So | **MARATHON** |

# Register

# IMPRESSUM

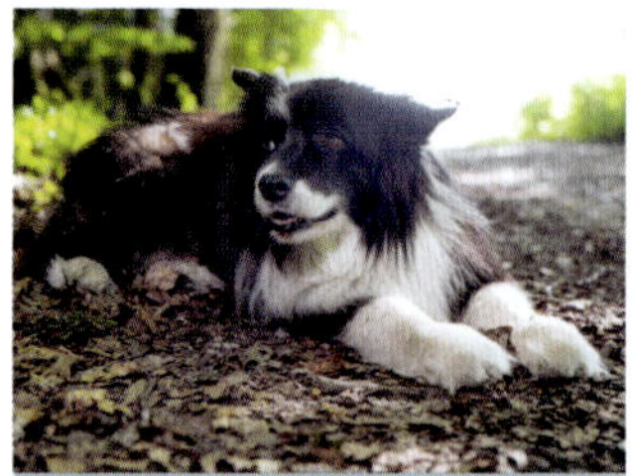

Unser Dank gilt unseren Söhnen **David**, **Lukas**, **Philipp** und **Felix**, die manche Stunde auf uns verzichtet haben, weil wir Laufen waren.“

1. Auflage © 2022 by Südwest Verlag,
einem Unternehmen der
Penguin Random House Verlagsgruppe GmbH,
Neumarkter Straße 28, 81637 München



**Projektleitung:** Dr. Harald Kämmerer & Philipp Christ
**Textredaktion und Korrektorat:** Susanne Schneider

Bildnachweis
**Fotograf:** Christian Martin Weiss
Mit Ausnahme von:
Adobe Stock: 52 (rdnzl), 54 (Gorodenkoff); Shutterstock: U1, 8, 22, 68, 101, 134, 171, 198, 238 (Michael Sanca)

**Umschlaggestaltung & Innenlayout:** Vera Schlachter
(Veruschkamia Grafik & Illustration)
**Satz:** Christian Martin Weiss
**Herstellung:** Timo Wenda
**Reproduktion:** Regg Media GmbH, München
**Druck und Bindung:** Alcione, Lavis
Printed in Italy

FSC www.fsc.org
MIX
Papier | Fördert gute Waldnutzung
FSC® C021956

Penguin Random House Verlagsgruppe FSC® 001967
ISBN 978-3-517-10135-4
www.suedwest-verlag.de